Klauspeter Bungert: CÉSAR FRANCK

- Dem Andenken meiner Eltern Franz und Gertrud –

Klauspeter Bungert

CÉSAR FRANCK

Eine analytische und interpretative Annäherung an sein Werk

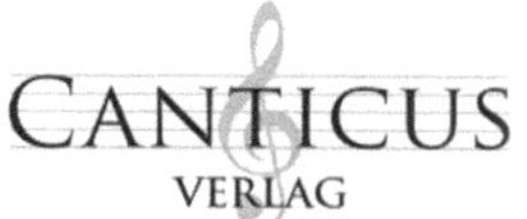

ISBN 978-3-948435-00-4
CAV14049

Titelbild: JamesDeMers Pixabay

Herstellung: BoD.de, Norderstedt

Inhalt

Einleitung und kurzer Überblick

Das vorliegende Buch geht zurück auf meine Studie *César Franck – die Musik und das Denken. Das Gesamtwerk, neubetrachtet für Hörer, Wissenschaftler und ausübende Musiker*[1], hebt aber stärker auf die Erlebnisebene ab. Den theoretischen Teil habe ich verkürzt, die Einzelwerkbetrachtungen durch hinzugewonnene Konzerterfahrungen bereichert und einige damals offengebliebene Lücken geschlossen.

In der Zwischenzeit hat sich einiges in der Dokumentation des Schaffens von César Franck bewegt. Einige verschollene Partituren wurden aufgefunden, andere, seinerzeit wie Verlagsgeheimnisse gehütet, einsehbar, und sogar die außerhalb der Institutionen noch 1996 unzugänglichen Opern stehen aktuell, zum mindesten im Klavierauszug, online. Im Februar 2019 wurde erstmals im deutschen Sprachraum *Hulda* am Theater Freiburg inszeniert.

Das gängige César-Franck-Bild spielt sich ungeachtet dieser neuen Einblicksmöglichkeiten außerhalb eines kleinen Kreises immer noch in einem Rahmen ab, wie ihn Vincent d'Indy (1851 bis 1931) vorgab, der, als einflußreichster Schüler Francks und selber ein bedeutender Lehrer und Komponist, die erste Biographie verfaßte[2].

---

[1] Mit einer allgemeinen Erörterung zum Ineinandergreifen von Form und klingendem Satz. Erste Auflage: Peter Lang Frankfurt/M., Berlin, Bern, New York, Paris, Wien, 1996. 219 S. Quellen und Studien zur Musikgeschichte von der Antike bis zur Gegenwart. Herausgegeben von Michael von Albrecht. Bd. 34.

[2] Vincent d'Indy: *César Franck*; englische Übersetzung von Rosa Newmarch (1910), New York 1965.

An weiteren Biographien befragte ich Wilhelm Mohr: *Cäsar Franck*, Tutzing, zweite Auflage 1969 – Leon Vallas*: La véritable Histoire de César Franck*, Paris 1955 – Joël-Marie Fauquet, *César Franck*, Paris, Fayard, 1999 – Robert James Stove: *César Franck. His Life and Times*, Plymouth, 2012.

Wichtige Details zur Werkgeschichte und Bibliographie verdankt meine Arbeit ferner Angelus Seipt, *César Francks symphonische Dichtungen*, Regensburg 1981.

Von meinen Thesen fand der semantische Ansatz Eingang in einen sakralmusikalischen Zweig der Forschung[3]. Reaktionen auf die satztechnische Analyse stehen noch aus.
Auf der Suche nach einem Maßstab, der auf die Musik César Francks paßt, wäre ich ohne eine Reihe zufälliger Entdeckungen früh in Ansätzen steckengeblieben. Francks Musik unterscheidet sich generell von der seiner Zeitgenossen, aber auch seiner Schüler durch eine neuartige Verwendung der Form und durch die Ablösung der begleiteten Melodie durch einen Verbund gleichermaßen wichtiger Stimmen. Auch wenn dies im Konzert oder bei Einspielungen oft vernachlässigt erscheint – eine spannungsvolle Franck-Interpretation zielt immer auf ein ohrenfälliges Simultanereignis.
Ich zeige auf, daß diese besondere Mehrstimmigkeit mit der Form in Wechselwirkung steht. Form und Mehrstimmigkeit bedingen einander wechselseitig. Ein durch Plazierung und vorausschaubare Wiederholung vorbelastetes Thema würde es jeder neu hinzutretenden Stimme erschweren, sich im geforderten Grade zu behaupten. Also gestaltet der Komponist den Formverlauf so, daß kein Thema neue Stimmen mit seinem Übergewicht erdrückt.
Franck erreicht diese heikle Balance dadurch, daß er die Erwartungen des Hörers bezüglich einer Themenwiederkehr unterläuft. Statt einfacher Wiederholung präsentiert er melodische Verwicklung. Er erhöht die Zahl der Motive bis an den Rand des Unüberschaubaren. Im formalen Nacheinander wie im gleichzeitigen Übereinander schafft er

---

3 allerdings mit der Tendenz, den Komponisten unter das Dach der römischen Lehre zurückzuholen: Roman Salyutov: Das Klavierschaffen César Francks. Besonderheiten der Semantik, der Musiksprache und ihre Bedeutung bei der Gestaltung der sinnbildlich-emotionalen Sphäre der Werke. Frankfurt am Main 2012 – Wolfgang Först: Religion und Glaube in den kulturellen Räumen der Gesellschaft. Eine theologische Deutung der Trois Chorals pour Grand Orgue César Francks. Münster 2014

Spielräume, wie sie kaum ein anderer Komponist vor oder nach ihm nutzte. Er findet die Form oft scheinbar erst im Verlauf. Die großen Werke huldigen, ungewöhnlich für ihre Zeit, weniger dem Refrainmodus der klassischen Tradition als, auf eine sehr allgemeine Art, der Fuge mit mehreren Themen.

Der **Grundlagen**teil erhält eine in etwa chronologische Entsprechung im Abschnitt **Werke** und wird dort durch weitreichende biographische und inhaltliche Deutungen ergänzt. Insbesondere setze ich einen Schwerpunkt auf Francks philosophischen Entwurf, den ich anhand des Gesamtwerks rekonstruiere. Ich betone ferner mit Nachdruck, daß die kompositionstechnische Anlage seiner Musik bereits früh zu einer ersten Blüte gelangte und Veränderungen im Erscheinungsbild der Werke aus verschiedenen Veröffentlichungsperioden im wesentlichen aus der inneren Einstellung des Künstlers resultierten, nicht jedoch aus später Selbstfindung als Komponist. Meine Arbeit wird hier zum Plädoyer für die enorme Qualität einiger Frühwerke und einiger bis heute vernachlässigter Werkgruppen im späteren Oeuvre.

Im Abschnitt **Folgerungen** mache ich zusammenfassende Vorschläge zur angemesseneren Wiedergabe der Musik César Francks durch heutige Interpreten. Diese Vorschläge sind in intensiver Praxis erprobt und gehören zu den Hauptanliegen des Buchs.

Einige Thesen zum musikgeschichtlichen Stellenwert von Francks Schaffen und Wirken bilden den Beschluß.

Ein Wort zu den diskographischen Anmerkungen, die sich verstreut im Haupttext finden. Sie gehören, so oder so, zu den Teilen der Arbeit, die am schnellsten dem historischen Zerfall ausgeliefert sind, sei es, daß sich die Situation, die sie spiegeln, ändert, sei es, daß Einspielungen aus dem Katalog gestrichen werden. Andererseits lehrt die Erfahrung, wie sehr selbst ausübende Musiker dazu neigen, ihre Erinnerungen an konkret erlebte Aufführungen, Tonkonserveneindrücke, Unterrichtsstunden unkritisch zu übernehmen. Auf die Nachteile, die das birgt, kann nicht oft genug hingewiesen werden, und in einem Anhangteil wäre das kaum mit der nötigen Deutlichkeit erfolgt.

Klauspeter Bungert
Trier, den 19. Juni 2019

I. Grundlagen

1.1 Grundsätzliches zur musikalischen Analyse

Die **zyklische Form**, eine Variante der sinfonischen Form, beruht auf Themen, die satzübergreifend zitiert werden und ein längeres Werk einheitlicher gestalten sollen. Seit Vincent d'Indy gilt sie als Hauptmerkmal der Franckschen Musik.

In der Tat zitiert ein Teil der Werke Francks aus vorangegangenen Sätzen[4], ein geringerer Teil kommt ohne satzübergreifende Themenzitate aus[5]. Trotzdem betrifft die Inbeschlagnahme Francks für die zyklische Form nur ein Oberflächenphänomen.

Anders als bei d'Indy steht bei Franck eine thematisch meistens undefinierte Tonreihe im Mittelpunkt, die aus dem Untergrund heraus ständig neue Gestalten gebiert. Anders als bei d'Indy, dessen Themen im vollen Glanz zyklischer Bedeutsamkeit erstrahlen dürfen, treten zyklische Zitate bei Franck zurück. Mit einem nur dünnen Anstrich thematischer Bedeutsamkeit betreibt er den permanenten Neuzusammenbau von Intervallreihen. Wenn man die wörtlichen Zitate der zyklischen Themen etwa im Streichquartett von 1890 zusammenzählt, kommt man auf eine kleine Zahl – zu klein, um einen musikalischen Organismus von den Ausmaßen der neunten Sinfonie Beethovens zu tragen. Die zyklische Form d'Indys bedarf häufigerer Refrainwiederholungen und Themenkombinationen.

D'Indys Gleichsetzung der zyklischen Form mit der auf intervallischen Reihen aufgebauten Konzeption César

---

[4] Quartett, Sinfonie, *Psyché*, die späten Klavierzyklen, Quintett, Sonate, Trio op. 1,1, *Grande Pièce symphonique*, Oratorien, Opern

[5] Messe op. 12, Trois Pièces, Trois Chorales

Francks wirkt nachteilig bis heute. Interpreten spielen Themen heraus, statt die Bandbreite aller Stimmen auszuleuchten, betonen die Einzelheit, degradieren den entscheidenden Rest zum Beiwerk. Die Musik wird zum blassen Schatten ihrer selbst, zum fadenscheinigen Flickenteppich. Wenn man die Sinfonien, sinfonischen Dichtungen, Sonaten, Quartette der so genannten César-Franck-Schule hört (d'Indy, Ropartz, Magnard, Pierné, Chausson), drängt sich der Verdacht auf, der Meister habe seinen Studenten die wichtigsten Neuerungen vorenthalten. Vielleicht hütete er sie als Werkstattgeheimnis oder betrachtete sie als ausschließlich personalstilistisch relevant. Infolge der Inbeschlagnahme unter das gemeinsame Dach der zyklischen Form wurden seitdem jedenfalls Zusammenhänge übersehen, Francks Unabhängigkeit als Denker und Komponist unterschätzt, schwer nachvollziehbare Formanalysen weiterverbreitet und die Bedeutung Francks als polyphoner Neuerer vernachlässigt. Eines der innovativen Oeuvres der Musikgeschichte verschwindet so mehr oder weniger in der Versenkung weitgehender Nichtbeachtung. Einen dahinterstehenden Automatismus gilt es zu durchbrechen.

1.2 Neue Dimension des Kontrapunktischen – Simultanmelodik

Unter den namhaften Komponisten des 19. Jahrhunderts ist die Kunst des Kontrapunktierens in den Modi der Bach- und Vorbachzeit bei Anton Bruckner auf den fruchtbarsten Boden gefallen. César Franck orientiert sich wenig an diesen Modi[6]. Dennoch ist seine Musik ihrer Konzeption nach die kontrapunktischste des 19. Jahrhunderts.

---

[6] Note gegen Note, zwei gegen eine, drei gegen eine etc., nachzulesen in marktgängigen Kontrapunktlehrbüchern (Fux, Lemacher-Schröder)

Von Homophonie wird in der Musik gesprochen, wenn eine Melodie akkordisch oder von einfachen Floskeln umspielt erscheint. Kontrapunkt wertet die begleitenden Stimmen auf. Kontrapunkt bedeutet eine Höherprofilierung der im homophonen Satz untergeordneten Stimmen. Mit der Aufwertung der Nebenstimmen ist aber der Keim gelegt zu einer grundlegend neuen Konzeption von Mehrstimmigkeit. An deren Ende, der Polyphonie[7], steht idealtypisch die Aufhebung der Hierarchie der Stimmen untereinander.

Polyphonie kennt idealerweise keine untergeordneten Stimmen mehr. In der Praxis lebendiger Musik läuft dies auf wenigstens zwei Melodien oder Melodiestränge oder Melodieströme hinaus, die gleichwertig miteinander korrespondieren, unterfüttert von einem Beiwerk, das ihr Korrespondieren unterstreicht und noch stärker zum Leuchten bringt.

Das Paradoxe besteht darin, daß eine Befolgung akademischer Kontrapunktregeln keineswegs zu einer Wirkung führt, die der Hörer als simultanmelodisches Geschehen, also polyphon wahrnimmt. Viele nach Maßgabe der Theorie komplexe Tonsätze wirken wie in Bewegung aufgelöste Akkordabfolgen. Franck selber legte als junger Konservatoriumsstudent mit seiner Übungsfuge vom 19. Juli 1840 ein typisches Beispiel dafür vor. Wie die meisten Fugen im frühbarocken oder barocken Stil sind ihre Kontrapunkte wenig konturiert. Man verliert beim Versuch, ihnen zu folgen, rasch den Faden. Jede Stimme tritt nach Vortrag des Themas in den Hintergrund und räumt einer anderen Stimme den Vorrang ein. Es wird, wie im homophonen Satz, auf eine dominante Linie (Thema, Cantus firmus, Dux) Rücksicht genommen. Nur die Position wechselt. Überkreuzverläufe und Einklänge tun ein übriges, die Polypho-

[7] Vielklang; Mehrstimmigkeit

nie in den Bereich des hörend nicht Zuendeverfolgbaren, der theoretischen Setzung zu verweisen.[8]

Ein dem Höreindruck nach vergleichsweise polylineares Stück ist dagegen die Fuge aus *Toccata und Fuge d-dorisch* BWV 538 von Johann Sebastian Bach:

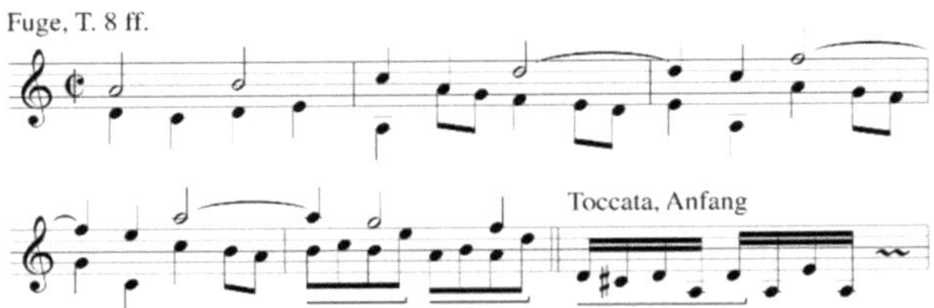

Das Thema tritt gemessen an der Norm eher selten auf. Spätere, fast beiläufig eingeführte Motive erhalten dagegen eigenen Raum zu melodischen Verwicklungen. Harmonische Härten unterstreichen das Gewicht der rücksichtsloser als sonst bei Bach gegeneinandergeführten Einzellinien.

Zu den Kontrapunkten gehört ferner ein Element, das in der Toccata vorgeprägt wurde. Der daraus resultierende Erinnerungszuwachs erhöht das Profil der zweiten Ebene gegenüber der ersten, dem Thema, und damit die simultanmelodische Aufladung.

Ein Komponist, der simultanmelodische Wirkungen erzielen will, steht vor einem Balanceakt: Er muß einerseits dafür sorgen, daß die übereinanderzuschichtenden Stimmen eine Menge Profil gewinnen, er muß andererseits verhindern, daß sie im Vergleich miteinander, etwa durch privilegierte Positionierung und daraus resultierenden Erinnerungsvorsprung, überprofiliert erscheinen.

---

[8] http://ks.imslp.net/files/imglnks/usimg/6/66/IMSLP527880-PMLP853999-Franck_Vocal_Fugue_D_minor.pdf

Eindrucksvoll gelang Beethoven diese Balance beim Eintritt der Bratschen-Cellokantilene im zweiten Satz der siebten Sinfonie. Das aus Repetitionen und engstufigen Aufgängen bestehende Hauptthema erhält bei seiner Wanderung durchs Orchester Gesellschaft von einer Melodie, die so ausdrucksvoll singt, daß sie ihm den Rang bestreitet:

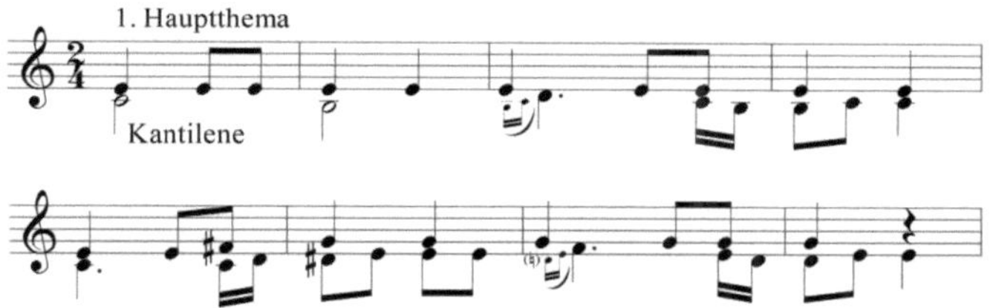

Die Wirkung beruht auf folgenden Prämissen:

1. Die Linie im Rang eines rhythmisch-harmonisch durchgegliederten Themas ist so einfach gehalten, daß sie beim Eintritt der reicher ausgestatteten Melodie unschwer zu verfolgen bleibt. Der stärkere Ausdrucksgehalt der Melodie wiederum wird dadurch eingegrenzt, daß die Stelle des Hauptthemas bereits besetzt ist und sich im späteren Verlauf als dominierend behauptet.

2. Beide Linien sind unabhängig vom Zusammenhang, in dem sie stehen, profiliert und durchgegliedert.

3. Sie ähneln einander in bezug auf ihre intervallische Struktur. Sie verharren innerhalb eines eng bemessenen Tonraums und benutzen übereinstimmend kleinstufige Fortschreitungen. Auch der rhythmische Abstand ist gering, der Verdacht, daß eine Stimme in Rücksicht auf die andere geführt sei, kommt nicht auf.

Dehnt man die Demontage am Thema und das Übereinanderschichten miteinander verwandter Linien auf ein ganzes Werk aus, kommt man bei Beispielen wie den folgenden heraus. Sie sind dem 1890 uraufgeführten Streichquartett in D-Dur von César Franck entnommen (s. Kap. 2.15.5).

Das Werk beginnt mit einer dreiteiligen Tonreihe:

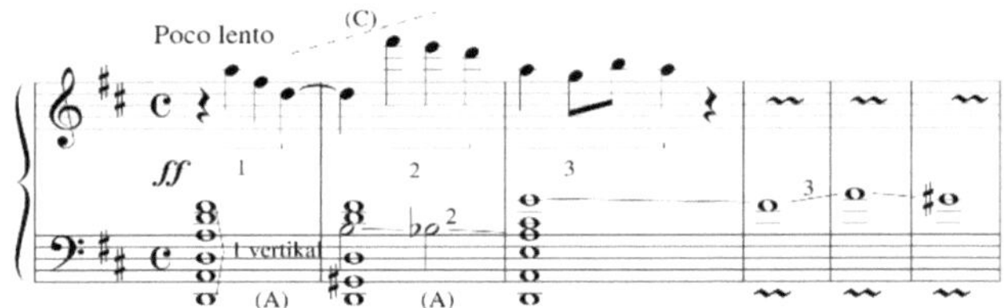

Man achte auf folgende Elemente: **1** einen Dreiklang, **2** einen Tonleiterausschnitt, **3** ein verschränktes Motiv, das aus dem versetzten Tonintervall hervorgeht. Als Nebenelement fungiert die mit dem Großbuchstaben A bezeichnete Tonwiederholung.

Das nachfolgende Allegro beginnt mit einer Durchmischung dieser Elemente in allen Stimmen. Der Leser versuche anhand der Ziffern, die Rückverbindung der unregelmäßig über die Takte verteilten Gestalten zur Ausgangsreihe herzustellen. Aufgrund der leicht erhöhten Beweglichkeit dürfte er der Oberstimme zunächst die Führung unterstellen. Bei etwas klanglichem Vorstellungsvermögen erkennt er indessen, daß auch die unteren Stimmen singbare, interessant gegliederte Melodien entwickeln. Sie haben, der tieferen Tonlage gemäß, einen getrageneren Grundpuls. Ein Koloratursopran singt schneller als ein Basso profondo, eine Lerche anders als ein Eichelhäher oder ein Kormoran, aber alle singen ihrer Position und ihrem Lebensgefühl gemäß.

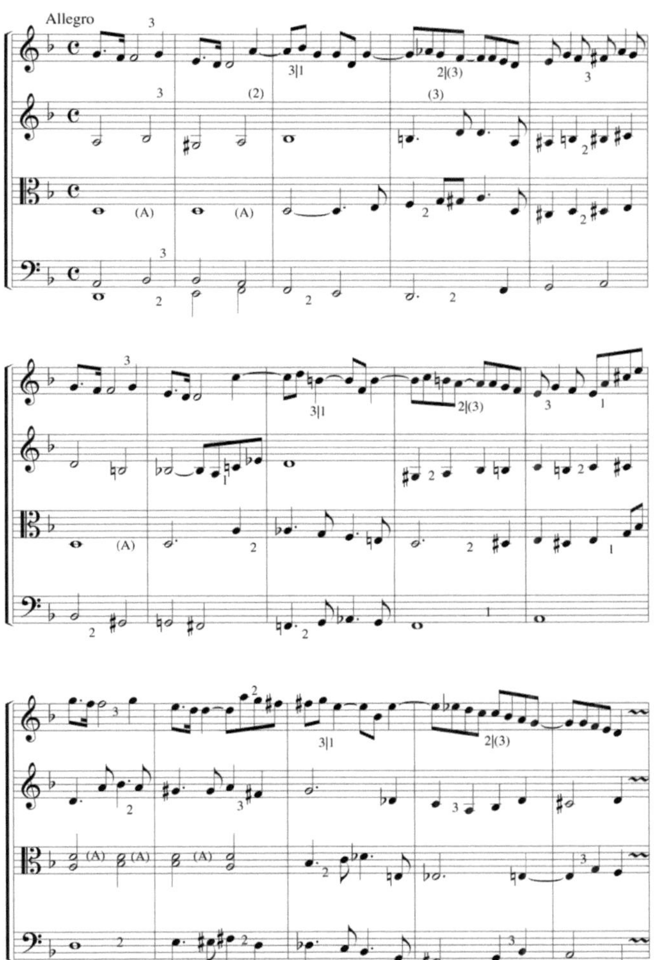

Der Beginn des Einschiebsels aus dem folgenden Scherzosatz diene zur Demonstration, wie Franck aus den Elementen seiner Ausgangsreihe übergreifend über mehrere Sätze Gestalten gebiert:

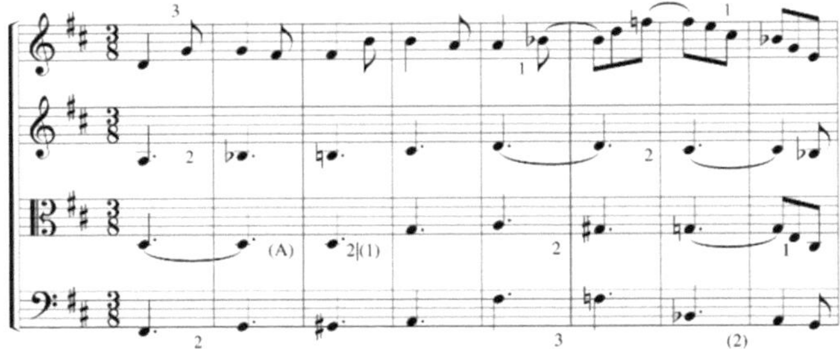

Anders als bei der Zwölftonreihe Arnold Schoenbergs später werden die Elemente der Franckschen Intervallreihe nicht als starrer Tonvorrat aufgefaßt, sondern geben allgemein Richtungen vor. So störe sich der Leser nicht daran, wenn eine Abfolge wie im dritten bis fünften Takt des dritten Systems von einer Quart, gefolgt von einer Sekund wahlweise Element **2** und Element **1** zugeordnet werden soll oder wenn der vierte bis sechste Takt im vierten System den charakteristischen Duktus von Element **3** um eine Note verkürzt wiedergibt. Im ersten System erscheint Element **3** je nach Betrachtungsweise umgekehrt üppiger, als das einmalige Bezeichnen es nahelegt. Takt 1 und 3 bzw. Takt 2 und 4 aneinandergefügt prägen es jeweils neu aus, und auch wenn man die Tonwiederholungen[9] überspringt und nur die Viertelabfolge in den ersten Takten verfolgt, erscheint die melodische Terrasse in Reinform.

1.3 Das Prinzip der Intervallischen Reihe

Themen bilden in der klassischen Musik die in ihrer konkreten Gestalt richtunggebende Grundlage für Ableitungen, Teilzitate, Zitate. Für ihren Erkennungswert ist das melodi-

[9] hier nicht bezeichnet als (A)

sche, rhythmische, periodische und harmonische Profil grundlegend.
Ein Denken entlang einheitsstiftender Intervallkonstellationen darf dagegen unterstellt werden, wenn intervallisch auffällige Elemente gedrängt aufeinanderfolgen losgelöst von ihrem rhythmischen und harmonischen Zusammenhang. Das intervallische Prinzip nimmt das Material in seiner historischen Konkretheit, seiner rhythmisch-harmonischen Augenblicksgestalt nicht mehr ernst und reduziert es auf seine Ähnlichkeit mit anderen, rhythmisch-harmonisch unterschiedenen Gestalten.
Beispiele finden sich vor Franck besonders bei Robert Schumann. In der dritten Novelette aus Opus 21, Takt 50 ff., spielt Schumann fast notengetreu auf den ersten Streichereinsatz im Scherzo-Einschiebsel von Beethovens neunter Sinfonie an:

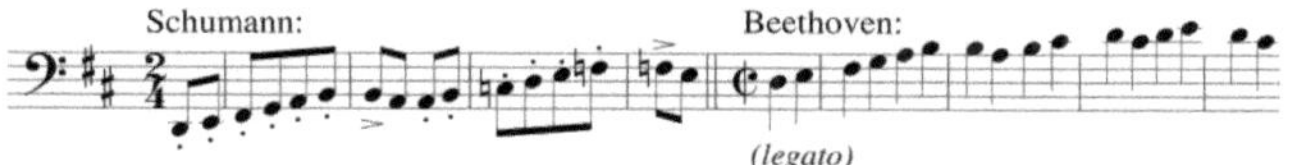

– thematisch fast ein Plagiat, im intervallischen Analogzusammenhang ein Plädoyer für die Relativität der thematischen Erfindung und Hinweis auf ein Stück musikalischen Allgemeinguts.
César Franck legt in seinem *Deuxième Duo à quatre mains sur 'Lucile' de Grétry* von 1846 eine Anklangsverwandtschaft zwischen einem Thema aus der Oper *Lucile* von André Grétry (1741 bis 1813) und Beethovens *Ode an die Freude* frei, indem er beide, Beethoven verkürzt, aus einer gemeinsamen Wurzel neu hervorgehen läßt.[10] 42 Jahre später läßt er seine d-Moll-Sinfonie mit einem Motiv beginnen, das *Les Préludes* von Liszt und Beethovens Quartett op.

---

[10] Diese Wurzel entspricht der im ersten Notenbeispiel des nächsten Kapitels beschriebenen Formel bzw. Prototyp E des Kapitels Ein neues Vokabular wird geschaffen im Abschnitt Werke.

135 zusammendenkt. Wie Schumann betont er die Prototyphaftigkeit des Materials gegenüber der historischen Gestalt des Themas.

Unter Ausklammerung der eher hypothetischen Fälle ausschließlich thematisch-rhythmischer und ausschließlich intervallisch-melodischer Prägung sind folgende Durchdringungsgrade zwischen Thema und Intervall möglich:

1. Themen und Motive bleiben in ihrer konventionellen Funktion unangetastet. Das intervallische Element tritt zur Schaffung von Anklangsverwandtschaften zwischen den einzelnen Themen und Motiven hinzu. Die Werkoberfläche gewinnt mithilfe eines gemeinsamen Nenners im Sinne eines eingewirkten Mottos an Kohärenz.

Dies gilt für Schumann und Liszt generell, aber auch etwa für die zurückkehrende kleine Sekund in der zweiten und die Terzenreihung in der vierten Sinfonie von Johannes Brahms. Auch die zyklische Form d'Indys beruht auf der Idee des melodischen Mottos, wobei an die Stelle versteckter Anspielungen lediglich längere Motive und Themen rücken.

In den vierstimmigen Notenbeispielen aus Francks Streichquartett werden dagegen aus drei Intervallfolgen parallel Gestalten entwickelt, die nur eingeschränktes thematisches Profil aufweisen. Ihrer formal prominenten Position zutrotz bekommt keine dieser Gestalten im Werkverlauf ein Übergewicht. Das punktierte Motiv vom Anfang des ersten Beispiels kehrt ein paarmal im selben Satz wieder, aber wichtig und jederzeit präsent bleibt allein seine Ableitung aus der eröffnenden Tonreihe. Ebenso prägt deren dritter Takt den Quarten-Sekund-Aufstieg des Notenbeispiels darunter.

2. Statt als ein in Segmente zerlegbares vorgegebenes Ganzes kann ein Thema umgekehrt als Summe dieser Segmente

aufgefaßt werden.[11] An die Stelle einer fertigen Melodie tritt dann eine im Hintergrund aktive, Gestalten erzeugende Quelle. An die Stelle thematischer Variation und reflektierenden Teilzitats treten Neubildungen, die ohne rhythmisch-harmonischen Rückbezug auf ein Thema auskommen.[12]

3. Die Richtung wechselt erneut, wenn die Summierung intervallischer Grundbausteine – die Einzelheit schafft immer neue, andere Ganze – der Zensur eines größeren Rahmens unterstellt wird. Aus dem ersten scheinbar gesetzlosen Wellenschlag eines Anfangsimpulses entsteht ein erster Mikroorganismus. Dessen Segmente werden als stehende Formeln in ihrer Abfolge beibehalten und prägen dem Werk einen variationenartig pulsierenden Rhythmus auf. Die Werkoberfläche, obwohl latent aus einer nichtthematischen Intervallreihe entwickelt, nähert sich wieder mehr dem klassischen Erscheinungsbild. Dieses Paradoxon läßt sich anhand von Kompositionen wie *Les Béatitudes*, *Le Chasseur maudit* oder den *Sinfonischen Variationen* überprüfen.

1.4 Abgewandelte Form bei Schumann und Liszt

Francks Denken in Intervallfolgen steht bei aller Einzigartigkeit nicht im luftleeren Raum. Die Themen und Episoden der zweiten Sinfonie Robert Schumanns etwa reflektieren das Umkreisen eines Zentraltons: dis‘ bzw. d‘ in der viertönigen Wendung dis’–e’–d’–c’ der Streicher, c” im durch Intervallvergrößerung gewonnenen Trompetenmotto c”–(...)g”–c”–g’–(...)c”:

---

[11] Die alte Frage: Was war zuerst, die Henne oder die Eizelle?

[12] Neue thematische Bildungen oder Gestalten ohne thematisches Profil. Gemeint sind jedoch nicht Gestalten, die als verfremdete Themenvarianten erkennbar dazu dienen, ein Thema an die Umgebung eines neuen Werkabschnitts anzupassen (wie im Finale von Saint-Saëns' *Orgelsinfonie*) oder sog. präthematische Bildungen.

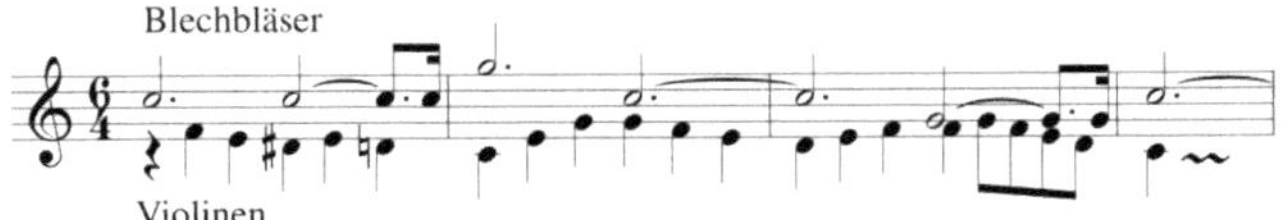

Schumann gewinnt aus der Verlängerbarkeit des eingeschlagenen Bewegungsimpulses einerseits, der Zerlegbarkeit der Zelle in ein Initialintervall und Auffangbewegung andererseits[13] einen bunten Strauß thematischer Gestalten, die satzübergreifend zusammenhängen und Zitate und Anklänge an unerwarteten Stellen erlauben.

Durch die einfallsreiche Folge von Anspielungen an sein intervallisches Grundmuster gewinnt das Werk Kompaktheit, Einheit und große Finalität. Die durch das stete Neumontieren gegebenen Möglichkeiten, Verwandtschaft zwischen weit entlegenen Episoden herzustellen, schaffen einen ungeahnten Spielraum für Vorwegnahmen und Vorbereitungen auf eine im letzten Werkabschnitt preisgegebene Quintessenz. Hier ergeben sich starke dynamische Berührungen mit Kompositionen César Francks.

Franz Liszt bevorzugt die Verwendung zweier voneinander abgehobener Intervallzellen, die er, so in den sinfonischen Dichtungen *Les Préludes* und *Prometheus,* in fast strenger Konsequenz miteinander alternieren läßt.

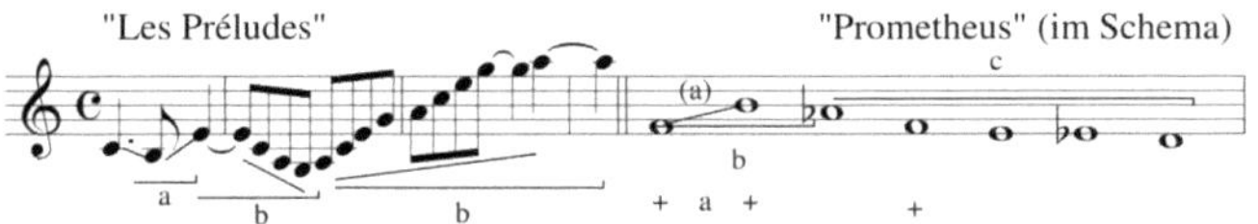

b löst die in **a** angezeigte Bewegung ins große auf, geht aus ihr hervor, wird aber im folgenden als eigenständige Bildung behandelt.

a = Tritonusintervall
b = Dreitonkopf
c = Skalenbewegung, entwickelt aus einer Ausfüllung des Tritonusintervalls

---

13 ähnliches Verfahren vgl. Beethoven Op. 130/133

Er schafft einen intervallischen Überbau, der, tendenziell unabhängig von der rhythmischen Einpassung und dem periodischen Schnitt der Themen[14], eine unterschwellige Durchrhythmisierung erzeugt. Auch hier ergeben sich Berührungspunkte zu Franck.

Schumann und Liszt verhalten sich zur sinfonischen Form verkürzend, erweiternd, verschachtelnd, aber nie in einem Ausmaß, das die klassische Ästhetik infragestellte. Erst mit den Desorientierungsverfahren César Francks wird das klassische Thema entmachtet[15], zum einen durch den Umfang, mit dem er wie kein Komponist neben ihm seine intervallischen Reihen in den gesamten Stimmenverband hineinwirken läßt (Polylinearität / Simultanmelodik), zum anderen durch die kühne Verschiebung der Proportionen und Vermischung der Formen (Polyformalität).

1.5 Abkehr vom klassischen Thema bei César Franck

Klassische Themen haben, 1., nur eine begrenzte Anzahl profilierter Gegenstimmen und werden von keiner Gegenstimme überdeckt. Sie werden, 2., häufiger wiederholt (Refrainprinzip) und oft schon zur leichteren Einprägung bei ihrer ersten Vorstellung mehrmals hintereinander gespielt. Sie haben, 3., nur eine begrenzte Anzahl von Konkurrenten. Themenanarchie wird vermieden. Sie nehmen, 4., innerhalb genormter Satzgefüge einen festen, vorbestimmten Platz ein. Die Effizienz thematischer Wirkung steht und fällt mit dem Vorhandensein kommunizierbarer Satzformate.

---

[14] deren rhythmische Statur er deutlicher als Schumann an der Klassik ausrichtet

[15] Ce qu'on entend sur la montagne, Trio op. 2, Les Éolides, Les Djinns, Streichquartett

Franck entfernt sich von dieser Norm. Herausstellungen eines Themas schränkt er ein. In Expositionsabschnitten meidet er Motivaufnahmen, die die Bedeutung des ersten Themas in der Art dolmetschender Zusammenfassungen unterstreichen. Die Position des 1. Expositionsthemas besetzt er gern mit eher vagen, wenig refrainverdächtigen Wendungen (Quartett, *Les Éolides, Le Chasseur maudit, Sinfonische Variationen, Les Djinns,* Choral Nr. 1, Quintett). Über Art und Zeitpunkt einer Themenwiederkehr läßt er den Hörer im Ungewissen. Die an die Wiederkehr eines Themas gebundene Spannungsdramaturgie erscheint abgeschwächt, die Aufmerksamkeit auf andere Schichten der Komposition gelenkt.

Expositionen bilden bei Franck oft eine erkleckliche Anzahl von Themen aus und lassen eine pluralistische bis anarchische Anordnung erkennen (*Les Éolides,* A-Dur-Fantasie, *Was man auf dem Berge hört,* Ecksätze Streichquartett).

In den polymelodischen Expositionen von Quintett, Sinfonie und erstem Choral gewinnt eine Gestalt werkübergreifend Gewicht, die am Satzteilende steht.

Der Umstand, daß alle Einzelstimmen konstant denselben intervallischen Schlüssel reflektieren, ermöglicht einerseits eine außerordentliche Beweglichkeit in der Form. Andererseits gewinnen Francks Kompositionen ihrer außerordentlichen Beweglichkeit zutrotz durch ihn umgekehrt Einheit und Stabilität.

1.6 Intervallisches Prinzip und Simultanmelodik in Wechselwirkung zum Rhythmus

In bezug auf rhythmische Gegensätze fällt in den Notenbildern César Francks eine gewisse Zurückhaltung auf. Diese relative Gleichförmigkeit ist Voraussetzung für die Erkennbarkeit simultanmelodischer Abläufe. Das Hand-in-Hand von Heterogenität und Homogenität im formalen Ablauf wie im klingenden Übereinander bedingt, daß alle Gestalten so ähnlich ausfallen, wie es sich mit einer individuellen Profilierung eben noch verträgt, und so unterschiedlich, wie es sich mit ihrem Anspruch, miteinander verwandt zu sein, vereinbart.

Hier erweisen sich einfache, durchaus konventionelle Mittel als effektiv, z. B. die Einspannung einer Folge dreier Noten einmal in einen geraden, einmal in einen ungeraden Takt. (Beispiel: Sinfonie.)

Als ein Nebenaspekt, der nicht unerwähnt bleiben darf, ergibt sich aus einem so sehr strukturgeborenen Musikkonzept eine strikte Enthaltsamkeit in bezug auf ornamentale Auszierungen und Spielfiguren.

1.7 Stimmführung und Harmonik

Die Dichte der intervallischen Rückbezüge in mindestens zwei Stimmen des komplexen Satzes bei Franck bringt es mit sich, daß die Harmonik als eine Funktion des Kontrapunkts resultiert und nicht umgekehrt. Eine Baßführung ausschließlich als Resultat aus Melodiestimme und gewünschter Harmonisierung bildet die gegen Null anzusiedelnde Ausnahme. Eine Baßführung als ergänzender Reflex auf zwei im Mittel- und Oberstimmenbereich bereits antithetisch gegeneinandergesetzte Linien findet sich eher. Doch liegt auch hier in der Regel bereits ein vages Reflektieren des intervallischen Rasters vor: Die Stimme signalisiert mit einigen charakteristischen Minimalgesten kontrapunktische Bereitschaft (Messe op. 12; Mittelsatz Sinfonie).

Dennoch, die Prämisse eines lebendigen, nicht monotonen Satzes mit wechselnden Polyphoniegraden, wie er für Franck unterstellt werden soll, läßt harmonische Füllstimmen zu. Diese tragen, indem sie eine harmonisch mehrdeutbare Kombination harmonisch akzentuieren, zu deren Plastizierung noch bei. Daß hierüber die Harmonik für sich betrachtet große Leuchtkraft gewinnt, ist ein faszinierender Nebeneffekt.

1.8 Übergeordnete Gestaltungsverfahren – Latentes Thema und Spielkastenprinzip

Franck schöpft in seinem Formenrepertoire stark aus Traditionen jenseits des klassischen Formenkanons. Klassische Motivaufspaltung und Durchführungstechnik nehmen bei ihm geringeren Platz ein als Episodenreihung und Ostinato. Als habe er die Berührung mit einer noch frischen Tradition vermeiden wollen, die Komponisten zu Epigonen mit eigener Note werden ließ. Darin hatte er sich als Teenager versucht. Alle Kompositionen aus dieser Zeit verwirft er, als er mit gerade 17 Jahren das neue und nun gültige Opus 1, ein Klaviertrio in fis-Moll, präsentiert.
Allerdings – sieht man von den gregorianischen Priesterturbä der späten Oper *Ghiselle* ab – betrifft sein Interesse kaum das Idiomatische älterer Musik.
Ungeachtet der Verschiedenheit der Werke untereinander stellen sich formale Gemeinsamkeiten heraus:
Nie beginnt Franck mit einer abstrakten Grundgestalt wie für Liszt typisch und eher selten mit einer zur Gänze einstimmigen Vorstellung einer thematischen Bildung, die bereits eine Ausgestaltung der Intervallreihe darstellt. Er tut es bei den Trios außer Op. 1,2, *Le Chasseur maudit*, den *Variations symphoniques*, der Oper *Ghiselle*. Die mehrstimmige Einbettung ist häufiger. Dabei stehen sich die Elemente auf den Stimmenverband verteilt gegenüber oder werden simultan reflektiert. Der weitere Verlauf zurrt das interval-

lische Ausgangsmaterial fest und gebiert neue Abwandlungen. (Exemplarisch: erster und dritter Satz Quartett.)
Wenn sich der Anfang stärker dem Erscheinungsbild akkordisch begleiteter Melodie nähert, bilden Wiederholungen dieser Melodie in anwachsend kontrapunktischer Umgebung die Regel. Schließlich wird die Melodie von den immer intensiver vordringenden Gegenstimmen überwuchert und zur Folie des Neuen. (Sinfonie, erster Abschnitt 2. Satz; Aria im zweiten Klavierzyklus; 1. Thema Larghetto im Quartett.)
Vielfach reiht Franck knappe thematische Gestalten aneinander. Bevor sie überhandnehmen, führt er eine Wende herbei. Je weiter das Werk voranschreitet, desto mehr Rückkopplungsmöglichkeiten stehen ihm zur Verfügung. (Sinfonie, 1. Satz; *Les Éolides*.)
Am Anfang von Satzteilreprisen kommt es zum Ausbau simultanmelodischer Verwicklungen. Die wörtlich zitierenden Passagen betreffen nur wenige Episoden wie im Kopfsatz des Quintetts oder einen einzigen unzerschneidbaren Block (Sinfonie, 1. Satz). Oder die Exposition ist als ganze so aus einem Guß geschweißt, daß wenige Modifikationen und Auslassungen genügen, die Reprise frisch erscheinen zu lassen (Sonate, 2. Satz; dritter Abschnitt *Variations symphoniques*).[16]
Wenn das Verhältnis von Reprise zu Exposition von der Relation 1 zu 1 gravierend abweicht und darüber hinaus die Exposition normuntypisch verläuft, sollte man nicht mehr von Sonatenhauptsatzform sprechen. Die Dramaturgie der Sonatenhauptsatzform Beethovens, die für die meisten Komponisten bis weit ins 20. Jahrhundert hinein Verbindlichkeit gewann, sieht nach Themenaufstellung (Exposition)

[16] Bedingung: Die Ausführenden ebnen die vorgezeichneten Modifikationen nicht ein.

und Disput (Durchführung) eine Rekapitulation des Ausgangsmaterials (Reprise) und ein prägnantes Fazit (Koda) vor. Charakteristisch ist, daß in der Reprise **alle** Themen noch einmal Revue passieren.
Franck weicht von diesem Schema ab. Oft stellen Reprisen bei ihm nur noch eine raffende Zusammenschau von Episoden dar, die zuvor, mit freien Elementen durchsetzt, weit voneinander getrennt erklangen. Eigenständige Satzrudimente erscheinen zu Satzthemen in dienender Satzteilfunktion neumontiert. Die Form wird im Verlauf des Geschehens also erst **gefunden**.[17]
In den so genannten zyklischen Werken entsteht durch Wiederanknüpfen an weit zurückliegende, mitunter fast vergessene Gestalten eine Brückenstruktur (Sinfonie, Quintett, Sonate, Quartett, die Klavierzyklen, *Hulda*). Die aus dem tieflotenden Brückenschlag rückwärts und aus überraschender Neumontage im Sinne der Formfindung entwickelten Potentiale schießen zusammen und schaukeln sich zu äußerster Ausdrucksentfaltung hoch. Nach Kämpfen und Exkursen wird die alles verbindende Klammer freigelegt und verweist auf einen Weltzusammenhang. Nur wenn man dies mit all seinen philosophischen Konnotationen transportiert, wird die zyklische Form bei César Franck plausibel. Anderenfalls verpufft sie als leere Mechanik.
Zwei Hauptgruppen zeichnen sich im Schaffen ab: Werke, die fortlaufenden Variationen über ein mehr oder weniger greifbares Thema ähneln, und Werke, die sich scheinbar willkürlich aus einer Art Spielkasten bedienen. Beide Gruppen reflektieren eine intervallische Reihengestalt als das

[17] Im Trio op. 2, der sinfonischen Dichtung *Was man auf dem Berge hört*, der Orgelfantasie von 1878 wird ein episodisch undefinierter Formverlauf wie bei einer Sonatenhauptsatzreprise zusammengefaßt, im Orchesterstück *Les Éolides* umgekehrt ein ursprüngliches Sonatenhauptsatzthema zum Einschiebsel umfunktioniert.

latente Thema der Komposition, aber die synthetische Gruppe reflektiert die Intervallreihe zugleich im Anklang an den Variationszyklus der Romantik.

Die synthetische oder Variationsgruppe ist vertreten durch die *Seligpreisungen*, das fis-Moll-Trio, *Les Djinns*, *Le Chasseur maudit* und die *Variations symphoniques*, die analytische oder Spielkastengruppe durch das Streichquartett, die Violinsonate, die Sinfonie, die Orgelwerke bis 1878, das B-Dur-Trio, *Rédemption*, *Ruth*, die Messe. Zur Variationsgruppe hin öffnen sich das Trio op. 2, *Was man auf dem Berge hört*, die Choräle, der zweite Klavierzyklus, das Quintett, die Oper *Hulda*. Die sinfonische Dichtung *Psyché* läßt sich etwa gleichgut in der einen wie der anderen Richtung hören.

Ich bezeichne in den Notenbeispielen im Abschnitt **Werke** einfache gleichbleibende Intervallanordnungen – intervallische Keimzellen von drei oder vier Tönen – oft mit einem Bindebogen. Sich überlappende Bindebögen hängen mit den Fortspinnungsverläufen zusammen: Ich setze den Schnitt neu an und erhalte von hier aus einen analogen Intervallverlauf wie beim Schnitt zuvor. In einem nächsten Stadium der Darstellung arbeite ich mit Großbuchstaben und bei zusammengesetzten Intervallreihen mit Ziffern.

II. Werke

2.1 Die Schaffenskurve

Ein siebzehnjähriger Konservatoriumsstudent wirft, fünf Monate nachdem er mit einem avantgardistischen Klaviertrio in fis-Moll hervorgetreten ist, in wenigen Vormittagsstunden eine 110taktige Schulfuge über ein bescheidenes Barockthema aufs Papier und arbeitet am Nachmittag am nächsten Projekt, mit dem er die Maßstäbe der Zeit und seiner Lehrer hinter sich lassen wird.
So oder ähnlich geschehen am 19. Juli 1840 bei einer Semesterprüfung am Pariser Conservatoire. Wäre nicht bekannt, daß Franck auf die Leistung stolz war[18], die ihm den Ersten Preis eintrug, könnte man sie als Zeugin der Unlust lesen. Denn eigentlich grenzte die Situation an Schizophrenie, der Schüler verschwendete mit diesem akademischen Studium seine Zeit.
Längst ging es dem jungen Komponisten, der im Knabenalter erste Orchesterwerke mit prominenter Beteiligung des Klaviers abgeschlossen und inzwischen allesamt verworfen hatte, um eine Steigerung der Möglichkeiten der musikalischen Gattung schlechthin. Ein Komponist um 1840, das wußte er, wollte er die Kunst zu neuen Etappenzielen führen, mußte Mittel wählen, die ihren bisherigen Bestimmungsmerkmalen und den Regeln des Konservatoriums widersprachen.
Nur wenige Komponisten sollten mit der gleichen Unabdingbarkeit die Konsequenzen realisieren, die zu ziehen waren, um als Erfinder von Inhalten und Schöpfer von Formen gleichermaßen unverwechselbar zu werden.

---

[18] Sie ist, je nach Lehrmeinung, mit ihren verdeckten Quintenparallelen übrigens nicht unanfechtbar.

Am 10. Dezember 1822 im damals niederländischen Lüttich als Kind deutscher Eltern geboren, wurde César Franck früh zur Projektionsfläche der Karrierepläne des ehrgeizigen, aber selber nicht zu Ansehen gelangten Vaters Nikolaus. Zu einer Wunderkindkarriere taugten César und sein Geige spielender jüngerer Bruder aber wenig. Er muß, Notenbildern der frühen Werke zufolge, eine stupende Tastenfertigkeit auf dem Klavier entwickelt haben. Freilich, ob er sie in den aberwitzigen Geschwindigkeiten, die er vorschlug, auch partiturgetreu und sauber vortrug oder ob sein Spiel oder das Komponierte oder beides mißfiel – der vom Vater erhoffte Durchbruch blieb aus und César und sein Bruder mußten Instrumentalstunden geben, um das Familieneinkommen zu sichern. Ab wann die Virtuosenlaufbahn den jungen Mann belastete, läßt sich kaum datieren. Ausdruck und Verlauf des fis-Moll-Trios nach mit spätestens 17 Jahren. Aber Kunst spricht mitunter aus, was ihr Schöpfer erst ahnt.
Als er in seinen frühen Zwanzigern heiraten will, sieht der Vater die Früchte seiner Investitionen in die Ausbildung der Söhne und das Familieneinkommen in Gefahr und setzt alles daran, ihn festzuhalten. Nikolaus droht, der Mutter Gewalt anzutun, wenn César gehe. Da schaltet diese sich ein und beruhigt: César, geh, egal was der Vater sagt! Dieser Streit, der Bruch mit dem despotischen Vater und der unschuldigen Mutter hat César Franck bedrückt und über Jahre, womöglich lebenslang beschäftigt. Mehrere seiner großen Kompositionen, darunter die *Seligpreisungen* und die letzte Oper *Ghiselle*, geben darüber deutlich Auskunft.
Mit der endlich durchgesetzten Heirat mit 25 Jahren beginnt ein neuer Lebensabschnitt. Der Tastenkünstler dankt ab. Mit Klavierstunden, Einstudierungsleistungen, Organistendiensten sorgt er in politisch angespannter Zeit für den Unterhalt der jungen Familie. Mit 35 Jahren wird er Chorlei-

ter, dann Organist an der Pariser Basilika St. Clotilde und bleibt es bis zum Tod am 8. November 1890 Wochen nach einem schweren Zusammenstoß in den Straßen von Paris. Mit 49 Jahren erhält er überraschend eine Orgelprofessur. Inoffiziell gilt seine Klasse bald als Geheimtip für den ambitionierten Komponistennachwuchs, er selber aber als Vaterfigur einer neuen sinfonischen Schule.

Hätte das Orgelfach nicht das Improvisieren eingeschlossen, als Professor wäre Franck die Flucht ins Kreative kaum möglich geworden und er wäre geistig ähnlich verkümmert wie im Gefängnis seiner Virtuosenvergangenheit. Er soll auf der Orgel ein begnadeter Improvisator, aber nur mittelmäßiger Literaturspieler gewesen sein. Die Erklärung liegt auf der Hand: Er hatte nach den bedrückenden Erfahrungen seiner jungen Jahre keine Lust mehr, die Koordination der Kräfte bei einem neuen Instrument zu trainieren. Bei der Musik interessierte ihn nur noch das Komponieren, das schöpferische Hervorbringen, das Geistige.

Die für prominente Künstlerkarrieren ungewöhnlich unterbrochene Herausgabe der Werke wirft Fragen auf. Einigen mittlerweile online einsehbaren, allenfalls sporadisch aus dem Traditionsrahmen ausscherenden Stücken des Knaben und einer Reihe regelrechter avantgardistischer Würfe des 17- bis 24jährigen folgt eine Phase der Verunsicherung, des Rückzugs, des Verstummens. Den Wiedergewinn des schöpferischen Impetus bei nun gesichertem Know-how markieren mehrere um 1860 datierte Werke. Mit ihnen setzt eine mehrfach unterteilbare Reifezeit ein. Darin beanspruchen zunächst religiös-ethische Sujets breiten Raum. Eine These, wonach Franck unter dem Eindruck der *Tristan*-Chromatik und durch die begünstigenden Kontakte seiner Professorenposition in den 1870er Jahren den unentbehrlichen Auftrieb für sein Schaffen gewonnen und seinen Stil gefunden habe, führt an Tatsachen vorbei. Der seiner Ziele siche-

re Franck datiert bereits mit den Orgelstücken opp. 16 bis 21 und der Messe op. 12. Die *Seligpreisungen* (*Les Béatitudes*), eines der Spitzenwerke aller Musikepochen, wurden 1869 effektiv begonnen, fünf Jahre vor Francks *Tristan*-Begegnung, drei Jahre vor der Professur.
Ein neuerliches Schweigen in den Jahren nach 1863, der immerhin noch relativ geringe Schaffensausstoß auch in den ersten 1870er und der relativ große Ertrag der Jahre 1878 bis 1890 lassen vermuten, daß sich der Entstehungsprozeß von mehr Werken, als durch Zeugnisse feststeht, über lange Zeiträume erstreckte. Im Zuge dieser fast zwangsläufigen Annahme wird die immer wieder aufgegriffene These von Francks kompositorischem Spätzündertum gegenstandslos.

2.2 Anfänge

Zwischen der Rohschrift des Grundlagenteils (Februar 1986) und der Konzeption der nun folgenden Besprechungen der einzelnen Werke lagen reichlich zwei Jahre, die dem Verfasser einige unerwartete Aufschlüsse über das Schaffen des frühen César Franck erbrachten. Ein Bekannter stieß in Saarbrücken und Genf auf Bibliotheksexemplare der (inzwischen, 2019, immerhin im International Music Score Library Project, genannt Petrucci-Bibliothek, online zugänglichen) Klaviertrios opp. 1 Nr. 2 und 3 und op. 2. In den Folgejahren hatte ich mehrfach Gelegenheit, sie aufzuführen – mit enormer Publikumsresonanz. Sodann wartete die Schallplattenindustrie seinerzeit erstmals mit zwei Veröffentlichungen auf, die das Märchen vom Spätzünder Franck auch für den Uneinsichtigsten über den Haufen warfen. Die erste Veröffentlichung enthält zwei Werke des etwa 12jährigen für Klavier und Orchester, die zweite stellt eine der frühen sinfonischen Dichtungen der Musikgeschichte vor: *Ce qu'on entend sur la montagne* (*Was man auf dem Berge hört*), ein Stück, mit dem der 24jährige Maßstäbe setzte, die kein anderer avantgardistischer Orchesterkomponist seiner Zeit überbot und die auch er selber in späteren Jahren nicht ohne weiteres steigerte. Tatsache ist, daß ein ähnlich selbstkritischer Komponist 70 Jahre später zu komponieren aufhörte, nicht lange nachdem ihm ein analoger Sprung in die Musik der Zukunft gelungen war: Charles Ives mit seiner *Robert-Browning-Ouvertüre* 1913.

Die *Variations brillantes* über das Rondo favorite aus Auberts Oper *Gustave III* für Klavier und Orchester op. 8 (entstanden 1833/34; Dauer: gut 14 Minuten) zeigen einen für einen Knaben erstaunlichen Bauwillen. Die refrainartige Verwendung der Orchesterkoda in den ersten Variationen nimmt auf eine einfache Art ein Element der *Seligpreisungen* vorweg. An der Ausspinnung der ausdrucksvollen langsamen Mollvariation läßt sich des Komponisten Neigung zu latenten Satzbildungen erkennen. Die letzte Variation, die sich unmittelbar anschließt (wie ein schneller Satz an eine Einleitung), wächst sich zu einem Polonaisenfinale aus und belegt, wie bewußt der Knabe das Problem der Schlußbildung angeht. Auch der Versuch, Spannungszunahme durch satztechnische Komplizierung nicht zuletzt im Klavier zu erzielen, ist bezeichnend. Klaviersatz und Orchestrierung entsprechen dem Virtuosenkonzert zwischen Weber und Chopin, einige aparte Einfälle in Richtung einer Höherbewertung des Orchesterparts und eine Aufwertung der linken Klavierhand, der schwierige Aufgaben zugeteilt werden, bilden jedoch eigenständige Momente. Das Klangbild wirkt räumlicher und wuchtiger als bei den Vorgängern.

Das dreisätzige h-Moll-Klavierkonzert op. 11 (1835; Dauer: fast 30 Minuten) geht nicht nur dadurch über die Variationen hinaus, daß es auf eigenen Themen fußt: Einige Passagen enthalten idiomatisch bereits den späteren Franck, insbesondere eine zweifach auftretende Kodastelle im ersten Satz, in der die kleinschrittig geführte Mittelstimme (Bratschen) eine typische Gewichtverlagerung zugunsten des Mittel- und Unterstimmenbereichs andeutet. Zwischen Orchesterexposition und deren Variante schiebt Franck eine eigenständige Episode, die die überkommenen Formteile verschleiert. Durchführung und Koda des Satzes sind von einer Dramatik, die den Meister sinfonischer Steigerungen ankündigt, wenn auch nicht zureichend zu Ende geführt. Der Satz insgesamt beweist Talent für Ausdehnungen. Die 15 Minuten, die er dauert, erscheinen über weite Strecken abgedeckt.

Über den rhythmischen Aspekt eines punktierten Motivs hinaus, das im Finale ziemlich getreu wieder aufgenommen wird, findet sich im Konzert übergreifend der Rückbezug aller Themen auf das Spiel mit Skalen und Skalenausschnitten. Im Mittelteil des schönen Adagios (G-Dur) erwachsen daraus kontrapunktische Verknüpfungen, die an Franz Berwald erinnern. Beide Knabenwerke sind immerhin kennenlernenswert und erschöpfen sich auch nicht in formelhaftem Virtuosentum. Das zeigt ein Interpretationsvergleich: Eine Rundfunkaufnahme und eine Einspielung späteren Datums des Konzerts stellen in zu leichten Zeitmaßen den virtuosen Aspekt geradezu aus, lassen affektive und architektonische Aspekte, die dem Stück innewohnen, zukurzkommen und machen es ungenießbar.

Auch die Oper *Stradella* gehört in diese frühe Phase, obwohl die Komposition erst in die Zeit der fortgeschrittenen Trios fallen soll. Franck hinterließ das Werk im Klavierauszug und kam nicht mehr darauf zurück. Zur Wiedereröffnung des Lütticher Opernhauses im September 2012 erstellte Luc van Hove eine Orchesterfassung. Das musikalische Ensemble schlug sich bei deren Uraufführung gut. Besonders der Tenor in der Titelrolle ist stark gefordert – unangemessen stark. Die dauerhaft exponierte Tonlage suggeriert einen Erregungsmodus, den die harmlose Musik nicht einlöst. Der Chor hat eine größere Partie als in anderen Opern der Zeit, Anklangsverwandtschaften geben den Einzelnummern einen gewissen übergeordneten Zusammenhalt, die der Handlung inkongruente Inszenierung erbrachte aber keinen Beleg für die Wichtigkeit der auch auf CD, DVD und Youtube dokumentierten Ausgrabung. Francks Autograph wurde, wie auch einige weitere unbekannte Kompositionen der frühen Schaffensperiode und die Prüfungsfuge vom 19. Juli 1840, inzwischen in der Petrucci-Bibliothek veröffentlicht.

Wahrscheinlich hätte dieser Kindkomponist innerhalb kurzer Frist zu einem der besten zweitrangigen Meister seiner Zeit werden können. Aber genau das wollte er nicht. Das Talent hielt nach anderen Herausforderungen Ausschau.

2.3 Erste Hauptwerke – Die Trios Op. 1 und 2

2.3.1 Trio de Salon (B-Dur)

Mit Klaviertrios – dreimal Opus 1, einmal Opus 2 – eröffnet Franck eine neue Werkreihe und erklärt damit alles vorher Geschaffene für ungültig.

Die Stücke in Moll – Op. 1,1, Op. 1,3, Op. 2 – geben sich aufs äußerste ambitioniert, Opus 1,2 in B-Dur – *Trio de Salon* – wirkt demgegenüber mild. Bestimmte Eigentümlichkeiten lassen vermuten, daß es in seinen Ursprüngen weiter als die andern Trios in die 1830er Jahre, die Periode des h-Moll-Konzerts, zurückreicht. Die Uraufführung vielleicht ja noch einer vorläufigen Fassung fand bereits Anfang 1839 statt. Jedenfalls schimmert hier der klassische Rahmen noch am deutlichsten durch: vier Sätze, darunter ein Tempo di minuetto. Das Allegro moderato (1. Satz) hält sich fast regulär an die Sonatenform, das Finale an die Vorstellung vom fröhlichen Kehraus. Dennoch lassen sich eine gegenüber den Knabenwerken gewachsene persönliche Handschrift und das reif entwickelte Gespür für Proportionen nicht überhören. Mit konsequenter Strenge, ausdrücklicher als beim Konzert, erscheinen alle Motive auf ein intervallisches Muster rückführbar, das bis in die Sphäre figurativer Nebenstimmen hineinstrahlt:

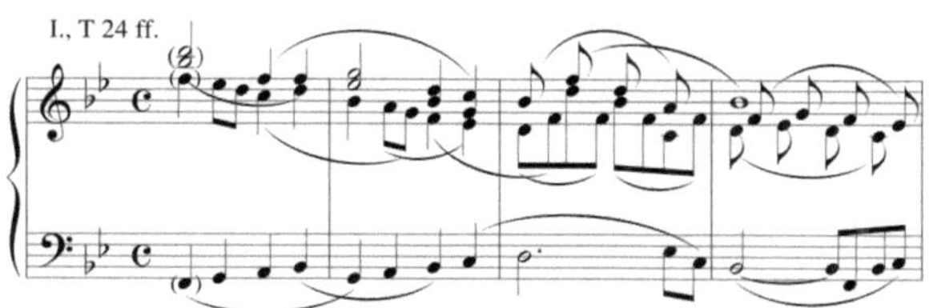

Aufteilungen des Satzbildes nach Haupt- und Nebenstimmen treten zurück zugunsten einer emanzipierteren, kontrastierenden Linienführung. Der Cellopart insbesondere erfährt eine Aufwertung:

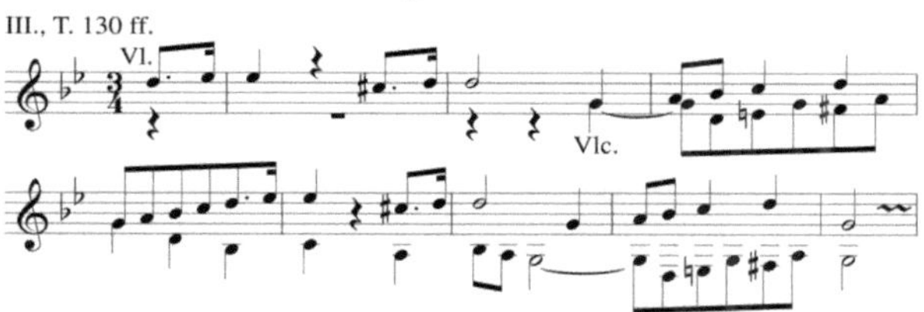

Die aufs ganze Satzbild verteilte, große, dabei kaum je zitathafte Anspielungsdichte auf eine Keimzelle wird von Franck für den Aufbau der Form nutzbar gemacht. Das Gemeinsame im Verschiedenen ermöglicht ihm den Verzicht auf eine aufs erste Hauptthema rückbezogene Schlußgruppe in der Exposition des Kopfsatzes. Statt dessen besteht diese aus fünf selbständig ausgeführten Episoden. Von diesen zeigen die ungeraden stärker thematischen, die geraden stärker vermittelnden Charakter. Bei der Reprise verschmelzen die von einer Figur aus der Durchführung umspielte erste und dritte Episode zu einer einzigen, die ausgesparte zweite Episode bildet nach Ablauf der fünften den knappen Schluß. In der Durchführung stellt Episode II den am stärksten modulierenden Teil des Satzes, gemeinsam mit der neuen Sechzehntelfigur, die bedeutsam in die Reprise hineinwirkt:

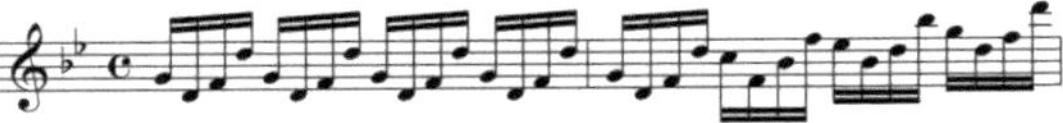

Mit Episode I (jeweils Beginn Durchführung und Beginn Reprise) bildet sie im Ansatz eine selbständige A–B–A'–Form. Dieses Verquicken verschiedener Formen begegnet bei Franck immer wieder.
Das Andantino (2. Satz; d-Moll/D-Dur) überläßt nach einer Einleitung, die überwiegend vom Klavier getragen wird, dem Cello in ausdrucksvollen Kantilenen die Oberhand. Die Dur-Episode, in der das Cello das melodische Drehen in ausschreitenden Vergrößerungen variiert, wirkt wie ein üppig angelegtes Einschiebsel. Ihm folgt eine aparte kontrapunktische Stelle unter Verwendung des gesteigerten ersten Abschnitts ohne die Anfangstakte. Diese kehren aber anschließend wieder und leiten – neues Verwischen der Form – eine verkürzte Wiederkehr des Einschiebsels ein, das den Satz in gesteigerter Intensität und Langsamkeit beschließt. Auch diese uneigentliche Betrachtungsweise eines Einschiebsels als zweites Thema einer sonatenhauptsatzähnlichen Großgliederung ist typisch für Franck. Wir begegnen ihr in *Rédemption*, *Les Éolides* und dem Streichquartett wieder. Wie im ersten Satz weisen die kontrapunktischen Kombinationen beim Repriseneintritt auf das Allegretto der ein halbes Jahrhundert späteren d-Moll-Sinfonie voraus.
Das Tempo di minuetto (g-Moll) ähnelt im Ablauf mehr einem Rondo mit mannigfach variierten und kontrapunktisch gesteigerten Refrains als einem alten Tanzsatz in A–B–A–Form. Das vorletzte einer Reihe von Couplets vertritt das

alte Einschiebsel, wie überhaupt ein gewisser Geist des Rokokozeitalters in dieses zauberhafte Stück hinübergerettet erscheint. Uneigentliche Formverwendung also auch hier.

Zudem eine forcierte Zuspitzung der kontrapunktischen Faktur, die den ausgedehnten Passagen des Finales im strengen zweistimmigen Kanon mit konkurrierender dritter Stimme sinnfällig vorarbeitet.

Dieses Allegro molto reflektiert in einer gewissen Verwandtschaft zum Allegretto poco mosso der Violinsonate die sogenannte Sonaten-Rondo-Form: Ein Couplet, das psychologisch mittlere, hat stärker modulierenden und Themen zerlegenden Charakter. Wie in der Sonate auch, verlegt Franck das dramaturgische Schwergewicht von den Refrain- auf die Coupletteile. Das im dramatischen Prozeß etwas leichtere Gewicht der Refrainposition läßt sich im Trio gar an einer weitgehenden Einfädelungsfunktion des Kopfmotivs festmachen. Immerhin enthält es dessen ungeachtet den Rohstoff für ein reizendes, in der Tat ein wenig Salonatmosphäre verbreitendes weiteres Thema und vermag nach dessen gesteigerter Wiederkehr, und auf dem Hintergrund manches satztechnischen Kunststücks, das Ganze enthusiastisch abzurunden. Trotzdem bleibt das Refrainthema das einzige Element, das das sonstige Niveau der atmosphärisch dichten, hohe Vorbilder auf den Plan rufenden Komposition verfehlt.

Auf eine Wendung im Finale sei gesondert hingewiesen:

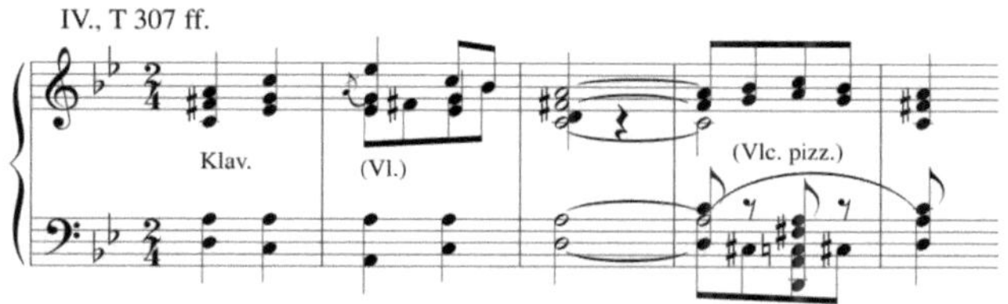

Nicht nur läßt sich die Drehmotivik in allen Stimmen hier besonders leicht überprüfen, diese kurze Passage zeigt auch Francks Vorliebe, von gleich zwei festliegenden Zentren aus Stimmen sich in Gegenbewegung entfernen und wieder annähern zu lassen. Der Ton A ist unschwer als über alle Takte beibehalten erkennbar. Mit einer unwesentlichen Unterbrechung gilt dies aber auch für das C, das mehrfach seine Lage wechselt. Die im Baß chromatische Stelle im vierten Takt führt, wenn auch nur kurz, zu Dissonanzbildungen, die schon etwas von den Ballungen der *Djinns, Éolides,* aber auch der ersten sinfonischen Dichtung *Was man auf dem Berge hört,* ahnen lassen. So kurz der spätere Harmoniker anklingt – der prinzipielle Unterschied zur Chromatik Wagners, mit der Franck immer wieder in Verbindung gebracht wird, läßt sich bereits erläutern: Während im *Tristan* sich die Stimmen ohne gleichbleibenden Bezug chromatisch auf jeweils neue Positionen zubewegen,

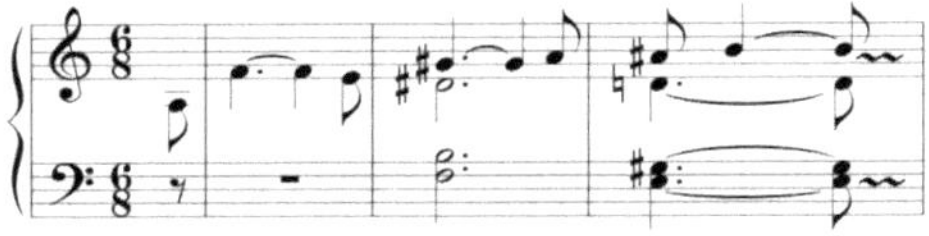

nutzt Franck eine Technik des eingelagerten mehrfachen Orgelpunkts. Ein und derselbe Ton wird mehrfach hintereinander, etwa enharmonisch, umgedeutet, erscheint in wechselnder Funktion und Position, zwingt andere, bewegte Stimmen entweder zur Rückkehr zum alten Zentrum oder wird selber zum Verlassen seiner Position gezwungen. Bei den vielen Stellen, die an Glockengeläute erinnern, dringt die Technik der Orgelpunktbildung greifbar an die Oberfläche. Sie ist im übrigen nicht an Chromatik gebunden. Ihr Kolorit bewahrt sie ebensowohl in diatonischen wie in chromatischen Zusammenhängen, was in bezug auf den späteren Franck betont werden sollte.

Ein spektakuläres Beispiel für die Verbindung von Orgelpunkttechnik und Tristanchromatik findet sich in *Les Éolides*:

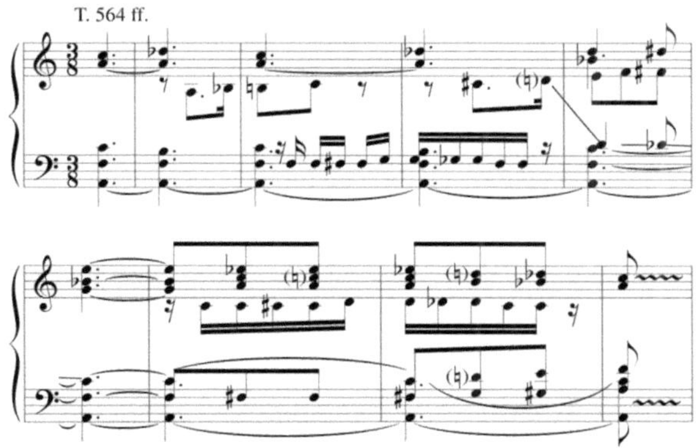

Im Reflex auf *Tristan*, aber ebenso auf eigene, zum Teil früher entstandene Werke, werden hier in der Tat chromatisch ihre Richtung wechselnde Stimmen mit einem zwei-, ab T. 568 für sieben Achtelwerte sogar vierfachen Orgelpunkt (A–f–c'–b') kombiniert – mit einer Kühnheit des kontrapunktischen Denkens allerdings, die keinen unmittelbaren harmonischen Bezug der Stimmen aufeinander mehr zwingend annehmen läßt. Hier liegt bereits ein chromatischer Einstieg in Clusterharmonik vor. Sie löst sich durch Aufhebung der Orgelpunkte auf f und b' allerdings wieder konventionell nach F-Dur (Sextakkord) auf. Etwas ausgebauter, und niemandem entginge das Außerordentliche dieser Stelle.

Eine historische Fortsetzung der Tristanchromatik bildet in der Tat Schönbergs Lehre vom Zwölftonsatz mit seinen dezentrierten intervallischen Anknüpfungen. Franck antizipiert einerseits Schönbergs Gedanken der ständigen Variation (in allen Stimmen), harmonisch liegt eine historische Fortsetzung seines Schaffens jedoch eher in polytonalen

Verwicklungen bei Strawinsky und Komponisten des 20. Jahrhunderts aus dem romanischen Bereich sowie in Collageverfahren bei Carl Nielsen und Charles Ives.
Das *Trio de Salon* läßt sich als ein früher Beleg dafür heranziehen, wie es Franck gelingt, ein Werk von seinen benachbarten abzuheben. Die Exposition des Allegro moderato dürfte den, der Francksches Feuer erwartet, zunächst enttäuschen. Aber dann erkennt er die Absicht. Die Episoden, die so eigentümlich wenig über sich hinausdrängen, die nur selten den Rahmen der Grundtonarten durchbrechende Tonalität, die behutsame, feine Rückführung zur Reprise, der subtile Anklang an die A–B–A–Form in Details wie im Gesamtablauf – hier ist eine pastorale Grundstimmung abgesteckt. Bewußt wird ein Rahmen eingehalten, der das Werk als stiller, friedlicher von seinen Geschwistern unterscheidet.
Leider lassen Francks Metronomangaben, besonders im Finale, der Musik keinen Atem. Eine den Hörer führende Interpretation benötigt 11½ Minuten für den ersten[19], 8 1/3 für den zweiten, vier für den dritten und gut sieben für den vierten Satz, zusammen 31 Minuten.

2.3.2 Das dreisätzige h-Moll-Trio

Das darauffolgende Werk greift dynamisch weiter aus und ist um die gleiche drehende Wendung herumgebaut wie das Vorgängerwerk: einen Signalimpuls und eine abfangende Gegenbewegung bzw. umgekehrt eine gleitende Bewegung mit nachfolgendem Einzelintervall in Gegenrichtung.

Zum Beispiel:

---

[19] mit starken, vom Charakter der Einzelepisoden abgeleiteten, nachvollziehbaren Tempowechseln zwischen andantino und allegro giusto

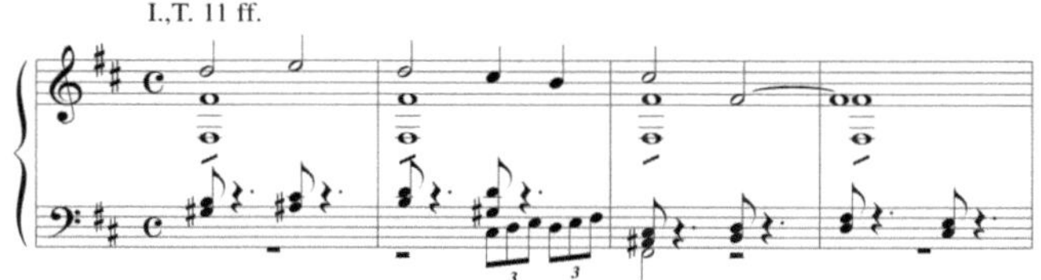

Für die Statur des Stücks werden jedoch zwei weitere Elemente bedeutsam: a) die kleinteilige Sequenzierung der Zelle zu raumgreifenden intervallischen Bögen[20] und b) die Aufsparung zu erwartender Töne, die zunächst ausgelassen werden. Gut nachzuprüfen an folgenden Passagen im Eingangsallegro.

Zunächst:

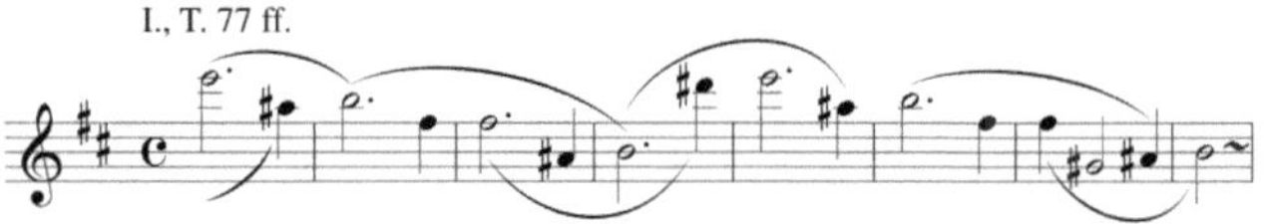

Die Stelle vertritt Abgesangsfunktion innerhalb eines Gebildes, das konventionell als 2. Hauptthema bezeichnet würde.

Sodann:

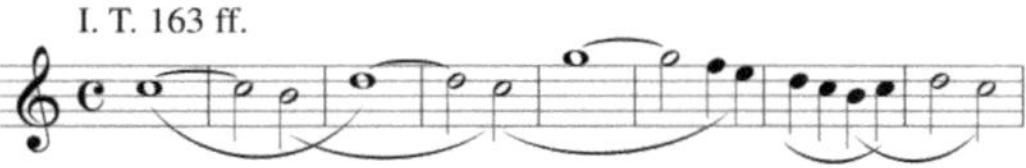

Anlauf, Anlauf, einbiegende Abrundung wie beim Beispiel zuvor. Etwa gleichviel oder gleichwenig thematisches Profil. Eine freie Charaktervariation oder ein neues Thema?
Diese und weitere Konfigurationen, denen die Festigkeit und Eindeutigkeit von Themen abgeht, dienen de facto der Vorbereitung des zweiten Satzes, der tatsächlich – erstmalig

[20] Schon im zweiten Takt des Werks erscheint der abschließende Rückkehrschritt nach zwölf Triolenachteln Anlauf auf eine Oktave erweitert.

im Gesamtverlauf – mit einem breit angelegten Thema beginnt. Der Leser achte auf die mit den beiden vorigen Notenbeispielen ähnliche Struktur: zweimaliger Anlauf (Varianten der Keimzelle mit teilweiser Aussparung eines Tons) und abfangende, pendelnde Skalenbewegung, die die Keimzelle, fast mathematisch berechnet, um die vorher verlorenen Töne erweitert, sie auffüllt:

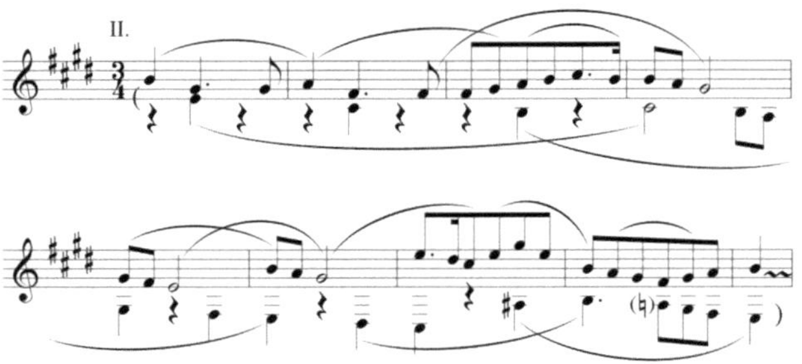

Die Form des Trios:
Das Allegro (1. Satz) stellt ein streckenweise turbulentes (fff-tumultuoso-Anweisung Takt 289) Präludium dar mit mehreren, irregulär wiederaufgenommenen vorläufigen Gedanken. Es bereitet den Eintritt des Adagios vor und präfiguriert mit seinen kontrapunktischen Verschränkungen sowie der in Takt 163 einsetzenden Kontrastzäsur das Finale. Der Mittelsatz findet für das Präludium die Themen. Das Finale findet für es die Form. Dem Gedanken nach enthält Op. 1 Nr. 3 viel von Francks tonartgleichem *Präludium, Choral und Fuge* von 1884 für Klavier. In dem frühen Stück gibt es allerdings keine (vollständigen) zyklischen Themenzitate. Aber es gibt sehr wohl, über die intervallisch und werkstilistisch hervorstechende Einheit hinaus, eine ganze Reihe Beinahezitate. Man vergleiche dazu Satz 1, Takt 5 f., und Satz 3, Fugenthema 5. Takt:

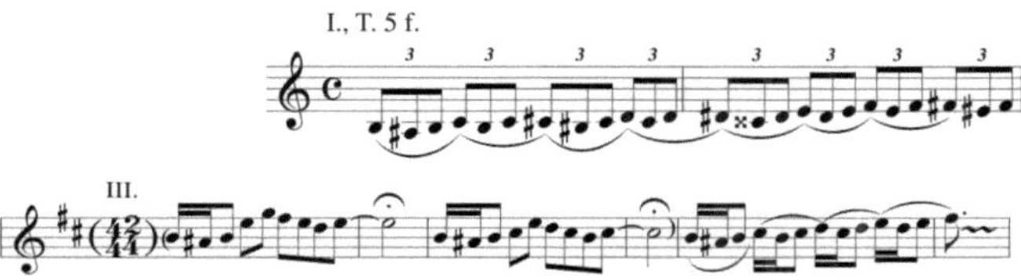

oder die Abschlußtakte beider Sätze.
Dem pastoralen Einlenken des B-Dur-Trios setzt Franck im dreisätzigen h-Moll-Trio expansives Bauen entgegen. Doch findet auch hier das Kreisende der Keimzelle im formalen Ablauf seinen Niederschlag: Dem ersten Satz geht eine Entwicklung nahezu ab. Er kreist um sich selbst, verläuft ergebnislos im Vorthematischen. Anders als beim B-Dur-Trio scheint hier aber alles auf eine geradezu halsstarrige Weise einem dynamischen Prozeß zuzuarbeiten. Dynamik gewinnt einen zur Entstehungszeit singulären Rang, eine Eigenqualität, die sich die floskelhaften Themenansätze einverleibt.
Der zweite Satz setzt die Dominanz des Dynamischen fort, indem seine beiden Themen – sowohl das Lied- wie das Marschthema fast durchgängig in E-Dur – in sich verselbständigende Crescendo- und Diminuendoprozesse hineingezwungen werden. Ohne den Farbenreichtum eines *Bolero* gewiß, aber in geballtester Energie klingt hier etwas an, das bei Ravel seinen populären Ausdruck fand.
Das Finale überträgt, nach einer spannungsreichen langsamen Einleitung, das sich steigernde, kontrapunktisch wachsende Kreisen der vorangegangenen Sätze in eine freie Fugenform. Kontrapunktischer Stimmentausch, Zufügung neuer, doch immer auf die Keimzelle bezogener Stimmen, Anklänge an Motive von zuvor und ein bedeutender modulatorischer Reichtum entfachen ein energiegeladenes Feuer, das nicht für die Dauer einer Sekunde nachläßt. Ein weiterer, nicht fugenmäßig eingeführter Gedanke wird, analog

zur Engführung in der Doppelfuge, anschließend mit dem ersten Fugenthema kombiniert – ein frühes Francksches Meisterstück substantiell erlebbaren vielstimmigen Kontrapunkts und eine Vorausschau auf die großartige Engführung von *Präludium, Choral und Fuge*. Alle Abschnitte münden in einen durchschlagenden Fortissimohöhepunkt. Die Kombination der Themen dient der Übergipfelung aller früheren Steigerungen und bestätigt eindrucksvoll auch hier den Rang des Dynamischen.

Auf ein typisches Detail sei hingewiesen: Der ersten Fugendurchführung stellt Franck einen Solovortrag der ersten obligaten Gegenstimme voran. Wenn Dux, der Führer, einsetzt, hat Comes, der Wegbegleiter, bereits gesprochen. Die Durchführung besteht somit bereits aus Begegnungen zweier Gesellen auf Augenhöhe, der hierarchische Unterschied zwischen Thema und Kontrapunkt der tradierten Fuge wird unterlaufen.

Der junge Franck läßt sein Werk nach dem Dur-Einbruch des zweiten Hauptgedankens und der harmonisch ebenso aparten wie kompromißlosen Zusammenführung der Sphären nach Moll zurückkehren und unterstreicht ebenso ernst wie eindrucksvoll das tastend Umhersuchende, Verstörte, das schon den ersten Satz in musikalischer Symbolsprache die Sinnfrage stellen ließ. Mit dem sicheren Blick des Formschöpfers erkennt der 19jährige den Zusammenhang zwischen Einzelheit und Gesamtem.

Aber auch in koloristischer und harmonischer Hinsicht wagt Franck sich mit bizarren Kombinationen in Neuland vor. Die im ganzen Werk immer wieder hervorgetretenen Tonrepetitionen gewinnen zuletzt die Suggestivkraft von Schicksalsglocken. Dieses Finale übertrifft alles an Kraft, Statur und Klang, was je vor Franck einer kammermusikalischen Formation zugemutet wurde, und wird darin auch nicht von Francks eigenem *Quintett* ausgestochen. Die Ge-

danken folgen Schlag auf Schlag, mit der Sicherheit eines jungen Gottes.
Der erste Satz kommt bei 8³/₄, der zweite bei 12 (mit sehr zügigem Marschteil), das Finale bei 10³/₄ (1+5+4:45), zusammen 31½ Minuten heraus.
Einige überweite Doppelgriff-Folgen im Kopfsatz und einige verdeckte tiefe Cellonoten stehen einer befriedigenden Umsetzung des Trios mit zwei Streichern, die auch noch sauber und laut spielen sollen, hartnäckig im Weg. Und auch unabhängig davon eignet ihm etwas Orchestrales. Eine Aufstockung zum Quintett oder Septett könnte diesem faszinierenden Stück zumindest besetzungstechnisch auf die Beine und zum lange überfälligen Erfolg verhelfen.

2.3.3 Trio fis-Moll, das Zyklische

Besetzungstechnisch stellt das fis-Moll-Trio op. 1 Nr. 1 vor keine vergleichbaren Probleme wie die Schwesterwerke in h-Moll. Es blieb als einziges der Trios auch immer im Handel erhältlich.
Die Höherbewertung des Stücks geht von der Annahme aus, daß sich in ihm mehr für Franck Typisches, auch mehr von seiner handwerklichen Meisterschaft ausdrücke. Eine Interpretation, die die sinfonische Dimension, die Dynamik, die zahlreichen Tempoveränderungen und -übergänge erfaßt, derer das Werk über Francks ausdrückliche Anweisungen hinaus zu einer plastischen Darstellung bedarf, wird in der Tat auf Anhieb erweisen, daß man es hier mit einem Opus zu tun hat, in dem sich Überlieferung und Revolution berühren: ein Opus auf der oberen Höhe seiner Zeit. Gerade in seinem zyklischen Element geht es freilich über die *Symphonie fantastique*, auch über die geringfügig später und im Folgejahrzehnt entstandenen Sinfonien von Schumann, sieht man vom Sonderfall der vierten ab, und Berwald hinaus.

Alle thematischen Gestalten des ersten Satzes verwendet Franck in einem der beiden Einschiebsel des folgenden Scherzos und der Hinführung zum Finale wieder. Im Finale erhöht er die Anspielungsdichte, zitierend wie in neuen Variantenbildungen, noch einmal. Aber nicht das an sich macht die Souveränität des gerade 17jährigen aus, sondern vielmehr das System, wodurch dies alles in passender Weise an der passenden Stelle geschieht.
Die allen motivischen Gedanken gemeinsame Wurzel besteht in einer Schaukelbewegung mit eingelagerter Tonrepetition. Diese Schaukelbewegung schwingt sich in freier Sequenz empor und wieder zum Ausgangspunkt zurück:

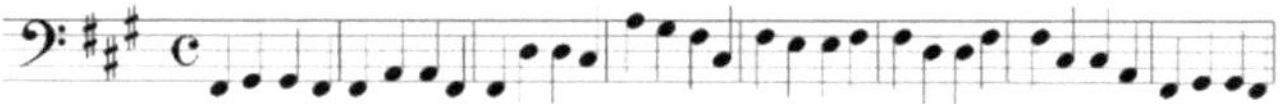

Später erfolgt das Ausschwingen der Schaukel in immer freieren Variationen und großräumigen Lyrismen. Ein charakteristisches Anpeilen weit auseinanderliegender, rhythmisch unterstrichener Schwerpunkte läßt die Ausgangsreihe immer durchscheinen. Die Gesamtheit der Stimmen ist zu beachten. Beim Fis-Dur-Thema ab Takt 83

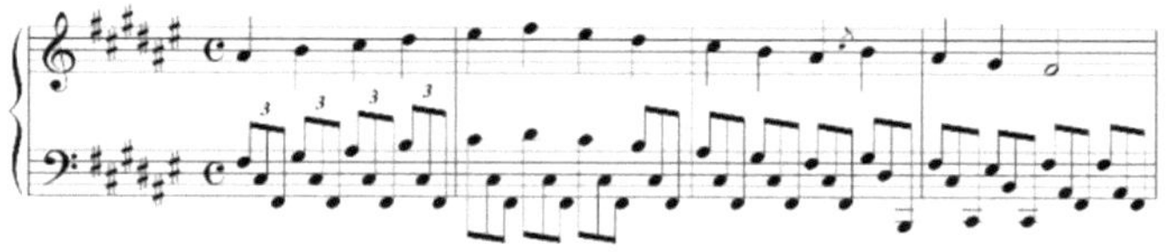

erscheint die Pendel-Schaukel-Bewegung in Oberstimme plus Unterdezim ausgedehnt auf einen langen Auf- und ebenso langen Abstieg, die vormals eingelagerte Tonrepetition wird jedoch herausgenommen und an die verbleibenden Baßnoten delegiert. Also Aufgabenteilung: Der Baß verharrt in unterbrochener Wiederholung auf Fis (und cis), während der Sopran sich kontinuierlich vom Ausgangspunkt entfernt und wiederannähert. In der Scherzofassung

des Fis-Dur-Themas (zweites Einschiebsel) ist die Triolenbewegung der linken Hand bezeichnenderweise eingestellt und macht glockenhaften Wiederholungen der Oktave auf H Platz.
Die Verteilung Schreitbewegung / Repetitionselement auf verschiedene Stimmen prägt ebenso das Scherzothema:

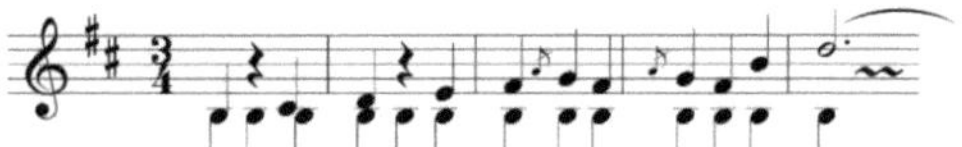

In seinem Zickzack schreitet es den gleichen Tonumfang, die kleine Dezime, wie die Ausgangsreihe ab als eine Art verheimlichter Abbreviatur.
Bei allen Rückbezügen auf die Ausgangsreihe tauchen im Werk vereinzelt aber auch Fälle auf, die nur auf Umwegen integrierbar erscheinen und für die Stellung des Werks innerhalb Francks künstlerischer Entwicklung wie auch im Hinblick auf den vergleichsweisen Ruhm des Stücks bezeichnend sind:

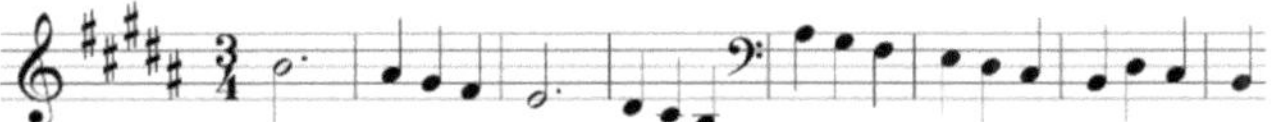

Diese Passage kehrt die letzten vier Takte des vorangegangenen, offen endenden ersten Scherzoabschnitts um und ergänzt sie – aber einstimmig, ohne das repetierende Pendant. Wird Franck für die Dauer einiger Takte seinem Prinzip untreu und arbeitet konventionell thematisch? Er behält immerhin den Bezug im Auge: Takt 3 und 4 faßt er als Versetzung von Takt 1 und 2 in die Subdominante auf. Bei deren Rückverlegung nach H-Dur wird dies klar:

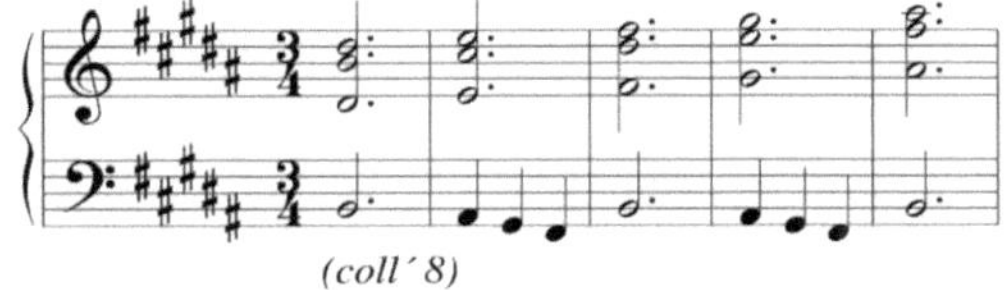

Als ostinate Zweitaktperiode vertritt es den Orgelpunkt, unterlegt das Fis-Dur-Thema in seiner Scherzo-Fassung und wieder analog in der Finalkoda. Eindeutig faßt Franck die thematische Fixierung aber hier als etwas auf, das man modulierend, zergliedernd, umstellend bearbeiten kann. Im Zweifelsfall regiert nicht die Intervallreihe, sondern das Thema. Dessen Vorrang vor dem subkutan Intervallischen unterscheidet das Trio noch von den **ganz** typischen Werken, begründet andererseits aber eine gewisse, wohl als sympathisch empfundene Nähe zu Leistungen Schumanns, Brahms', Tschaikowskys einerseits, äußeren Merkmalen populär gewordener Franckscher Spätwerke andererseits.

Das Werk beginnt andante con moto mit einer Chaconne, die binnen weniger Takte eine erste Steigerung vom Zaume bricht, von einem zunächst melancholischen Seitengedanken abgelöst wird und erneut und stärker als zuvor kulminiert. Fermate. Es folgt eine liedhafte Weise: das Fis-Dur-/später Glocken-Thema. Nach der Franckschen Polyphonie zuvor ein Anklang an die Welt einfacher Idyllen. Tonartdisposition (Durvariante der Tonika fis-Moll) und Charakter lassen auf Einschiebsel, kaum auf 2. Hauptthema schließen. Das sich anschließende Fugato, das in eine fulminant gesteigerte Rekapitulation der Chaconnethematik einmündet, ähnelt jedoch einer Sonatendurchführung und begründet zusammen mit der verkürzten Lied-Reprise und einem abschließenden Zitat der Ausgangsreihe Sonatenhauptsatzcharakter. Chaconne, Lied, Fuge, Sonatenform erscheinen vermischt.

Das Allegro molto ist der einzige Scherzosatz César Francks, der in der rhythmischen Statur seines ersten Themas und seines ersten Einschiebsels an Beethovensche Scherzi erinnert. Für Beethoven untypisch ist indes Francks Formgebung. Teile, die in der Klassik wiederholt werden, erscheinen durchgängig variiert, oft zusätzlich in andere Tonarten versetzt. Das so durchkomponierte Scherzo arbeitet zudem mit zwei ebenfalls durchkomponierten Einschiebseln. Von diesen führt das zweite nicht zu einem weiteren Durchgang des Hauptteils, sondern bildet, dessen Thema mit der Chaconnethematik kombinierend, unmittelbar eine Brücke zum Finale.

Dieses, Allegro maestoso überschrieben, kommt in Charakter und Tonartenkanon einem Sonatenhauptsatz am nächsten. Die Variationskunst des jungen Komponisten läßt vergessen, daß hinter der gefühlten Vielfalt thematischer Bildungen, die in zwei großen Hauptthemenblöcken kristallisieren, immer die eine gleiche Melodie steht. Der Anfangstakt der Chaconne wirkt als Element darin und auf den gesamten Stimmenverband verteilt geradezu omnipräsent, die Durchführung wird ausschließlich aus Final-Thema, Final-Expositionskoda und Chaconnethematik bestritten, das Lied-Glocken-Thema erscheint in ganzer Gestalt aber erst wieder gegen Schluß, dröhnend gesteigert, in seiner zuletzt zitierten Variante aus dem Scherzo. Diesem aus dem Zyklusgedanken entwickelten Überraschungscoup fehlt noch das kontrapunktische Raffinement des späteren Franck, die Stelle kann wie aufgeklebt geraten. Überemphatisch gespielt, geradezu zelebriert, vermag sie dennoch mitzureißen, zumal in der Verbindung mit der großartig drangehefteten Molto-più-lento-Passage aus der Durchführung, die den turbulenten Abschluß einläutet.[21]

Francks Metronomvorgaben lauten, wie bei allen Trios, signifikant zu schnell. Will man den Eindruck jugendlich virtuoser Schaumschlägerei besonders in Scherzo und Fina-

---

[21] András Magyar, Violine, David Obermann, Violoncello, und ich nahmen bei unsern Aufführungen die Stelle breit, fast langsam und holten im gefühlten neunfachen Forte heraus, was die Instrumente hergaben. Meine linke Hand war nach dem unerbittlich herausgehauenen Baßostinato am gleichen Abend nicht zu analogen Einsätzen mehr zu brauchen.

le vermeiden und statt dessen den großen Bogen und orchestral wuchtigen Ausdruck des Werks akzentuieren, wird man sich länger Zeit und auch erhebliche Freiheiten zu Tempomodifikationen nehmen müssen. Obenan die Durchführungsblöcke aller drei Sätze, darunter der des Finales als einer der wuchtigsten und ausladendsten der gesamten Musikgeschichte, kommen erst zur Geltung, wenn man Geschwindigkeit herausnimmt und aus den Instrumenten an Kontrasten und an Lautstärke das äußerste herausholt. Da kommt man schon in die Nähe der 40 Minuten-Grenze (14 + 10 + 14). Das Publikum einer von mir mitgestalteten 38minütigen Aufführung reagierte so enthusiasmiert, daß es klatschend und johlend in die donnernden Schlußtakte einfiel. Einige Beobachter erinnerte das an Rockkonzerte.
Das Werk überschwemmt den Hörer mit inneren Auseinandersetzungen. Es strotzt von Auflehnung, Sehnsucht und Zorn gegen den Vater. Es ist maßlos und zertrümmert Schicklichkeitsgesetze. Die geraffte Themenwiederkehr – für eine Sonatenreprise kommt sie psychologisch viel zu spät – kündet jedoch von Freude. Vom Schatten zum Licht: Beethovens Topos wird ins unverstellt Persönliche gewendet und auf eine rahmensprengende Weise verstärkt.

2.3.4 Das einsätzige h-Moll-Trio

Franz Liszt befand nach der Durchsicht des ursprünglichen Opus 1 Nr. 3, das Finale stehe für sich, Franck solle es abtrennen und einen neuen Schlußsatz komponieren. Franck komponierte die Doppelfuge und veröffentlichte den alten Satz selbständig als Opus 2. Widmungsträger war der ältere Kollege, der darin etwas Zukunftsweisendes erkannt haben muß, auch im Hinblick auf eigene Konzepte, wie er sie in den sinfonischen Dichtungen der 1850er Jahre realisierte.
Opus 1,3 war ursprünglich zyklischer, so man denn den Begriff der zyklischen Form auf ausgedehnte Zitate fixiert.

Die in Notenbeispiel 3 des Kapitels 2.3.2 und Notenbeispiel 2 dieses Kapitels umschriebene Bildung gewann dabei starkes Gewicht. Die chromatisch geführten Triolenketten spielten an den Anfang von Opus 1,3 an, die Pizzikatostelle gegen Ende rief den Epilog aus dem Mittelsatz in Erinnerung. Doch wirkte das alles eher aufgesetzt, beiläufig, wie eine gewollte Replik auf Opus 1,1. Man darf Liszt für seine Anregung danken: Statt eines Werks entstanden aus einer Grundidee zwei der wagemutigsten Triokompositionen vermutlich aller Zeiten.

Intervallische Keimzelle und die Methoden ihrer Sequenzierung zu größeren Bögen, zu in sich selbst wieder figurativ aufgebrochenen Vergrößerungsbildungen teilt Opus 2 erwartungsgemäß mit Op. 1,3:

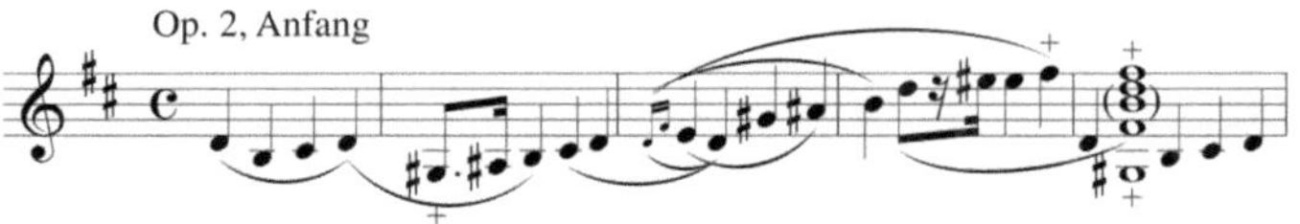

Kühnheit und Freiheit im Umgang mit der Keimzelle erreichen Ausmaße wie beim späteren Franck. Vergrößerungsformen lassen das Bewegungsmodell über mehrere Oktaven springen. Wühlend sich emporrangelnde Triolenketten drängen es dann wieder chromatisch zusammen. Wie schon am vorstehend zitierten Anfang ist es häufig in mehrfacher Weise gestaltbildend am Werk: Reihungen kleinteiliger Varianten addieren einander zu einer reich figurierten über mehrere Takte, und nur wenn Interpreten Strukturen unterdrücken, entgeht dem Hörer, daß die Keimzelle in **allen** Stimmen präsent ist, jede Aufteilung in das Schema Melodie und Begleitung unterhöhlt.

Schwierig bleibt auch die formale Zuordnung. Ein Gebilde, das das 1. Hauptthema eines schnellen Sonatenhauptsatzes sein könnte und in einigen kurzen, teils einstimmigen Anläufen vorgetragen wird, erfährt durch ein più lento in Takt 29 eine nachträgliche Umdeutung, etwa: schnelle Einleitung zu einem lyrischen langsamen Satz. Doch auch das Cello, das mit nichts anderem als den nach Dur gewendeten Anfangstakten in schwelgerisch vergrößerten Werten beginnt, wird sogleich wieder unterbrochen. Weitere Keimzellenmetamorphosen schießen wie Pilze aus dem Boden, lassen nirgendwo den Eindruck von etwas Endgültigem aufkommen. Immer noch Einleitung? Endlich ein Thema, vom Klavier vorgetragen, von den Streichern konventionell aufgegriffen und erwidert, indes ständig unterbrochen vom Fragezeichen verlangsamter Phrasenenden und Fermaten. Immer noch kein Ziel gefunden? Zudem: Das Ganze ist nichts anderes als die Durvariante des einstimmig eingeführten Kopfgedankens. Eine erste Koda vielleicht? Eine Koda, die sich zu einem eingelagerten Variationssatz ausweitet?!

Nach dem Variationsintermezzo kehrt die h-Moll-Introduktion wieder, kombiniert mit einer neuen Gestalt im Cello: (Vgl. S. 45 unten!)

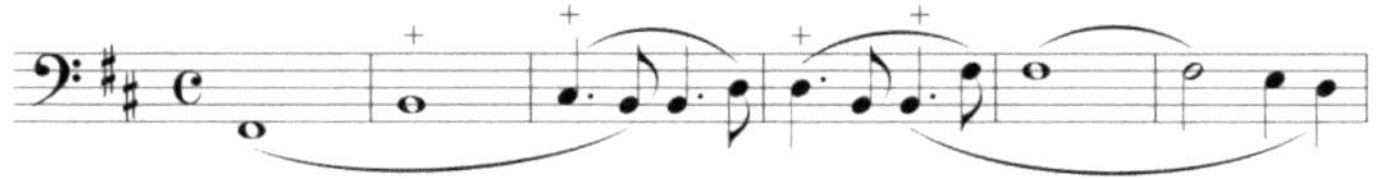

Und neue Varianten der Zelle schießen aus dem Boden. Chromatisch modulierende Entwicklungen beginnen. Verschleiernde Verkleinerungen und schier unüberblickbare Vergrößerungsgestalten, dazu unendliche Liegetöne der beiden Streicher in bizarrer Kombination. Brüske Steigerungen. Bohrende Ostinati. Klang, der zu- und abnimmt, Rhythmus, der hämmert und dröhnt, aber nur ein Minimum an Melodie: Das Thema ist entthront, hat abgedankt, eine neue Musik ist geboren.

Aus dem athematischen Kesseltreiben erhebt sich ein melodischer Ansatz. Lyrischer Umschwung erneut:

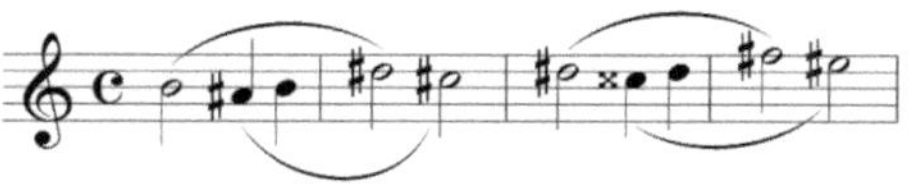

Fürs erste wird er noch einmal niedergeschmettert.
Und ein drittes Mal markiert das Introduktionsthema einen neuen Durchführungsblock. Seine trockenen Ostinati könnten einem modernen Jazzstück entstammen:

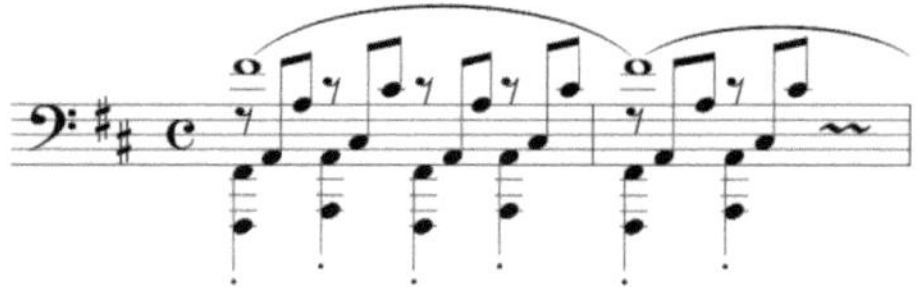

Dann dringt in fluthafter Steigerung das neue lyrische Thema durch.
Abbruch. Pizzikati. Generalpause. Unregelmäßige Fortgänge. Rückkehr zum Pianissimo.
Das nun folgende, im dreifachen Piano in der tiefsten Klavieroktav auf Kontra-Cis beginnende langsame Motiv basiert auf einer Abstraktion des zuletzt gesteigerten lyrischen Themas. In Fortsetzung der wiederholt aufgetretenen Ostinati und im Sinne einer Franckschen Formfindung wächst es sich zu einer imposanten Chaconne aus, verknüpft mit einer leichten Fugenallusion. Es steigert sich zum Gehtdochnochmehr. Radikale Erweiterungen des intervallischen Radius, Sprengung der metrischen Grundstruktur (ein verkappter Dreier- hämmert in den weiterlaufenden Vierertakt hinein), Doppelgriffrepetitionen im Cello, die das cis-Moll mit hinzugefügter moderner Septim zugleich halten und sprengen:

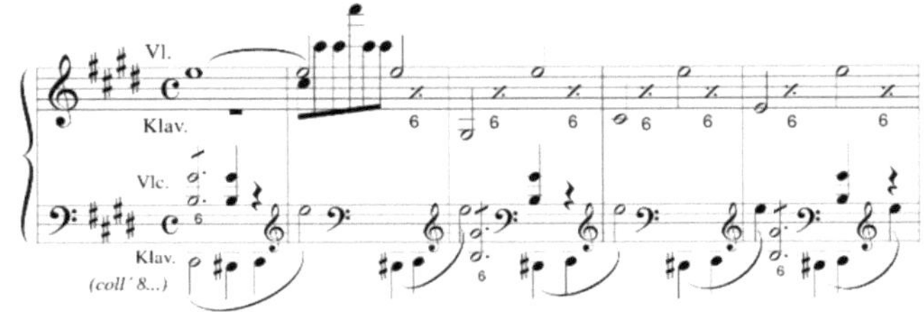

Eine letzte Apotheose des lyrischen Themas von vorhin. Übereinanderschichtung der Gestalten. Apotheose des Cellomotivs, das die Variationenenklave abgelöst hatte, in mehrfacher Oktavverdopplung, fortefortissimo.
Und immer noch kein Ende des Vulkans ... Die Entwicklung hakt sich fest auf einem klanglichen Höhepunkt seltsamer Art: Die Streicher umreißen in langgehaltenen Tönen einen Klangraum von drei Oktaven, dazu donnern pendelnde Akkordketten des Klaviers – ein Klangexperiment aus einer anderen Sphäre. Der harte Beat des Klaviers, dazu der morbid sich abhebende Silberfaden des hohen Violintons, dazu eine schummerig sinnliche Harmonik. Bezeichnend, daß Franck, um diese Stelle spielbar zu machen, ein kurzfristiges Höherstimmen der A-Saite der Violine auf h' verlangt.
Abriß. Das nachfolgende sechseinhalbtaktige Klaviersolo versetzt chromatische Ebenen auch rhythmisch so kompliziert, daß der Ton Gis(As) als Zentrum kaum noch erkennbar bleibt. Atonalität schimmert am Horizont. Entladung auf einem sechzehnfach gehämmerten As(Gis)-Dur-Akkord. Schnitt. In unvermitteltem H-Dur setzen die Streicher wieder ein und beginnen im dreifachen Forte eine geraffte Wiederkehr der Variationenenklave. Drei wesentliche Unterschiede treten neben der Tatsache einschneidender Verkürzung hervor: Die Verlangsamungen und Fermaten sind weggefallen. Die Dynamik ist durch einen mehrfachen fff-p-Wechsel gesteigert. Kanonbildungen und Zusatzstimmen bringen schlußbildende Verwicklungen in das Geschehen

bis zur letzten Seite, die in ostinater Crescendierung die Durversion des Anfangstaktes sequenziert, der Keimzelle von Opus 1 Nr. 3 und Opus 2, und den schmetternden Ausklang herbeiführt.
Der fast 25minütige Ablauf versinnlicht die Harmonie nach dem Chaos, das Finden nach dramatischer Suche. Der wieder in H-Dur verbleibende Schlußabschnitt entspricht noch nicht der Komplexität später Franckscher Satzkrönungen. Doch hat er keineswegs abzufallen wie in einem Rundfunkmitschnitt, den ich vor Jahren hörte. Die Interpreten machten dort einen Fehler: Das Tastende, Vorläufige der ersten und längeren Variationsepisode setzten sie nicht um. Die Stelle wirkte entsprechend gleichförmig. Der dramaturgische Bezug zur verkürzten Wiederkehr mißlang. Statt als jubelnde Steigerung einer unruhig unsicher angelegten Vorgabe wirkte die Wiederkehr wie eine formal diktierte konventionelle Rumpfreprise und das Ganze zerfiel in einen avantgardistisch hochgespannten und einen konventionell einfachen Teil.
Das war bei den Aufführungen, die ich in den Jahren 1989/90 durchführen konnte, nicht der Fall, das Echo aus dem Publikum entsprechend aufgedreht. Wie in Opus 1,3 würde Aufstockung der Streicher bei diesem Monstrum eines Klaviertrios allerdings viel von den Risiken genommen haben, die allein die Umstimmung der Violinsaite verursachte. Nur bei unserer ersten Aufführung verlief es damit glatt. Bei der zweiten legte unser Geiger ein präpariertes Zweitinstrument bereit. Das klang nun so verschieden von seiner Standardgeige, daß er von dieser Lösung wieder Abstand nahm. Bei der dritten Aufführung platzte die Saite beim Höherdrehen, der Kollege mußte die Doppelgriffe auslassen und beim Rest grifftechnisch improvisieren.
Die dynamischen Höhepunkte bewegen sich an einer schmalen Scheidelinie, an der Adrenalinexplosion in ein

befreites Lachen umschlagen kann, die Ästhetik des Extremen ins nur noch Groteske. Diese Problematik zuzulassen, bereitete eine aufwühlende Hörerfahrung und warf interessante Fragen auf.
Bewährte Raster stoßen bei diesem Riesensatz an Grenzen. Versuchen wir eine Analyse anhand der Sonatenhauptsatzform, wie sie seit der Wiener Klassik Standard war, und stellen uns vor, wir hörten das Stück zum ersten Mal. Wir ordnen zu: Takt 1 bis 28 dem 1. Hauptthema (Tonart h-Moll), 29 bis 40 dem 2. Hauptthema (Tonart G-Dur), 41 bis 80 der Durchführung und Rückmodulation zur Tonika, 80 bis 178 der Reprise (Tonart H-Dur). Wegen der intervallischen Identität von erstem und zweitem Hauptthema erscheint das erste Hauptthema im Dur-Modus des zweiten allein und die Reprise insgesamt zu einem integralen Variationssatz mit interludierenden Unterepisoden ausgebaut.
Doch der Versuch muß hier stocken – es folgen noch mehrere hundert Takte, die in unsere Analyse integriert werden wollen!
In einem zweiten Anlauf nehmen wir den gesamten Abschnitt als Exposition an: 1 bis 79 als 1. Hauptthema inklusive Seitengedanke ab Takt 29, 80 bis 178 als 2. Hauptthema. Hier stört allerdings die identische Tonika, einmal in der Moll-, einmal in der Durvariante beider Themen[22], abgesehen von ihrer nahezu vollständigen melodischen Identität. Um der Verlegenheit zu entrinnen, erklären wir nun die Takte 1 bis 79 zu vorläufigen Figurationen eines erst in Takt 80 fertigen alleinigen Themas.
Um wieviel leichter zöge es sich aus der Affäre, wenn man die Exposition mit den beiden Themen Takt 1 und 29 in Takt 79 enden ließe und alles, was inklusive Takt 552 folgt,

[22] In einer klassischen Sonatenexposition stehen erstes und zweites Thema immer in verschiedenen Tonarten.

dem Formteil Durchführung zuschlüge! Der erste Durchführungsabschnitt würde dann freilich, überaus untypisch, im klassischen Durchführungskonzept verpönt, ganze 98 Takte lang im engen Bereich der Werktonika verharren, ausgestattet mit Eigenschaften gut abgegrenzter Variationen.

Wie man es auch biegt, erst nach der Fermatenzäsur in Takt 178 schlägt die Stunde des großen Disputs quer durch die modulatorische Kampfarena. Der gefühlte Durchführungsteil beginnt Takt 179 mit einem neuen Thema. Das Cello setzt es wie beim Zusammenführen der Themen einer Fuge dem gleichzeitig zitierten 1. Hauptthema entgegen. Es ist die im zweiten Notenbeispiel zitierte Kantilene. Sie rangiert bald als das reale 2. Hauptthema des Riesensatzes. Eine weitere melodische Gestalt (drittes Notenbeispiel) wird ab Takt 247 zum realen 3. Hauptthema.

Nachgeholte Themenaufstellungen gab es zuvor in Haydns Abschiedssinfonie und Beethovens Eroica. Sie beschränkten sich auf ein Thema. Hier sind es zwei Themen. Aber Durchführungen von 374 (oder doch 472?) von insgesamt 644 Takten gab es vorher auch noch nie.

Legen wir fest: 1 bis 178 = monothematische Exposition, 179 bis 552 = Durchführung mit nachträglicher Exposition zweier weiterer Hauptthemen, 553 bis 622 = Reprise (ohne die neuen Themen), 623 bis 644 = Koda.

In einer Weise wie in Opus 1,3 gewinnt übrigens auch das Element des wiederkehrenden bzw. des über lange Strecken ausgehaltenen Tones enormen Stellenwert. Nur ein kleiner Denkschritt trennt die beiden Werke von der sinfonischen Dichtung, deren Beschreibung für das nächste Kapitel ansteht.

2.4 Ein erster sinfonischer Höhepunkt – Erwähnung weiterer Werke

In der amerikanischen Paperback-Reihe *Dover Collections for the Piano* gibt es einen Nachdruck eines 1922 von d'Indy herausgegebenen Sammelbandes samt einer Übertragung des originalen Vorworts ins Englische. Er ist über den Handel zu beziehen und enthält neben den beiden großen und beiden kleinen Klaviersolowerken der Spätzeit und drei Übungsstücken des Knaben drei ausladende Kompositionen aus der Zeit der Trios. Deren extremer spieltechnischer Anspruch könnte den Blick für die Ausdrucksfülle und unverwechselbaren, die Farben großdimensioniert schichtenden Klang verstellen. Tatsächlich lassen die *Eglogue* op. 3, die erste *Grande Caprice* op. 5, die *Ballade* op. 9 und die erst vor wenigen Jahren wiederentdeckten und vom Pianisten Heribert Koch herausgegebenen *Souvenirs d'Aix-la-Chapelle* op. 7 (*Erinnerungen an Aachen*) durchaus die gleiche Hand erkennen, die in den Trios die Dimensionen sprengte und überrumpelnde Steigerungen herbeiführte. Sie entbehren allerdings ein wenig der bezaubernden einzelwerkspezifischen Idee, aus der Franck – wie selbst noch im formverwandten Adagio von Op. 1,3 – in den Trios Funken schlägt. Der junge Komponist hatte noch nicht das Repertoire, um bei jedem Werk in jeder beliebigen Besetzung eine neue Lösung zu finden.

Einen imponierenden Eindruck hinterläßt allerdings das *Solo de piano avec accompagnement de quintette à cordes* op. 10 in einer Gesamteinspielung von Francks Kammermusik aus den letzten Jahren. Das knapp 19minütige Stück verbindet stupende Klangfülle der Streicher (Streichquartett plus Kontrabaß) und einen haarsträubend virtuosen wilden Klavierpart zu einem lapidaren Ereignis. Das Anfangsthema hat Franck wenig später in *Ruth* wiederverwendet. Einige motorische Streichereffekte weisen auf Entwicklungen der Musikgeschichte nach 1900 voraus, die Flageolettklänge auf *Ce qu'on entend sur la montagne*. Die Handschrift tauchte erst vor einigen Jahren auf, so daß 1991 die Erstveröffentlichung erfolgen konnte[23].

Innovativ auch das *Premier Duo à quatre mains sur 'God save the King'* op. 4[24]. Introduktion in b-Moll und Allegro spielen auf die bekannte Hymne an. Diese leuchtet nach fast vergessenem erstem Erklingen erst wieder gegen Ende, zunächst in cis-Moll, auf und erklingt endlich resümeehaft in B-Dur in kontrapunktisch gedrängter Umgebung. Das Stück besteht aus Partikelvariationen über ein Thema, das erst peu à peu ans volle Tageslicht tritt. Eine brillante Idee und eine, bis auf eine zu ausführliche Überleitung am Introduktionsende, ausgezeichnete Ausführung. Das *Deuxième Duo* hält den Vergleich damit nicht aus. Es enthält wenig interessante Zuspitzung, dafür etwas viel Wiederholtes.

Noch ein Wort zu **Wiederholungen bei Franck**. Schon der Fünfzehnjährige (s. Op. 1,2) verpönt den mit zwei Punkten versehenen Doppelstrich, der den Interpreten anweist, einen Abschnitt noch einmal von vorne zu spielen. Doppelstrichwiederholungen kommen in keinem einzigen der authentisierten Hauptwerke vor. Ob ein zweiter Komponist dem Gedanken der beständig fortschreitenden Zeit so konsequent Rechnung trug, ist mir unbekannt. Selbst in einigen Strophenliedern aus eigener Hand vermeidet er den Doppelstrich und veröffentlicht sie im Fortlauf. Abgesehen von diesem formalen Indiz beschränken sich kopierende Wiederholungen bei Franck auf wenige Gelegenheitsstücke und einige frühe Werke und treten später nur noch als drama-

---

[23] Solo de piano avec accompagnement de quintette à cordes, restitué par Joël-Marie Fauquet; Éditions Musicales du Marais E.M.M. 3512

[24] Seit Königin Victorias Amtsantritt 1837 korrekterweise *the Queen*.

turgisch begründeter, behutsam eingearbeiteter Sonderfall auf.
Die Klavierlieder der 1840er Jahre (Franck hinterließ insgesamt wenig mehr als ein Dutzend) verdienen mehr Interesse: *Aimer*, *Souvenance* und die dramatisch durchgestaltete Ballade *Robin Gray* etwa oder das ausdrucksstarke Strophenlied *L'émir de Bengador*. Auf der Höhe seines Ausdrucksvermögens zeigt den jungen Franck auch das um die acht Minuten dauernde *Andantino quietoso* es-Moll op. 6 für Violine und Klavier. Das Mitte des Jahrzehnts in einer ersten Fassung vorliegende Oratorium *Ruth* soll uns später befassen. Es wird von d'Indy als Hauptwerk der frühen Zeit hingestellt, ist in der überlieferten Fassung aber weder ganz ein Werk der Zeit vor 1850, noch urteilt d'Indy frei von den Verengungen eines programmatischen Blickwinkels. Zum dritten scheint ihm, wie dem ganzen Kreis um César Franck, dessen *Ce qu'on entend sur la montagne* (*Was man auf dem Berge hört*) nach Victor Hugo nie zu Augen gekommen zu sein.
Erst 1986 wurde es, mit minimalen Retouchen, der Öffentlichkeit zugänglich gemacht.[25] 2012 folgte eine zweite, um weitere Einzeltakte gekappte CD-Einspielung. Das Orchestre Philharmonique Royal de Liège erstellte im Vorfeld zu dieser Einspielung Material, das zu Aufführungszwecken ausgeliehen werden kann. Ich bin, dank der unbürokratischen Unterstützung von Frau Anne-France Massaut, der Bibliothekarin des OPRL, inzwischen im Besitz einer Studienpartitur, aus der ich die nachstehenden Zitate herausfiltrierte.

---

[25] Die einfädelnden Repetitionstakte 94 bis 97, 146 und 148 fehlen, die Dissonanzen T. 400 f. wurden begradigt, eine allerdings interessante, dem Original zu wünschen gewesene Vorhaltdissonanz T. 532 neu eingeführt und die Klarinettenstimmführung T. 535 f. aus unbekanntem Grund abgeändert.

Wie das einsätzige Trio op. 2 orientiert sich auch das einsätzige erste jetzt bekannte orchestrale Hauptwerk César Francks an einer sinfonischen Form, die eigenschöpferisch den Sonatenhauptsatz verwandelt. Sie begegnet uns in weiteren sinfonischen Dichtungen des Meisters wieder, im Quintett oder im ersten der Drei Stücke für große Orgel von 1878, der Fantasie A-Dur.

Erstmals erscheint in *Ce qu'on entend sur la montagne* in der Musikgeschichte ein perkussives Element gleichrangig neben dem melodisch-thematischen Element. Die erste Episode, Takt 1 bis 24, beginnt mit einem für die Zeit (1846) sensationellen Flageoletteffekt – Spitze eines über sechs Oktaven verteilten E-Dur-Akkords der wie meistens im Stück zwölffach geteilten Streicher. Bläser fallen ein, blenden sich aus, wechseln untereinander, mit den Streichern und einem Beckenschlag ab.

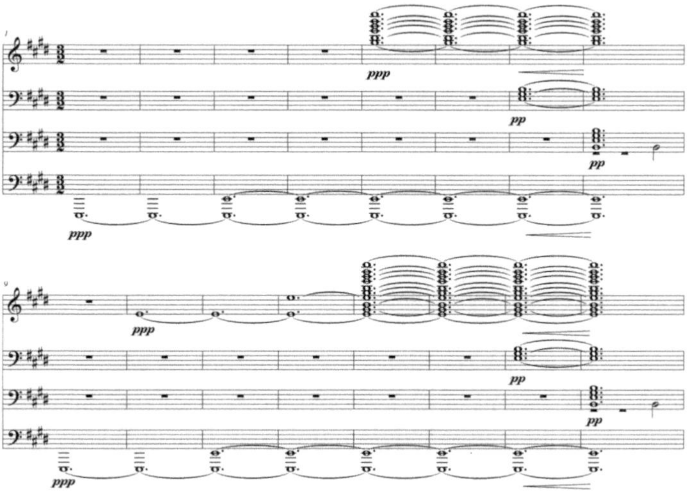

Dieses Wechselspiel verknüpft: wiederholten Ton (Repetition), Liegeton (Orgelpunkt), wechselnden Klang (Klangfarbenmelodie). Es wird der ersten melodischen Exposition ausführlich vorangestellt und bleibt für den Rest der Komposition allgegenwärtig.

Zweite Episode – Takt 25 bis 92: Aus dem Akkordgeschiebe tritt eine hymnische Weise der zwölffach geteilten Streicher als ein erstes melodisches Thema hervor:

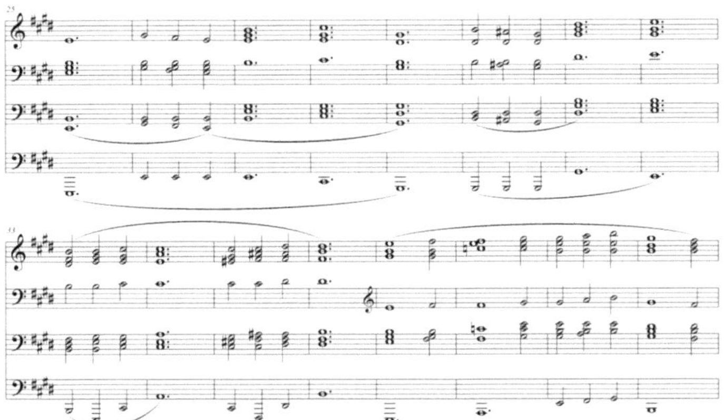

Es fußt auf der gleichen drehenden, auf vier Noten rückführbaren Zelle, die von dreien der Trios vertraut ist. Sie rangiert ihrer Einbindung nach hier als das Folgeprodukt des E-Dur-Akkords, dessen Töne E-Gis-H sie umschreibend aus dem Übereinander in ein Nacheinander überführt. Folgerichtig mündet die Episode in eine Wiederkehr des Flageoletteffekts.

Insgesamt wird der Hymnus zweimal variiert und stetig gesteigert. Es kommt dabei zu einem immer komplexeren Durchdringen mit den Elementen Liegeton, Repetition und Klangfarbenmelodie. Die Haupttonart E-Dur bleibt die ganze Strecke erhalten.

In der dritten Episode – Takt 93 bis 148 – wechselt das Tongeschlecht nach Moll. Eine Tonfigur aus sechs Vierteln, dem Kopf des Hymnus nachgebildet, initiiert eine Modulationsphase von düsterem, suchendem Charakter in aufsteigenden Molltonarten unter langen Liegetönen:

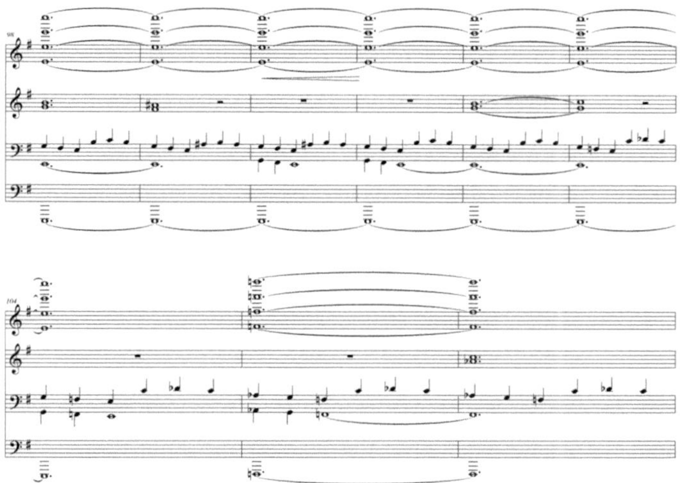

Die Rückungen klettern in Halbtonschritten bis a-Moll hinauf, der Subdominante des nachfolgenden Einsatzes von Episode IV, Takt 149 bis 186:

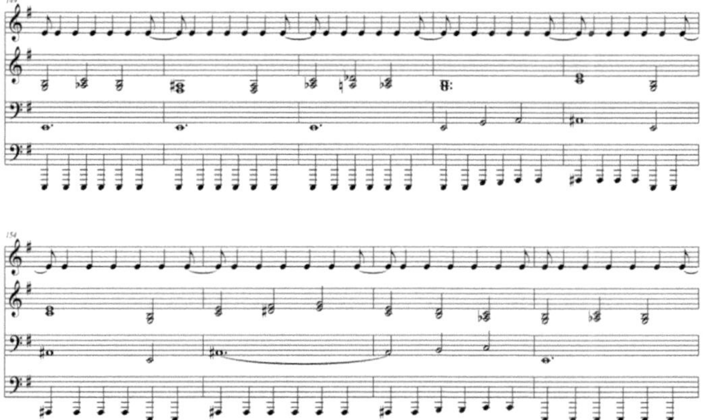

Die geteilten Bratschen tragen zunächst in e-, dann g-Moll ein neues Thema vor. Die Harmonik wirkt gedrückt. Entlegene Ersatzakkorde bringen die klassische Kadenz ins Wanken. Die Keimzelle ist auf chromatische Engschrittigkeit zusammengestaucht. Viertelrepetitionen bilden den ostinaten Kontrapunkt. Sie erhalten durch Synkopenketten Verstärkung.

Die fünfte Episode, Takt 187 bis 292, ist eine breit ausgesponnene, von dramatischen Steigerungen durchsetzte, durchführungsartige Fantasie über eine kurze Choralmelodie:

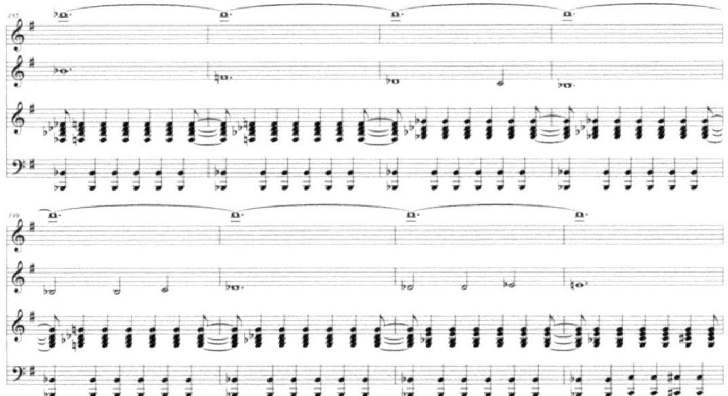

Sie wandert durch mehrere Instrumente und landet in voller Lautstärke bei den Posaunen. Die Repetitionsbewegung steigert sich zu Triolen, um anschließend in ein Tremolo überzugehen. Dieser große Abschnitt kombiniert in stärkerem Umfang, als dies zuvor schon geschah, Material aus den vorangegangenen Episoden. Neben der immer stärker drängenden Repetitionsbewegung zeitigt auch das Spiel mit der Klangfarbenmelodie immer neue Wirkungen. Nach g-Moll und Ausweichungen bis in das entfernte cis-Moll schließt der Abschnitt im dreifachen Forte in G-Dur, schaltet auf pianopianissimo zurück und bereitet bruchlos den Boden für Episode VI, Takt 293 bis 324:

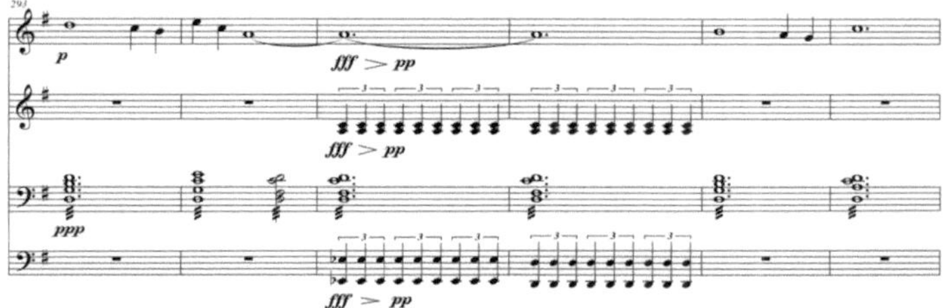

Thematisch bringt Episode VI eine Melodie, deren utopische Volkstümlichkeit weniger Schubert als nationale Komponistenschulen der späteren Zeit assoziieren läßt: skandinavische (Grieg), amerikanische (Ives) und auch französische (d'Indy).

Dieser volksliedhaften Weise, die von G-Dur nach H-Dur moduliert, folgt ein Epilog, Episode VII, Takt 325 bis 362. Er besteht aus Zitaten der Episoden IV und V und befestigt die Haupttonart-Dominantenvariante h-Moll.

Auch wenn simultanmelodische Verquickungen und ein irreguläres Wiederauftauchen von IV und V in puncto einer endgültigen formalen Zuordnung unsicher machen – alle Abschnitte zeichnen sich bislang durch das Einführen neuen Materials auf der thematisch-motivischen Oberfläche bzw., im Epilog, seine Bestätigung aus. Das hat etwas von einer Sonatenhauptsatz-Exposition.

Der folgende Abschnitt, Episode VIII, Takt 363 bis 494, trägt zwar einige neue Kontrapunkte ins Geschehen, rekrutiert sich aber überwiegend aus bekanntem Material der Episoden I bis IV. In gedrängter Weise wird dieses neu collagiert, gegeneinander ausgespielt und zu entfesselten Höhepunkten hochgepeitscht. Elektrisierende Komplikationen entstehen durch folgende Achtel-Ableitung (zunächst Bratschen, dann die anderen Streicher) aus dem Hymnus-Anfang:

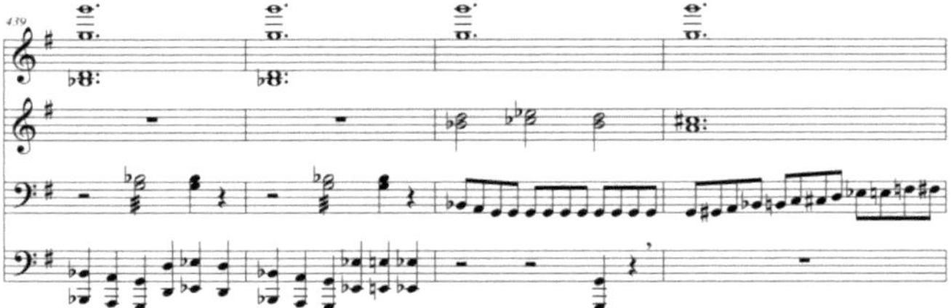

Die gesamte Episode VIII entspricht dem Durchführungsabschnitt eines Sonatenhauptsatzes. Lösung der unerhörten Spannungen und Steigerungen bringt die in der Rückhand gehaltene Wiederaufnahme des Flageoletteffekts in Takt 465 und seiner Fortsetzung im Hymnus zwei Takte später. Diese Unterepisode in G- und H-Dur, eine sog. Scheinreprise der Episoden I und II, führt wie nebenbei, als Destillat von Vierteltriolenketten in der Durchführung[26], ein neues Kontrastmotiv ein:

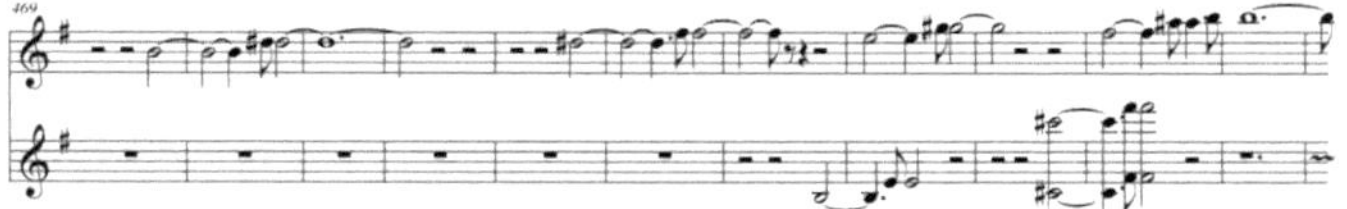

Es wird samt dem ganzen Intermezzo in Takt 483 von einem wilden Streicherunisono und springenden Blech-Liegeklängen brüsk abgewürgt:

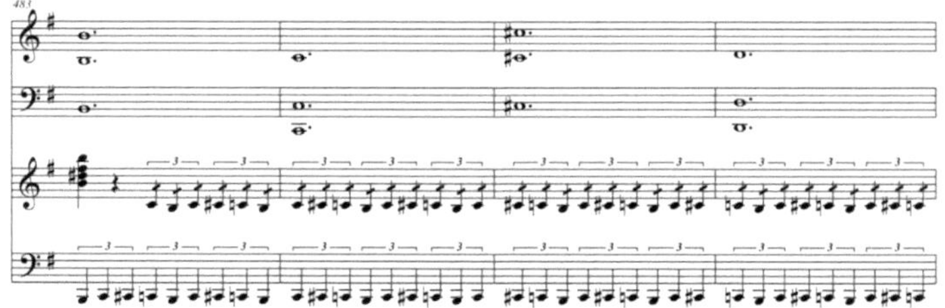

[26] T. 385 ff. und analog

Dieser lapidare Überraschungscoup bereitet auf engem Raum Episode IX vor, Takt 495 bis 544: In ihr, formal der Reprise, erscheinen in der Grundtonart e-Moll / E-Dur die Episoden IV mit dem neuen Kontrastmotiv kombiniert, V und VI fugenlos zu einem offen endenden Choral miteinander verschweißt. Die Zitate sind gegenüber dem ersten Erscheinen mit 26 gegenüber 38, acht gegenüber 106, 16 gegenüber 32 Takten radikal verkürzt.

Episode X, Takt 545 bis 663, formal die Werkkoda, baut zu einer collageartigen Übereinandertürmung enggeführter, aus dem Werkzusammenhang vertrauter Gestalten auf:

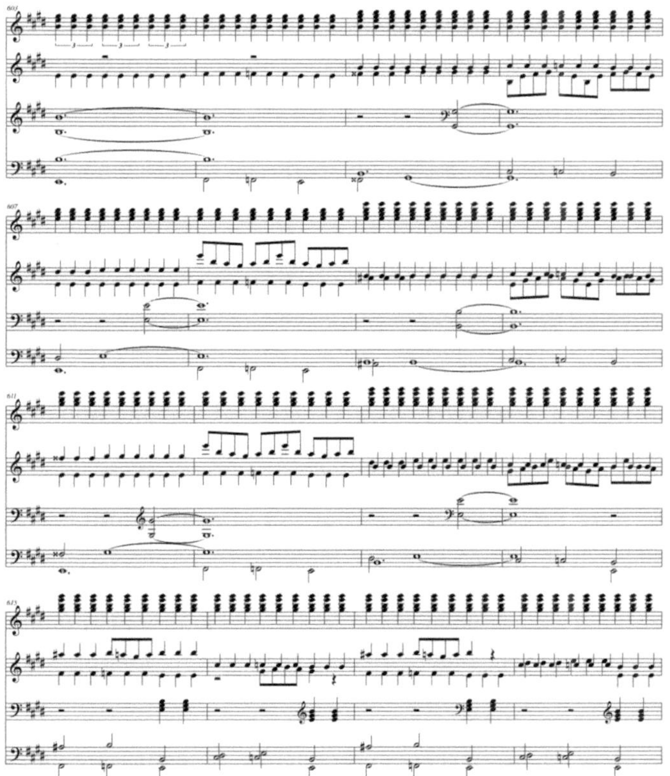

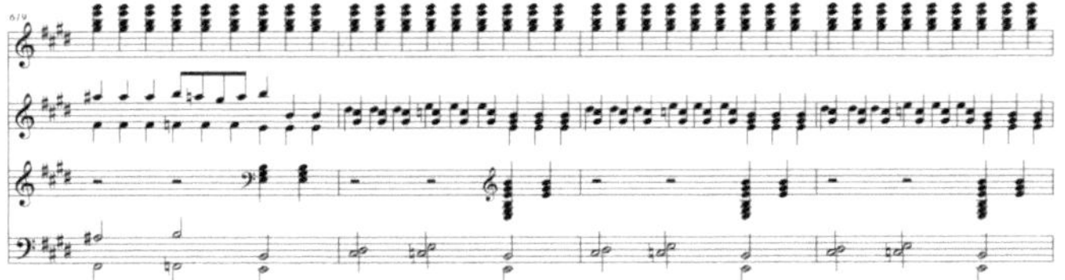

Es ist nur konsequent, daß Franck das Geschehen in eine Engführung münden läßt, als gelte es, eine Fuge mit mehreren Themen zusammenzufassen. In einer der kühnsten und mächtigsten Schichtungen der Musik türmt er prägnante Gestalten aufeinander auf der über anderthalb Minuten unerbitterlich festgehaltenen Folie des mit äußerster Kraft hinausgeschleuderten Akkords vom Anfang, E-Gis-H, während kanonisch geführte Stimmen in gewagten chromatischen Rückungen an seiner und der Tonalität überhaupt wie an zu eng gewordenen Wänden rütteln.

Die an eine Grenze stoßende Spannung darf sich noch einmal lösen: Zu den selbständig ausschreitenden Viertelbässen aus Episode III schmettert das übrige Orchester ein letztes Mal den Hymnus, ehe das Wechselspiel aus Episode I in äußerster Apotheose das letzte Wort behält.

Kein anderer Komponist des 19. Jahrhunderts dürfte, so man das Formraster überhaupt noch anlegen möchte, das sinfonische Prozedere derart umwälzend vom Sonatenhauptsatz seit Haydn / Beethoven wegentwickelt haben. Formal nimmt die Exposition mit 362 von 663 Takten in *Was man auf dem Berge hört* fast 55 % der Gesamttakte in Anspruch, die Reprise mit 50 Takten weniger als 8 %. Bezogen auf die Exposition sind es knapp 14 %. Episode V allein (106), die Durchführung (132) und die Koda (119) haben jeweils mehr als doppelt, teilweise fast dreimal so viele Takte wie die Reprise (50).

Die Exposition stellt sechs Charaktere vor, von denen einer nur eingeschränkt Thema und einer im melodischen Sinne kein Thema mehr ist, die Reprise berücksichtigt nur noch die drei letzten Charaktere, allerdings immer im Geleit der omnipräsenten Ableitungen der Episode I.

Reprise ist hier ein kurzes Einsammeln, eine prismatisch geraffte Zusammenschau von Gedanken, die zuvor in anderen räumlichen und qualitativen Zusammenhängen ausgestreut wurden. Eine Reprise, die einen wesentlichen Abschnitt, den Hymnus / Episode II, nach einer irritierenden Scheinreprise in die Werkkoda verschiebt, das für die Durchführung bedeutsame Viertelmotiv / Episode III eliminiert und insgesamt nur mehr einen Bruchteil der Expositionsausmaße erreicht, hat mit den Proportionen nichts mehr gemein, wie sie den Sonatenhauptsatz, einschließlich seiner Modifikationen bei Liszt, bis weit ins 20. Jahrhundert hinein charakterisierten.

Das Werk strahlt den reinen Klang einer großartigen Urweltlichkeit aus und weist in seiner Ästhetik weit über seine Entstehungszeit hinaus. Der 23jährige Komponist hebelt den für die klassisch-romantische Ära unabdingbaren Vorrang des Themas aus und stellt dem melodischen Motiv, wohl einmalig für das Jahrhundert, einmalig in dieser Deutlichkeit selbst für das eigene Schaffen, ein vollständig amelodisches Element gleichrangig an die Seite. Klangfarbe, Repetition, Perkussion – nirgendwo sonst in der abendländischen Musik zwischen 1400 und den Seriellen hat anscheinend ein Komponist so bewußt und konsequent den Strukturverlauf seiner Komposition darauf aufgebaut.

Ein aufmerksamer Hörer der nicht immer lupenreinen, interpretatorisch aber erfrischenden und etwas Wesentliches treffenden Weltersteinspielung mit dem Orchestre Symphonique de la RTBF unter Brian Priestman wird neben der ungewöhnlichen Ausdrucks**macht** dieser Musik auch ihre prinzipielle Kühnheit im satztechnischen Aspekt unmittelbar spüren. Vielleicht wird er beim ersten Eindruck

denken, das Ganze sei, die Griegschen Harmonien des Anfangshymnus, einige eventuell Mahlersche Wendungen später ausgenommen, nach einer neuen Harmonielehre verfaßt. Diese Musik bricht Horizonte auf. Sie bedeutet Bruch mit der Ästhetik ihrer Zeit und stellt ihr eine neue Ästhetik, die eines naturmythischen Expressionismus mit breitem, hart gesetztem Strich an die Seite.
Die Neuaufnahme mit dem ORPL unter Christian Arming wirkt feiner und intonationssauberer, aber leider allzu verhalten und dünnblütig. Auch fehlen mehrfach Takte über die insgesamt sechs repetierenden Fehltakte bei Priestman hinaus. Sie belegen, daß Arming die Ton- und Akkordrepetitionen des Originals nicht als essentielles Strukturelement auffaßte. Die Akkordwechsel am Schluß fielen seinem Rotstift verräterisch zum Opfer.
In der stilistischen Ferne zur Entstehungszeit dürfte der Grund dafür zu suchen sein, daß Franck das Werk in der Schublade liegenließ und nicht einmal seinen Studenten von der Existenz der ausgeführten Partitur Kenntnis gab. Die Partitur ist so lapidar, daß man sie mit einem überdimensionierten Orchester mit kräftig aufgestockten Bläsern und 100 Streichern hören möchte.

2.5 Ein Sinfoniker geht in Klausur

Aus den Folgejahren bis annähernd 1860 kennt man fast nichts von César Franck. Eine Oper, *Le Valet de Ferme* (*Der Gutsknecht*), wird zwar in allen Werkverzeichnissen gelistet, scheint aber verschollen zu sein, nachdem sich Aussichten auf eine Aufführung zerschlugen. Franck blickt zurück auf eine abgebrochene Virtuosenlaufbahn mit Wunderkindanstrich, auf den unumkehrbaren Bruch mit dem Vater, der ihm ein mißliebig gewordenes Dasein als Tastenakrobat, nebenbei aber auch respektable musikalische Lehrer verschafft hatte, den schmerzlichen Verzichtsabschied von der Mutter. Wie mochte er seine Position vor und unmittelbar nach 1850 gesehen haben?

Man stelle sich einen jungen Komponisten vor, der zwischen Fingerübungen am Konservatorium, Stücken, in denen sich Tradition mit neuem Denken verband, wie dem *Trio de Salon* oder einigen der Lieder und Klavierfantasien, und einem Halbdutzend Werken, die Wege in unbekanntes Neuland beschritten, alle Optionen durchprobiert hatte. Nur die avantgardistischen Stücke interessierten. Aber bestand für sie irgend eine Legitimation außerhalb des eigenen Willens, der darin seine Selbstbestätigung suchte?

Man stelle sich einen jungen Revolutionär ohne Forum vor, der einen klaren Kopf hat, von sich selbst nicht überzogen ist und, so gut er gearbeitet hat, redlich nicht wissen kann, ob er spekulative Experimente oder geistige Würfe mit seinen ungewohnten, gerademals befremdlichen Geistesprodukten in die Welt schickte. Soll er alles auf eine Karte setzen, einem, man kann ja nie genau wissen, vielleicht nur persönlichen Spleen frönen und die Familie darbt? Oder stellt man seine ästhetischen Vorhaben fürs erste zurück, legt sie vielleicht nicht ganz auf Eis, aber führt sie an langer Leine bis zu dem Zeitpunkt, wo man noch mehr Handwerk, noch mehr Sicherheit, noch mehr Horizont besitzt?

Im Grunde widerfuhr Franck unter künstlerischen Gesichtspunkten etwas Gutes. Äußere Lebensumstände und eine, wie zu lesen ist, nach Abschluß der *Gutsknecht*-Komposition eintretende gesundheitliche Krise 1853 zwangen ihn zu einer schöpferischen Besinnungspause. Als er um 1860 erneut größere Werke abschloß, war die Zeit des Zweifels an den eigenen Absichten, die Zeit auch einer gewissen Abhängigkeit vom intuitiven Treffer vorbei. Ob bereits manches in den letzten Schaffensjahren veröffentlichte Werk in ersten Umrissen oder Fassungen vorlag, ist denkbar. Im Fall der Violinsonate vermutete jemand, sie basiere auf einem 1858 nicht nur angekündigten, sondern bereits vollständig aufgeschriebenen Stück. Seit man von der *Fantasie* op. 16, dem ersten der gültigen Orgelstücke, Vorfassungen kennt, möchte man in der Tat nicht ausschließen, daß mit der Ankündigung auch schon eine weit gediehene konkrete Ausführung verbunden war.[27]

Zunächst nahm Franck verschiedene Organistenstellen wahr und erteilte Klavierunterricht. 1863 wurde er Organist von St. Clotilde, nachdem er den Kirchenchor an der Pariser Basilika schon eine Zeitlang geleitet hatte.

Neben den Orgelwerken, die ungeachtet ihrer geringen Zahl zu den zentralen der Gattung gehören, schreibt Franck eine Reihe Motetten und kleiner Orgel- und Harmoniumsätze für den liturgischen Gebrauch. Sie enthalten anrührende Schönheiten, sprengen aber selten den Rahmen sorgfältig gearbeiteter Gebrauchsmusiken.

Die Instrumentalsätze aus der gleichen Zeit verfügen mit dem *Andantino g-Moll* (8‘; 1889 in einer Anthologie des Trier-Pariser Komponisten Georges Schmitt veröffentlicht) und der *Élévation* (5 bis 6‘; in *L'Organiste II*) über zwei kleine Perlen. Die *Élévation* ist eine der wenigen Kompositionen Francks, darin er ein, abgesehen von einer einzigen Änderung[28], wörtliches Dacapo verwendet. Durch seine intensive Einteiligkeit und die Vorbereitung durch einen frei strömenden Mittelteil in der großen Obermediante läßt er die Wiederkehr zu einer berückenden Steigerung des Anfangs werden – einer wirklichen Überhöhung: Wandlung vollzieht sich auf einer form-symbolischen Ebene. In nuce ist dies eine sinfonische Dichtung für Orgel. Nicht nur in der

---

[27] Teile der Fantasie baute Franck allerdings auch noch nach Drucklegung mit anderen Versatzstücken zusammen, so daß derzeit vier Varianten bekannt sind, von denen allerdings nur die offizielle eine Opuszahl trägt.

[28] und selbstredend im Fortlauf notiert

Art des Vortrags, sondern auch in der Registrierung sollte man dem Rechnung tragen.

Die auf 1854 datierte *Fantasie* A-Dur, Notat einer Orgelimprovisation, dauert um einiges länger. Erst vor einigen Jahren aufgefunden, ist sie inzwischen ediert und mehrfach eingespielt. Trotz interessanter Momente möchte man dem Komponisten, wie so oft bei derartigen Findlingen, rechtgeben, seinen Plan nicht weiterverfolgt zu haben.

In die fünfziger Jahre muß auch die **Grundlegung einer sakralmusikalischen Konzeption** zurückreichen, die Franck zum interessantesten Oratorienkomponisten nicht nur seiner Zeit machte. Es ist dies ein auf Intervallkombinationen beruhendes System musikalischer Symbole, eine **Ikonographie**, eine tonsprachliche Festlegung, von deren umfassender Bedeutung ich erst spät einen Begriff gewann.

Ein Werk der Grenze, sowohl zur Festlegung des ikonographischen Vokabulars wie zur eigenen Übung geschrieben und darum wohl in der Schublade belassen, sind *Les sept dernières paroles du Christ en Croix* (*Die sieben Worte Christi am Kreuz*), die inzwischen veröffentlicht und mehrfach eingespielt wurden. Wenn man dieses meditativ gehaltene Karfreitagsoratorium aufmerksam hört, dann ahnt man wohl verhalten den Ausdrucksmusiker, aber Harmonik, Rhythmik, Instrumentation, der gesamte Stil schmiegen sich eng an Vorbilder in Opernfrühromantik, Klassik, Vorklassik und sogar Palestrinazeit. In zwei Aspekten jedoch ist es César Franck. Wenden wir uns dem Anfang zu (einmal allein der Mittelstimme):

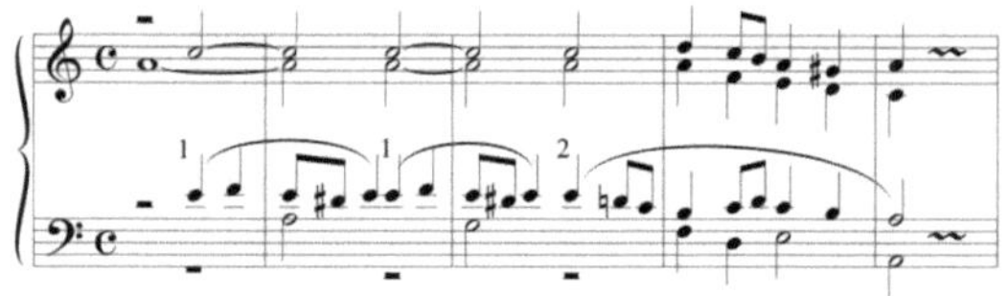

Zweifaches chromatisches Kreisen um den Ton e' wird in einer diatonisch fortschreitenden Pendelbewegung fortgesetzt und zum Abschluß geführt. Die Abschlußfloskel greift die chromatische Anfangsfloskel unmittelbar auf, ist deren rhythmisch anders eingefaßte Wendung ins Diatonische. Der rhythmische Impuls und eine gewisse Verlängerungstechnik führen zu einer fallenden Abschlußbildung, die als eine **aufgeklappte Version** der kreisenden Anfangsgestalt gehört werden kann.

Typisch für Franck ist, daß er die in diesen Takten entwickelten Ausgestaltungen auffaßt wie selbständige, aufeinander bezogene Zellen, einen Zellenverband. In einer bezeichnenden Weise schafft er in dem auf den 14. August 1859 datierten Übungswerk von hier aus eine sich über alle Sätze erstreckende Einheit, indem er die Grundgestalt neu und neu figuriert, vergrößert, umbaut, variiert. Das Gehör erfaßt zumindest vorbewußt, daß die weitgespannte Ordnung dieser Musik auf einem anderen Prinzip beruht als die Traditionen, denen sich die Sieben Worte sonst verpflichtet zeigen. Als Großform gehört das Werk, das acht Teile hat und rund 40 Minuten dauert, zu den geflissentlich übersehenen Beispielen von Zyklen auch beim älteren Franck, deren Form sich ausschließlich am fortlaufenden Anklang, aber nicht am vollständigen Themenzitat festmacht.

Die zitierte Anfangsphrase teilt mit zahlreichen thematischen Bildungen bei Franck den klassischen Aufbau in zwei gleichlange, mehr oder weniger in sich kreisende Anläufe und eine doppelt so lange Abschlußbildung. Darin antizipiert sie auch das Christusthema der *Seligpreisungen*. Dessen Schlußwendung ähnelt der ihren nicht zufällig. Beide folgen sie der gleichen ikonographischen Logik. In einem anderen Punkt ist der 36jährige Franck von **seiner** Lösung noch entfernt: In den *Sieben Worten* verbindet er ein chromatisches Hinundhergeschiebe mit dem Bedeutungsinhalt

Schmerz / Passion und leitet dies von der bedrückenden Wirkung ab, die auf einen Mollakkord ausgeübt wird. Die schon bald in seinem Schaffen gültige Wendung nähert sich dagegen der musikgeschichtlich älteren Tradition einer verschränkten Tonfolge in Nachbarschaft zum Kreuzige-Motiv Johann Sebastian Bachs.

2.6 Ein neues Vokabular wird geschaffen – Bestandteile von Francks sakralsinfonischer Ikonographie

Das Repertoire melodiebildender Grundfiguren ist vergleichsweise gering. Es sind ein paar wenige Prototypen, auf die sich jeder Melodieverlauf zurückführen läßt. Einige dieser Prototypen lassen darüber hinaus eine Verwandtschaft miteinander erkennen, die ihnen das Gepräge der Ableitung gibt. Das führt in einem Werkzusammenhang dazu, daß die Grenzen zwischen Ableitung und Neubildung fließend erscheinen können und nur derjenige, der mit der Systematik einer Komposition vertraut ist, eine Entscheidung wird fällen können.

Mannigfaltig sind demnach die Aspekte, die ein Komponist aus diesen Grundwendungen entwickeln kann. Wie wir gesehen haben, benutzte Franck in mehreren seiner frühen Hauptwerke das gleiche intervallische Modell. Unterschiedlich fiel dagegen seine Anwendung im konkreten Werkzusammenhang aus. Stellen wir noch einmal gegenüber:

Op. 1,2: 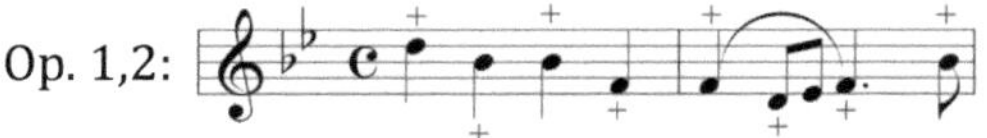

Takt 1 stellt auf thematisch-motivischer Ebene eine zweimalige Vorwegnahme der Terz dar, die in Takt 2 den Anfang der viertönigen Zelle markiert. Diese ist jedoch zwei weitere Male realisiert:

In unterbrochener Wendung lassen sich sowohl 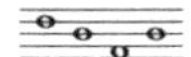

als auch als Überbauten erkennen.

Man stelle sich vor, eine zweite und eine dritte Stimme hielten die über bzw. unter den Noten markierten Töne bis zum nächsten + an. Es würde ohrenfällig, daß das vorgestellte Kopfmotiv bereits Vergrößerungen seines Bewegungszentrums enthält. Der Komponist bettet die strukturbildende Zelle also in einen motivisch-thematischen Zusammenhang, der ihre Abgrenzungen verschleiert und verhindert, daß der Hörer sie als ein **thematisches** Motiv auffaßt.
Das harmonische Zurückkehren zum Ausgangspunkt (**f'**–d'–es'–**f'**) bzw. in dessen Nähe (d''... b' bei der gesamten Wendung) gab außerdem einen pastoralen Grundton vor, der werkübergreifend galt. Mit der Keimzelle legte Franck zugleich den Werkstil fest.
Der Kopf von Opus 2 (Beispiel S. 55) zeigt, mit welcher dramatischen Dichte Varianten von **d'**–h–cis'–**d'** hier in der Folge gebildet werden.
In Opus 1,3 lautete die Grundfigur, chromatisch zusammengedrängt:

Nimmt man nur die ersten Töne, ist man bereits beim fis-Moll-Trio angelangt:

Dessen Anfangsbewegung erscheint durch eine Oktavverlegung und Intervallerweiterungen gleich beim Celloeintritt in Takt 9 zu einem Ausschreiten in pathetischem Zickzack umgewandelt:

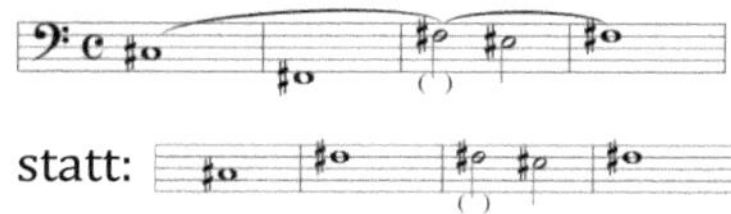

statt:

Den Oktavsprung Fis-fis deute ich als eine Verlegung des Repetitionstons und die Wendung fis–eis–fis als eine Umkehrung von fis–gis(–gis)–fis.

Anders als im B-Dur-Trio, wo über Francks Vorliebe für Orgelpunkte und Glockeneffekte hinaus die Tonwiederholungen b'–b', f'–f' keine die Werkstruktur tragende Bedeutung erlangen, achtet Franck in Opus 1,1 konsequent auf einen gleichmäßigen Anteil des Repetitionselements am Werkganzen. In *Was man auf dem Berge hört* schließlich bekommt der wiederholte Klang, sei es als Tonrepetition, sei es als Klangfarbenmelodie, wohl erstmals in der Musikgeschichte einen melodischen Abfolgen ebenbürtigen Rang. In der sinfonischen Dichtung tritt überdies handgreiflich zutage, wie Franck eine kompositorische Systematik, die vorrangig von der Intervallebene ausgeht, zur symbolhaften Kennzeichnung einer **Situation** einsetzt. Der Ton, die Harmonie, die erste melodische Fortschreitung, die aus dem Ton, der Harmonie erwächst: Sie **bedeuten** etwas.
Sie malen den zugrundeliegenden Text Victor Hugos nicht aus, aber sie versinnlichen einen Gedanken, den man mit den Metaphern Gesetz der Natur, Weltenharmonie, der Ursprung, das Göttliche zu umreißen geneigt ist.
Die Wirkung, die alle zentralen Kompositionen Francks in angemessenen Interpretationen immer ausüben werden, steht weder noch fällt sie mit dem theoretischen Wissen des Hörers um ihre Machart. Wenn auf den nächsten Seiten eine tabellarische Zusammenstellung von **Tonfolgen, die etwas bedeuten**, gegeben wird, so drückt dies gleichwohl etwas aus, das mit einem erfüllten Verständnis des Schaf-

fens von Franck verknüpft ist. Für den Vermittler der Musik sollte es zum selbstverständlichen Rüstzeug gehören.

A: 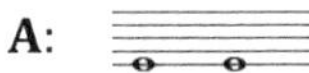

Die Tonwiederholung hat oft bekräftigende Bedeutung. Analog zu den Regeln, die Schönberg später über die Anwendung der Zwölftonreihe aufstellt, verhält sie sich in bezug auf die kompositorischen Keimzellen, die sie erweitern hilft, dann neutral. Zuweilen kommt ihr jedoch, ähnlich in *Was man auf dem Berge hört*, selbständige einheitsstiftende Bedeutung zu. Die Bedeutung ist wie dort: der Ursprung, Anfang aller Dinge; das Schicksal.
Prinzipiell gibt es bei Franck noch eine dritte Betrachtungsweise des Primintervalls: In *Präludium, Choral und Fuge* erscheint der zweite Ton nicht als neutrale, sozusagen figurierende Note, auch nicht als Keimzelle, sondern als Folgeprodukt von Intervallverkleinerung.

B: 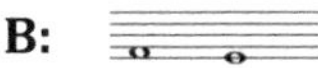

Intervall mit zwei verschiedenen Tönen, z. B. das Sekundmotiv in der Tradition des barocken Seufzermotivs. Als solches immer Bestandteil der Wendung, die Leiden symbolisiert.

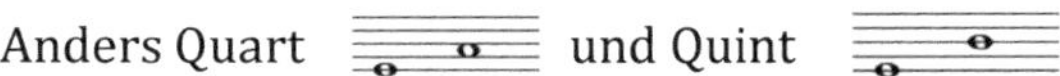

Werke, die ihren Zusammenhalt vorrangig aus einem permanenten Reflex dieser Intervalle beziehen, bezeichnen das Göttliche an sich, Gott in seiner Gesamtheit, Gott als Schöpfergott – Gottvater.
Intervalle kleiner als Quart bzw. größer als Quint sind dann als Verkleinerungen bzw. Vergrößerungsvarianten aufzufassen.

C: 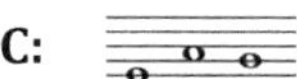

Diese Wendung assoziiert Leiden, unterdrücktes Aufbegehren; Christus, der mitten im Leben den Ratschluß Gottvaters empfängt; Christi Passion am Kreuz. Man merkt bei auftaktischem Gebrauch sofort die durch ein Seufzermotiv zurückgestaute Energie. Im Krebsgang und bei Dur-Umgebung können nach diesem Muster gebaute Wendungen die zum Menschen niedersteigende Gnade umschreiben, die auf dem Boden von Christi Leiden aufgeht.

D:

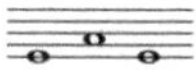

Die Wendung vereinigt Elemente von **B** und **C**. Die Leidenssekund von **C** vergrößert sie, bis sie die Weite des gottschöpferischen Ausgangsintervalls erreicht. **D** bezeichnet Initialvorgänge und schöpferische Prozesse: Beginn einer Bewegung, eines Tages, eines Lebens; Geburt Christi, das Schaukeln der Wiege; die Erwartung des Heils; die Überwindung des Kreuzes, der Triumph des Auferstandenen; der Jubel der Erlösten; kann sich aber auch **C** annähern / mit **C** austauschbar sein: Aufrichtung des Kreuzes auf Golgatha; das Auf-der-Stelle-Treten einer schicksalhaften Situation; Ausgeliefertsein an eine allumfassende Macht.

E:

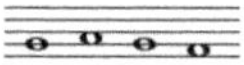

Dieses gleitende Pendeln, eine der häufigstverwendeten Grundfiguren aller Musikepochen, verkörpert in seiner allzumenschlichen, dabei würdevollen Einfachheit den lehrenden, betenden, sich liebevoll dem Nächsten zuwendenden Christus. Christi Barmherzigkeit.

F:

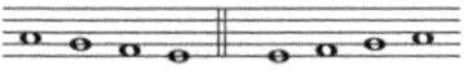

Gott, der zu den Menschen niederkommt, um sie für seine Ideen zu begeistern und strebend zu sich in den Himmel emporzuheben. Die Klarheit Christi, des christlichen Gedankens. Der handelnde Christus.

Wie **C** und **D** besitzen auch **E** und **F** untereinander Aspekte der Austauschbarkeit. **F** fungiert dann als aufgeklappte Version von **E**, **E** als eingebogene Variante von **F**.
Eine Tonfigur ist denkbar, die mehrere andere in sich einschließt und zusammenfaßt. Es ist Symbol **E**. Ein Anwendungsbeispiel:

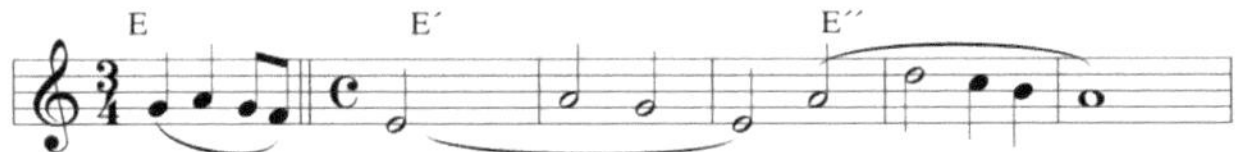

E' entsteht durch rhythmische Verlagerungen sowie ungleiche Intervallvergrößerung des **E** beginnenden und beschließenden Sekundschritts; **E"** entsteht aus **E'** durch Transposition und Auffüllung der zu erwartenden Terz c"–a' durch die Zwischennote h'.
Die Einlagerung nicht zählender Tonwiederholungen oder anderer Einzelnoten, die durch einfache Figurationsregeln abgedeckt erscheinen, gleichmäßige und ungleichmäßige Anwendung von Intervallvergrößerung und Intervallverkleinerung gestalten die Resultate also vielfältiger, als man ahnt. Aus **E** läßt sich durch Aufklappen nicht nur **F** konstruieren, sondern, durch Erweiterung des ersten Intervalls und Weglassen des vierten Tons, auch **C**. Umgekehrt fungiert **E** mitunter als ein ornamentiertes – verlängertes – **C** (z.B. *Präludium, Choral und Fuge*, Mittelabschnitt).
Sekund und Quart **B** lassen sich als Segmente von **E'** auffassen, **E(')(")** damit zerlegen und die Unterabschnitte, **B** bzw. **F**, in Relation zueinander setzen: Initial- (z. B. Quart aufwärts) und Abschlußelement (z. B. Skala abwärts) verselbständigen sich und treten in Wechselwirkung.
Eines darf nicht übersehen werden: Die Elemente treten in der Musik immer verbunden auf. Auch bei Franck wird der Versuch, den Tonhöhenverlauf aus dem rhythmisch-metrischen bzw. harmonischen Zusammenhang zu isolieren,

scheitern. Rhythmus und Harmonik machen in einigen Fällen eine Zuordnung der Tonsymbole überhaupt erst möglich. Dies betrifft weniger die nach dem Spielkastenprinzip allein konzipierten als die latentthematischen Werke; weniger die Werke, die im Detail dicht an den Tonsymbolen bleiben, als diejenigen, die in reicherer Ornamentik auf sie anspielen und das Gemeinte hinter einer Fassade großzügiger Gesten nur mehr durchschimmern lassen.

Hier erreicht die Auffassung des Intervallbegriffs – Zwischenraum kann sowohl Abstand in der Tonhöhe wie Abstand in der Zeit meinen – jenen Grenzbereich, wo das eine, das rhythmisch Gegliederte, an die Stelle des anderen, das Tonhöhenintervall, zu treten beginnt. Dies ist in Francks letzter Oper *Ghiselle* jedesmal dort der Fall, wo eine Reihe regelmäßig gesetzter Akkorde psychologisch die Funktion übernimmt, wie sie in dieser Übersicht Symbol **A** zukommt.

Aber auch folgende Ableitung überzeugt nur auf dem Hintergrund einer Einbindung in andere Elemente der Komposition:

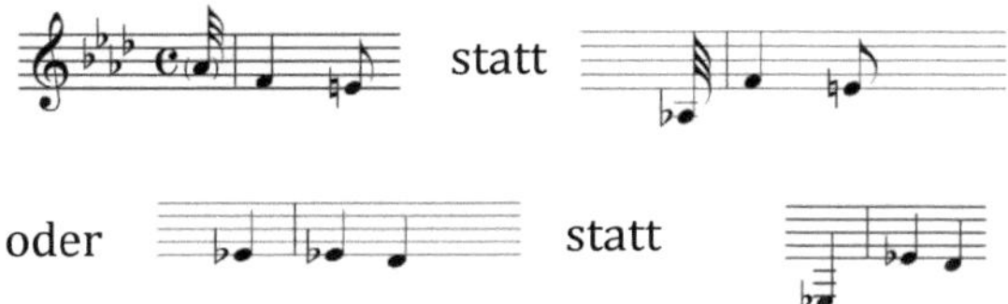

Beispiele für **C** aus Quintett und *Präludium, Choral und Fuge.*

Franck macht sich alle erdenklichen Verbindungen zwischen den Tonsymbolen zunutze, wird jedoch nie beliebig. Sein Verfahren bleibt streng und phantasievoll zugleich.

Das ganze Ausmaß, in dem Franck seine Hauptwerke für Orgel, in der Gattung Oratorium und darüber hinaus ikonographisch durchkonstruierte, scheint er, wohl um Nachahmer zu verhindern, auch den Schülern gegenüber als Werkstattgeheimnis behandelt zu haben. Auszuschließen scheint

aufgrund des Befundes, daß er die Sache als unbedeutend abtat.
Worüber er sich äußerte, war, daß Tonarten für ihn Bedeutung hatten. In Fis-Dur singen die himmlischen Chöre. Fis-Dur meint ewiges Leben. In fis-Moll dröhnt der Todesengel (Engel in der Farbe des Grauens). Ein charakteristischer fis-Moll-Akkord (Quintlage) markiert die Angst des dämonenverfolgten Jägers, die resignative Verfallsstimmung am Rezitativende in der Violinsonate, die Dämonen der *Djinns*. Mit Christus verbinden sich H- und D-Dur, auch h-Moll. E- und in zweiter Linie A-Dur verheißen pastorale Stimmung, auch Es-Dur ist bei Franck pastoral, nicht die heroische Tonart Beethovens.
Bedeutsam erscheinen zwei weitere Details:
1. Franck benutzt für Christus / der Barmherzige / Wahre rhythmisch einfach gebaute **diatonische** Themen. Ein erhöhter Chromatisierungsgrad und eine kompliziertere rhythmische Gestaltung bleiben Satan vorbehalten.
2. Im Satztechnischen unterscheidet Franck Kanon und Fugato dahingehend, daß er den Kanon positiven, das Fugato negativen Bereichen zuordnet. Im Kanon erscheinen die Spannungen des Fugatos aufgelöst.
Vielleicht denkt ein Leser, wenn er die A-Dur-Messe oder die *Seligpreisungen* hört, ich hätte ein ikonographisches Element bei meiner Auflistung vergessen: die aus Terzen oder noch größeren Intervallen gleichmäßig aufgebaute Tonfolge, insbesondere also den Dur- und Molldreiklang und den nacheinander erklingenden Septakkord. Die Bildungen, um die es sich handelt, erscheinen stets als gleichmäßige intervallische Vergrößerungen von Figuren des Modells **E** und **F**, etwa von **E**: e–c–e–g, oder von **F**: ais'–fis'–cis'–ais; oder aber als terrassenförmig angeordnete Ableitungen des Quart- und Quintsprungs des Musters **B**:

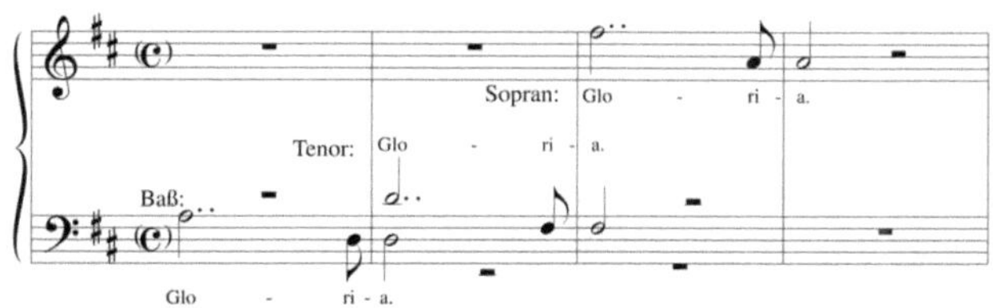

Kurz nach Abschluß der *Sieben Worte* muß die intervallische Symbolsprache festgelegen haben. Inwieweit Franck in den 1860er Jahren noch einmal mit anderen Möglichkeiten experimentierte, entzieht sich meiner Kenntnis, da ich von einigen unveröffentlicht gebliebenen Oratorienfragmenten bis heute kein Bild gewann. Die mittlerweile auf CD veröffentlichten Chor-Klaviersätze *Cantique de Moïse* (1860) und *Plainte des Israélites* (1865; wohl original mit Orchester), zündende Einzelstücke von zehn und acht Minuten Dauer, geben keinen Anhaltspunkt dafür.
Bis 1860 muß Franck vom Versuch, die Passion Christi durch chromatisches Kreisen, also stärker tonmalerisch zu bezeichnen, Abstand genommen und sich für die Form der Tonfigur **C** entschieden haben. Tonfigur **E** tauchte bereits in den *Worten* im gleichen Bedeutungsrahmen auf. Um die Darstellung zu vereinfachen, werde ich immer dort, wo dies vertretbar erscheint, die Formelzeichen **A** bis **F** gebrauchen.

2.7 Ruth und Rebecca – Zwei altbiblische Frauengestalten markieren die Eckpunkte des oratorischen Schaffens

César Francks autorisiertes Schaffen ist symbolisch-ikonographisch durchkonstruiert. Dies betrifft sowohl den ins Kosmische gesteigerten Gefühlsausdruck der Jahre 1840 bis 46 wie die scheinbar abstrakten Instrumentalwerke der Spätzeit, auf denen sein Name als Komponist bei uns beruht. Die in den mittleren Jahren fertiggestellten oratorischen Werke und die späten Opern bilden dagegen einen

offen weltanschaulichen Strang. Umfang und Anteil der Oratorien am Gesamtschaffen belegen, daß er sich zunächst in der Rolle eines christlichen Verkünders sah.
An den Sujets, die ihn an den Enden seines sakralen Schaffens beschäftigten, könnte ihn aber auch ein privater Aspekt bewegt haben. Als in Lüttich geborener Sohn deutscher Eltern hatte er das biblische *Du wirst Vater und Mutter verlassen* besonders unschön erlebt und stand womöglich unter dem inneren Druck, sich selber und der abwesenden Mutter den Wert seiner Pariser Sendung zu beweisen. Auch Ruth und Rebecca sind Grenzgänger. Sie erhalten eine Sendung, die sie in einem fremden Land erfüllen.
Vom versöhnlichen Geist beider Vorlagen, in der Annahme einer göttlichen Sendung sowohl durch Ruth wie durch Rebecca, in der Konzeption von Liebe und Loslassen, spann sich eine Brücke zu den *Seligpreisungen*, dem pazifistischen Hauptwerk dieser Jahre.
Nun erweist es sich, daß die im vorigen Kapitel beschriebene Ikonographie nur bedingt auf das ältere Werk, **Ruth**[29], paßt. Entstehungszeitlich begründet, ergeben sich Einschränkungen.
Wie beim *Final* op. 21 später geht Franck zunächst von Figur **B** aus:

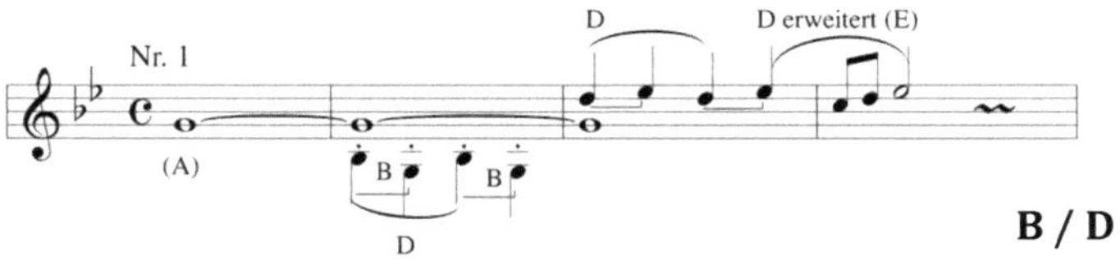

B wiederholt schließt **D** in sich ein. Die Fortspinnungsmodi weisen nur wenig vom Raffinement auf, mit dem Franck in den zeitgleichen Trios seine Keimzellen entwickelt. Eine

---

[29] 1843 bis 46, revidiert 1871

Ableitung wie die folgende würde aus dem Melodieverlauf allein nicht klar. Sie wirkt weit hergeholt und bedarf der Erläuterung durch orchestrales Kolorit (Instrumentenwechsel):

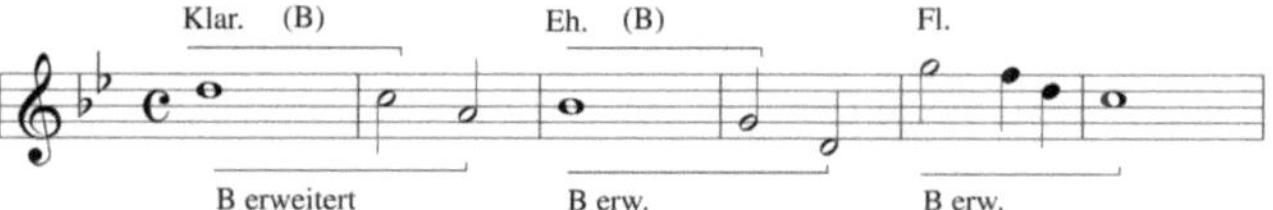

Die Wendung fungiert als gerüsthafte Vorwegnahme eines lyrischen Seitenthemas:

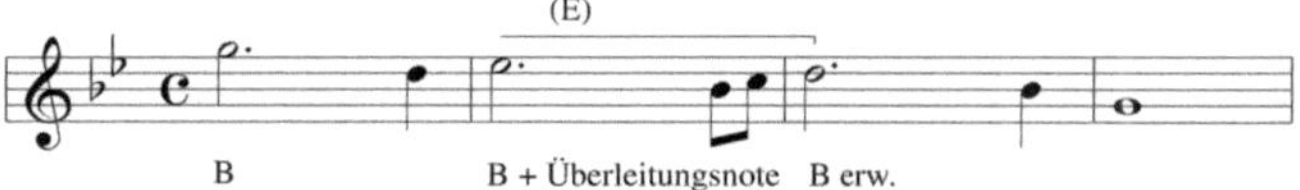

Bei der nach Dur gewendeten Wiederkehr (Ende Introduktion) bringt Franck seine konstruktive Absicht auf den Nenner:

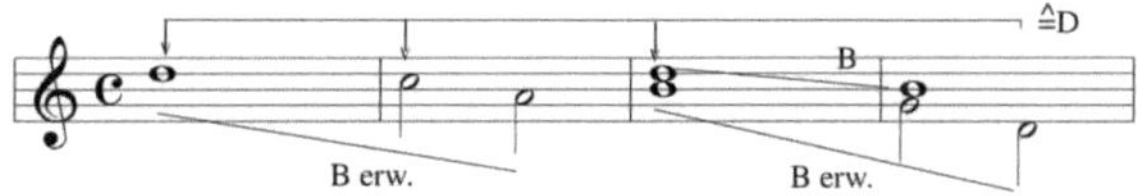

Das nächste Beispiel wirkt phantasievoller und freier; die Anspielungsdichte ist größer und verteilt sich reichhaltiger auf mehrere Stimmen. Das trochäische Metrum vom Werkanfang wird gleichwohl in den Akzentuierungen beibehalten:

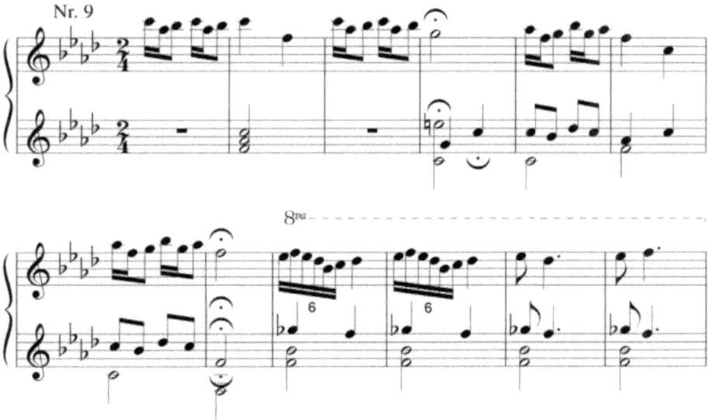

Franck hatte ein gerademals volkstümliches Werk im Sinn, als er sein biblisches Hirtengedicht (die Bezeichnung Oratorium taucht nicht auf) zu schreiben begann. In sich kreisende Sangseligkeit und Idylle pur tragen aber kaum über 75 oder 80 Minuten. Ins Auge springt das Dilemma am Anfang des dritten Teils (Nr. 12)[30]:

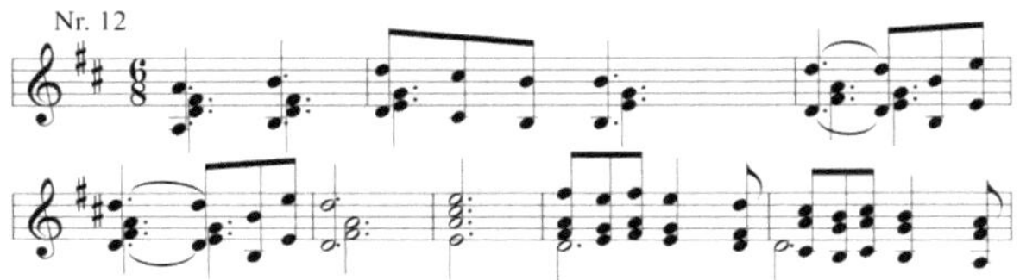

Sosehr der Anklang an den Werkanfang bis in den Periodenbau hinein heraufbeschworen wird, der Eindruck drängt sich auf, daß Franck das Ausgangsmaterial als Beengung empfand. Das auch hier auf Schritt und Tritt nachweisbare Kreisen (**D**) wirkt wie einem Bezugsrahmen untergeordnet, der eigentlich in eine andere Richtung zielt. Der folgende Einsatz der Stimmen hat bereits den großzügigen Wellenschlag des Christusthemas der *Seligpreisungen*:

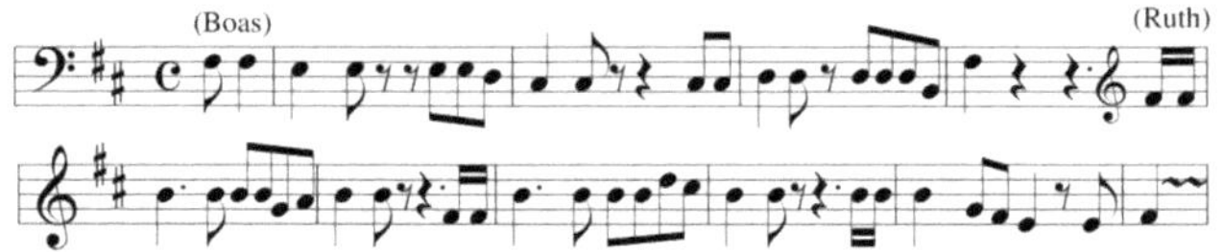

Aus dem Werkzusammenhang analysiert das Auge eine Reihe kleinerer und übergreifender Ausgestaltungen der Grundfigur **D**. Bzgl. Boas: fis kehrt zurück zu fis (Ecken), d zu d (Mitte). Bzgl. Ruth: fis' kehrt zurück zu fis' (Ecken; Sechzehntelauftakte; Schlußtakte), h' zu h' (mehrfach). Die drehende Grundbewegung ließe ohne den Kontext, in dem sie steht, an Figur **E** als Bezugsgröße denken.

---

[30] Dasselbe Thema eröffnet übrigens das Sextett op. 10.

Bei aller Hirnakrobatik, auf die der Blick bei diesem Werk des Übergangs stößt – das Ohr wird angenehm enttäuscht. Die Komposition hält sich auf einem handwerklich einwandfreien Niveau, ist von frischer Inspiration und läßt bedauern, daß sie kaum aufgeführt wird. Es ist faszinierend zu verfolgen, wie Franck großflächig wie im kleinen zwischen jeweils gut erkennbaren Signalnoten hin und her navigiert (**D**). Nach dem ersten Teil, der die Hälfte der Gesamtdauer einnimmt und durch seine leichtflüssige Gliederung an einigen Erinnerungsthemen entlang wie ein großer Einzelsatz wirkt, wird das Terrain für den planenden Komponisten schwierig. Mit spürbarer intellektueller Anstrengung schafft er den Bogen bis hin zum mitreißenden Ausklang.

Rebecca ist eines der kürzeren Meisterwerke der Spätzeit. Franck nennt das 1881 vollendete Opus biblische Szene. Es enthält sporadisch Szenenanweisungen, als handle es sich um einen Nachkömmling barocker Kirchenopern. Damit leitet es überdies vom oratorischen ins gültige Opernschaffen über.

In gleich mehrfacher Fassung führt Franck die intervallische Keimzelle ein:

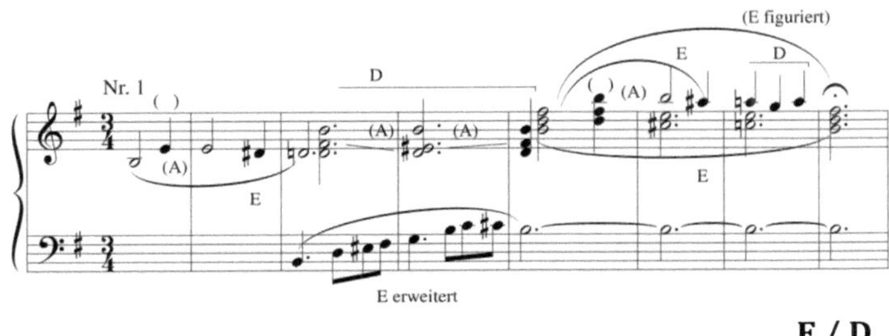

E / D

In einer Fülle, von der sich nur einen Begriff machen kann, wer es mit Sinnen erfaßt, schießen Ableitungen von Symbol **E** und **D** aus dem Boden, an den unerwartetsten Stellen, in über Takte sich erstreckender Verlängerung, in Vermischung, gegenseitiger Durchdringung, einfachster Floskelhaftigkeit. Wie nebenbei finden sich Ankündigungen nachfolgender Abschnitte eingelagert:

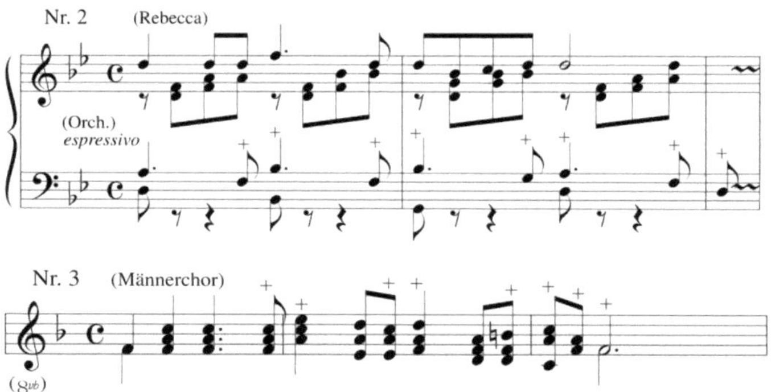

In Rebeccas Gesang (Nr. 2) ist die Erwartung der Kameltreiber (Nr. 3) und des Schicksals, das sie bringen werden, angelegt. Überall webt die göttliche Vorsehung. Aber sie tut es in archaischen Wendungen und Farben, mit einem Stempel von Vorläufigkeit behaftet. Die überwiegend chorischen Eckepisoden I bis III und VI (die I bis III gedrängt wieder aufgreift[31]) bedienen sich fremd anmutender harmonischer und melodischer Mittel. Die Wirkungen des Leittons treten zurück zugunsten von Folgen Subdominante–Tonika, Halbschlüssen und seltsamen gleittönigen Konstruktionen, in denen die hart reibende erniedrigte zweite Stufe des Moll- und Durdreiklangs tonikabekräftigenden Charakter erhält:

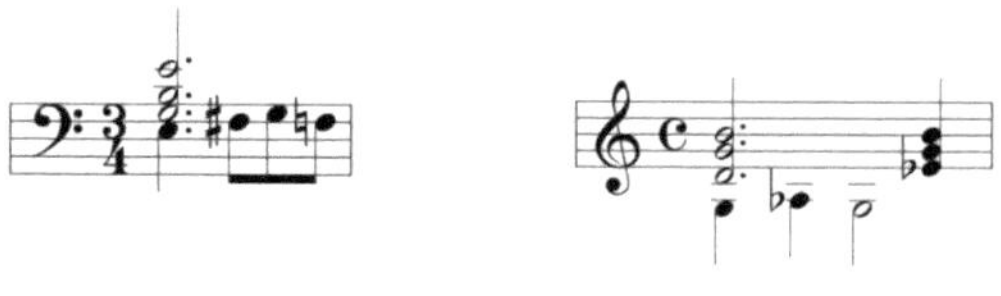

[31] Hier bewahrheitet sich ein weiteres Mal die These von Francks dynamischer Formfindung und der Vermischung von Einsätzigkeit und Mehrsätzigkeit.

Aus der Chromatik und Enharmonik werden eigenartig stehende Fortführungen abgeleitet:

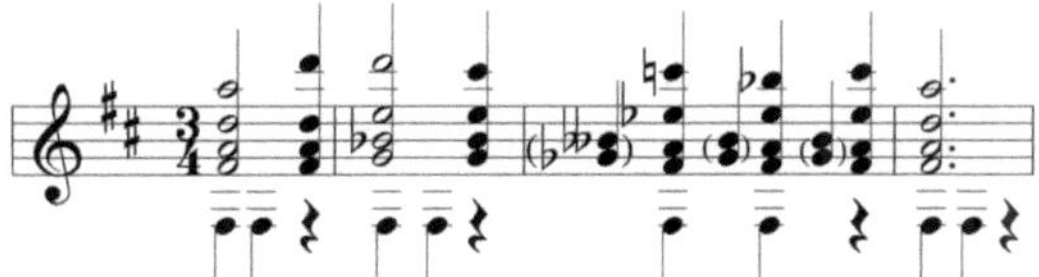

Die den Solisten (Rebecca und Isaaks Brautwerber Elieser) vorbehaltenen Episoden IV und V heben sich davon ab und entfalten eine ekstatische Tonsprache, wie sie wieder im Liebesduett der Oper *Hulda* begegnet.
Das Stück erzielt bei einer Gesamtdauer von rund 35 Minuten eine außerordentliche Monumentalität. Trotzdem findet ein idyllischer Grundzug darin Raum, der eine Tendenz der Eglogue biblique wiederaufnimmt. Der Ausdruck der Musik ist frisch, erwartend, vertrauend.
Beide Werke sind inzwischen, technisch leider nur unbefriedigend, auf CD erschienen. Bei der Aufnahme der *Ruth* bekommt man immerhin ein Bild von der aparten Instrumentierung mit einer der charaktervollsten Englischhornpartien der Musikliteratur. Die Einspielung der *Rebecca* zeigt vor allem, wie ein Laienchor an den chromatischen Rückungen der Ecknummern scheitert. Dank Youtube stößt man im Internet aber auf einen älteren Mitschnitt aus Turin mit sattem Orchesterklang, blitzsauber intonierendem Rundfunkchor und blendenden Solisten. Der harmonische Kontrast zwischen antikisierenden Chor- und ekstatischen, *Hulda*-nahen Soloabschnitten straft Skeptiker, die vielleicht von einem ersten Blick in den Klavierauszug ausgehen, Lügen. Zauberhaft!

2.8 Rédemption – Ein Weihnachtsoratorium eigener Art

Franck hatte die *Seligpreisungen* zur Hälfte fertig, als er die Arbeit unterbrach und sich an die Poème-Symphonie auf einen Text von Edouard Blau, *Rédemption* (*Erlösung*) machte. Das instrumentale Mittelstück der autorisierten zweiten Fassung ging ins Repertoire ein, das Gesamtwerk ist inzwischen ebenfalls über Tonaufnahmen und eine Studienpartitur allgemeinzugänglich.

D'Indy gibt in seiner Biographie einen spannenden Bericht über die Entstehung des Werks, die widrigen Umstände der verstümmelten Uraufführung und die Versuche von Schülern Francks, diesen zu erleichternden Änderungen zu überreden. Franck transponierte daraufhin den Schluß des ersten Teils von Fis- nach E-Dur und ersetzte das ursprüngliche sinfonische Zwischenspiel durch das jetzt bekannte und einen Chor in d-Moll.

In diesem auf deutsch Tondichtung zu übersetzenden Oratorium wechseln gesprochene Textzeilen mit musikalischen Abschnitten und bilden an einem erweiterten Begriff des Sinfonischen mit: ein von verschiedenen Elementen – Sprecher, Sopransolo, Chor, Orchester – getragener Organismus, der die Geschichte der Form bereichert. Die Rezitatorpassagen scheinen Franck darin wichtig gewesen zu sein[32].

In Franckscher Weise werden die Grenzen zwischen Satz und Episode, Einsätzigkeit und Mehrsätzigkeit durchbrochen, obwohl der Komponist sich in etlichen der oft kurzen Nummern an geläufige Formate hält. Das bunte, vielgegliederte Ganze wird durch Prototyp **D** und **F** und wiederkehrende Erinnerungsthemen zuverlässig zusammengehalten und durch einige ehrgeizige Themenkombinationen fulmi-

---

[32] In einem inzwischen veröffentlichten Mitschnitt des niederländischen Rundfunks unter dem Dirigenten Jean Fournet fehlen sie.

nant gekrönt. Eine ähnliche Grobgliederung der Abschnitte vor und hinter der Symmetrieachse des Interludiums spielt von ferne an eine Sonatenhauptsatzform an, so daß die etwa 65 Minuten, die das Opus ungerechnet die kurzen Strecken reinen Wortvortrags dauert, wie ein einziger sinfonischer Block erscheinen.

Der Anfang der Orchestereinleitung enthält in dem für Franck bezeichnenden Tasten Grundmaterial und Anwendungsschlüssel:

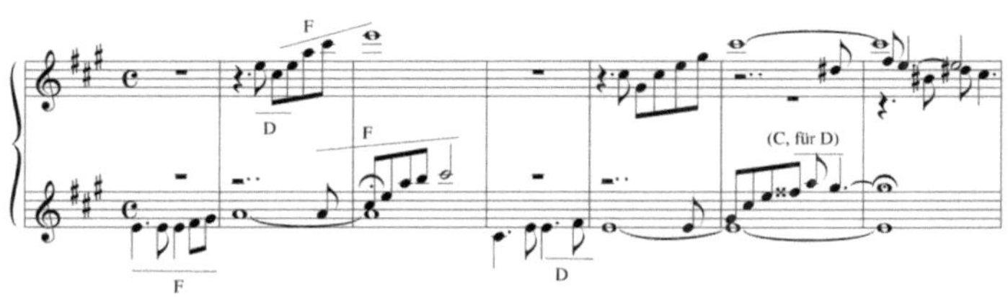

D / F

Thematisch nehmen diese Takte den Anfang von Nr. 2 (Melodram und Engelschor) vorweg. Die in der ersten Violinstimme vorgegebene Dreiklangsversion von Formel **F** prägt den Kopf von Nr. 3:

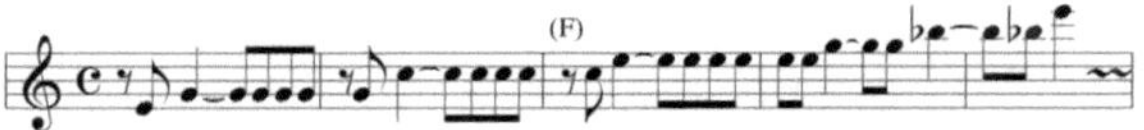

Die beiden letzten Takte variieren die Schaukelbewegung durch partielle Intervallverengung, so daß die Tonfigur für Passion und Leiden entsteht. (**C** ersatzweise für **D**.)

D bezieht sich auf das Weihnachtsgeschehen:

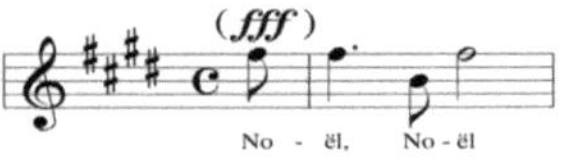

F gibt an, daß Christus geboren wurde, der Wahre, Handelnde.

Beide Tonfiguren, **D** und **F** mit **C** und **E** als Abwandlungen, erfahren eine ungezwungen balancierte Durchmischung. Beispiele aus dem *morceau symphonique* (Interludium):

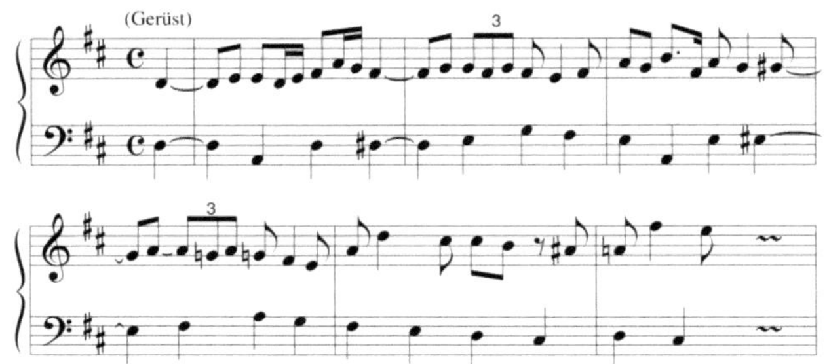

Oder:

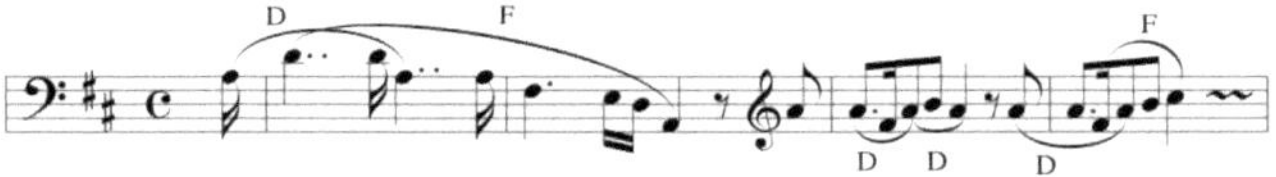

Die Melodie des Erzengels:

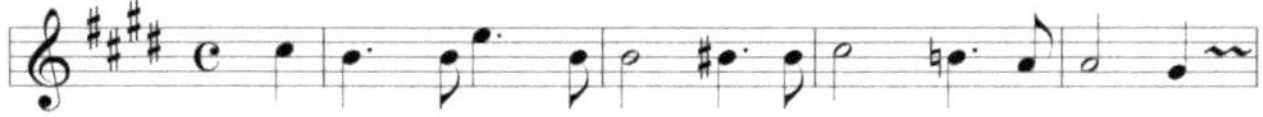

Hierzu in Gegensatz treten Verzerrungsformen im Choeur terreste (Nr. 1)

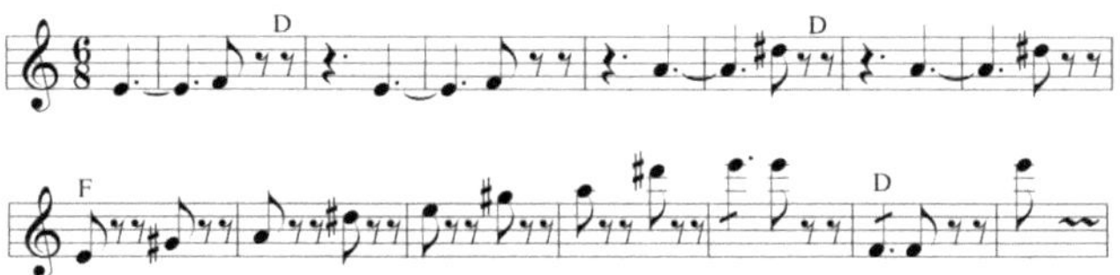

D'Indy assoziiert diesen Chor der Heiden, den er ein wenig geschwollen nennt, mit damals modischen Opern und hält ihn für einen Beleg dafür, daß dem guten Menschen César Franck eine glaubwürdige Darstellung des Bösen nicht habe gelingen wollen. Den Vorwurf konventioneller Opernhaftigkeit kann ich mangels Vertrautheit mit dem Genre nicht kompetent beurteilen. Indes scheint mir, daß d'Indy eine ikonographische Betrachtungsweise im hier ausgeführten Sinne fremd war, er Francks **Konzeption** des Bösen infolge dessen mißverstand. Die Tatsache einer äußeren Nähe zu Ausstattungsopern um 1870 ließ sich überdies als ein Akt der Distanzierung von einer konkreten Wirklichkeit deuten. Das Böse als souveräne Gegenwelt – zum Guten, zu Gott – gibt es nicht. Was es aber gibt, ist ein noch zu hinterfragendes Phänomen, das sich in Haltungen einer Klasse verkörpert, die den Prunk der Grande Opera für den Inbegriff von Kunst hält und mit ihren Ansprüchen zum Anwachsen sozialer Spannungen maßgeblich beiträgt. Ihre Vermessenheit, ihr globales Dominanzstreben ist es, das Kriege vom Zaume bricht. Aber es ist es auch, was sie unzufrieden, die Unbarmherzigen zu Betrogenen, ihr Streben zum leeren Wollen macht.

In verzerrter Form nimmt der Chor der Heiden die Botschaft des Engels vorweg und erkennt sie widerstrebend an: im Karikaturbild der Negation. Diese gespreizten Vandalen mögen sich wehren und aufbegehren – auch sie sind empfänglich für die sanfte Botschaft des Engels. Hinter dem prahlerischen Auftrumpfen, so Franck, verbergen sich Unsicherheit und Sehnsucht nach Frieden.

Als ich eine Rohübersetzung des Textes las, war ich überrascht: Das ist zum Teil seherisch, was Blau 1872 schrieb über die Menschheit an der Grenze zum dritten Jahrtausend: *Der Mensch kam sich näher im weiten Universum. Die Völker haben Wunder vollbracht. Aber sie dienen wohl dazu, daß sie sich eines Tages ohne Zeitverlust umbringen können – daß der Tod keinen Widerstand mehr findet.* Angesichts solcher Einblicke sollte man Dichter und Komponist die seltsamen Allegorien verkündender und weinender Engel verzeihen.

Die Musik vollzieht die Widersprüche des Textes nicht unmittelbar mit. Sie setzt Wegzeichen, Chiffren und bleibt sinnlich auch dort – bzw. schweigt – , wo Blau sich in Spekulationen versucht und Gründe konstruiert für die mindere Bedeutung Platons, welcher der Welt nur kurzfristig Linderung habe bringen können. Aber auch Christus verhinderte den Rückfall in alte Desaster nicht, denn der Mensch hat den ursprünglichen Glauben unwiederbringlich verloren. Nur in einer Wiederbelebung christlichen Brudergeistes im Gebet bestehe Hoffnung.
Auf gewisse sakrale Stilelemente eines Liszt oder Bruckner – Gregorianik, akademische Fugentradition – verzichtet Franck. Wohl verwendet er gelegentlich harmonische Archaismen, die nicht weniger fein und eigenartig als in *Rebecca* auf die mittelalterlichen Kirchentonarten anspielen und sich in betörende Klangrückungen verwickeln können. Spannweite erhält die Komposition aus ihrer inneren Vielfalt, ihrer kapitalen Architektur und der nicht weniger starken Betroffenheit ihres Schöpfers über das Elend, das er im gerade zu Ende gegangenen Krieg gesehen hatte. Diesbezüglich besonders bewegend der fis-Moll-Chor der sich weinend abwendenden Engel. Demgegenüber beschwören Introduktion, Interludium und Finale utopischen Wohllaut und Elan.
An einigen seltenen Konventionalismen (Schlüsse, überleitende Modulationen) lassen sich der vergleichsweise rasche Entstehungsprozeß der ersten Fassung und Francks Bemühen um eine der Chormusik anstehende Einfachheit auch noch in der Endredaktion geringfügig ablesen. Ebenso dem eigenhändigen Klavierauszug, der großzügiger als sonst schon einmal Stimmen vereinfachend wegläßt. Ungeachtet dessen schwingt das Gesamtwerk sich mit seiner Ausdruckskraft und ausgefallenen Form, die wie der Eiffelturm

fest und schlank in die Landschaft ragt, zu staunenmachendem Niveau auf.

Die erste Gesamteinspielung unter Michel Plasson[33] hat berückende Stellen, wird dem komplexen simultanmelodischen Satzbild aber wenig gerecht. Bisweilen musiziert der Dirigent opernhaft forsch über Feinheiten hinweg, dann wieder klebt er an einem einmal eingeschlagenen langsamen Tempo zu lange fest. Dennoch springen Begeisterung und ein starker, textbezogener Ausdruck auf den Hörer über. Eine italienische Alternativaufnahme hat Meriten und Frische. Die kleine Besetzung (50 Orchestermusiker) läßt etwas unbefriedigt.

Ein wesentliches Merkmal von *Rédemption* besteht in der häufigen Verwendung des Kanons. Er spielt hier, zumal in Verbindung mit den abgerundeten, Idylle beschreibenden durchnumerierten Kleinformen im einzelnen, auf die hierarchielose Harmonie an, die mit der friedlichen Weihnachtsbotschaft über die Erde kam.

2.9 Der Versuch, die Bergpredigt zu aktualisieren

Mit genauen Vorstellungen über Form und Inhalt seines oratorischen Zentralwerks *Les Béatitudes* suchte der Komponist Ende der 1860er Jahre die Schriftstellerin Joséphine Blanche Colomb auf und bat sie, seine Ideen in Verse zu fassen.

Gerade an einigen wiederholt der Textdichterin später angelasteten Einzelheiten läßt sich Francks Handschrift erkennen. Die Seligpreisungen 2 und 3 des Matthäus-Evangeliums wurden umgestellt. Anlaß: Franck fiel zu den Leidtragenden dramaturgisch mehr ein als zu den Sanftmü-

---

[33] bei EMI France

tigen. Das ließ sich in mehrere Ensembles aufspalten. Das gleiche Verfahren verbot sich zweimal hintereinander. Es bedarf keines großen Scharfsinns, das dahinter wirkende System zu erfassen. Die A-Teile der ungeraden *Seligpreisungen* sind wilder, lärmender, kantiger gehalten und, da wieder vor allem die A-Teile der dritten und siebten mit ihren wuchtigen raschen Chorfugen, vielgegliederter als die verhalten beginnende zweite, vierte, sechste und der Prolog, die sich stärker der Innenschau widmen.

Typisch für Franck ebenso das überraschende Intermezzo des nach Wahrheit gierenden Philosophenchores im Chor der nach Freiheit dürstenden Sklaven (3. *Seligpreisung*): In den Augen eines in Stellvertreterbegriffen arbeitenden symbolistischen Künstlers ist Wahrheit für Philosophen etwas ähnliches wie Freiheit für Sklaven. Beide bäumen sich gegen Ketten auf: Ohnmacht des Unfreien, Ohnmacht des Unwissenden.

Vieles erscheint in den Szenen und Sentenzen, die Franck / Colomb um die bekannten Sätze der Bergpredigt spinnen, unabhängig von deren Wortlaut entwickelt und austauschbar. In I (Zählung ohne den Prolog) besingen Reiche den mitleidlosen Genuß. In VII tut eine Clique von Tyrannen und Heidenpriestern es ihnen nach. In III zerren Sklaven an Ketten, in V fordern Ausgebeutete Rache an ihren prassenden Unterdrückern, in VII ruft ein Staatsvolk, von Satan angefeuert, die Anarchie aus. II und IV thematisieren schwer greifbare innere Anfechtungen und Ängste, VI im Gegenteil Mangel an Innerlichkeit, verkörpert in Gebeten jüdischer und heidnischer Frauen, der alte Gott möge sich wieder zeigen und dem Beharren satzungstreuer Pharisäer auf Privilegien. Dann mahnt, von schneidenden Reihungen der Formel **C** eingeleitet und ehernem Blech umrahmt, der Todesengel, daß kein Erdenbewohner Gott furchtlos werde schauen können.

An mehr als einer Stelle prallen stereotype Hinweise auf Lohn im Jenseits und praktische Handlungsanleitungen zur Verbesserung der Zustände im Hier und Heute aufeinander.
Die Würdigung des Textbuchs griffe dennoch zu kurz, wenn man es beim Hinweis auf mangelnde theologische und historische Stimmigkeit, poetologische Einfallslosigkeit und Katechismusklischees bewenden ließe. Franck / Colomb liefern einen durchaus nicht unmodernen Beitrag zur Diskussion, was einen Christen vom Nichtchristen unterscheide. Sie prangern soziale Mißstände an und fordern Mildtätigkeit und Umverteilung der Güter von oben nach unten. Die Seligpreisungen VII und VIII, die den Friedensstiftern und den um der Gerechtigkeit willen Verfolgten gelten, stellen sie in einen unmittelbaren Kausalzusammenhang und weiten ihn zum Zentrum und Fazit ihrer Betrachtung aus.
Nicht nur zettelt der Mensch in der Nachfolge Christi kein Unrecht an, so Franck / Colomb, das tun andere auch nicht, sondern er setzt sich darüber hinaus körperlich nicht zur Wehr, wenn er angegriffen wird. Den Teufelskreis von Gewalt und Gegengewalt durchbricht er. Er vertraut auf die Ausstrahlung seiner pazifistischen Überzeugungen. Ihn kann man nicht mehr erpressen, denn er bürgt mit seinem Leben, ja dem Leben seiner Angehörigen dafür. Wie Maria ihren Sohn Jesus den Opfergang machen sieht und sich einverstanden erklärt, so läßt der Christ selbst seine Kinder in den Tod gehen, wenn die Aufgabe sie dazu bestimmt. Wieder, neben der katholisch angeregten Erhöhung Marias zur Übererlöserin, bei Franck die Problematik des Loslassenkönnens der Eltern gegenüber dem Kind ...
Abgesehen von der Monumentalität – Architektur, Simultanmelodik, Informationsdichte, großer Gestus – , die mit etwas Archaischem und Sakralem in Verbindung gebracht werden kann, nimmt Franck doch erneut mit einer profa-

nen sinnlichen Klangwelt vorlieb und wird nicht müde, die lebensrelevanten Anteile der jesuanischen Ethik zu betonen. Die Musik strömt über von Stimmungen und Bildern, illustriert sprachliche Wendungen aber nur, wo diese bereits Zeichen sind. So die Metapher des auf dem Wasser schwankenden Floßes, das bei der wundervollen Stelle in II, Soloflöte über sechsstimmigem Chor-Orchestergrund, die ängstlich labile Seele meint. Ende IV spendet die Stimme Christi in einer von sanften Glocken durchwirkten Abendstille Trost.

Derartigen Schönheiten stehen aufgeregte Schilderungen wie aus dem Urchaos gegenüber (II) bzw. später Passagen, in denen sich ein mehr und mehr verdrängtes Gewirr von Selbstzweifeln in Gebärden destruktiver Leere entlädt, gipfelnd in den Rachechören mit ihrem drängenden Stolperrhythmus in V und der Welt Satans in VII und VIII.

Franck fügt seine sakralsinfonische Ikonographie zu immer neuen ausdrucksgeladenen Umschreibungen menschlicher Befindlichkeiten zusammen und läßt es seinem Jesus vor allem an einem nicht fehlen: Pathos für seine Vision und einer weltumspannenden Empathie.

Nur wenige Interpreten halten der Fülle und Kraft dieser epochalen Partitur stand. Aus Vielfalt wird dann leicht mangelnde Einheit, und als deren Ursache muß eine der Einheit mutmaßlich abträgliche Entstehungszeit von reichlich zehn Jahren herhalten, damit einhergehenden angeblichen Stilbruch inbegriffen. Gleichzeitig sollen gewisse äußere Parallelismen die Wurzel einer nicht vermeidbaren Monotonie sein.

In der Tat gliedern sich vom Prolog an alle Sätze in einen Teil, der das Negative, Leidvolle, Böse vorstellt, und einen anderen, der Christi Botschaft in wohllautendsten Harmonien unterbreitet und immer wieder, mal stärker, mal weniger verändert, ein bestimmtes Thema, das Christusthema, intoniert. Es lautet:

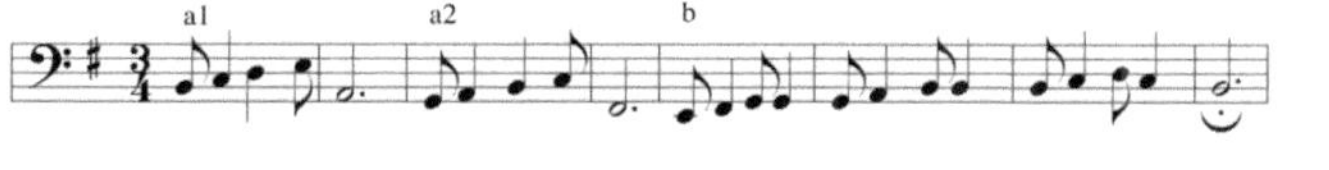

F / C / E (+ **B** latent)

Beim Gesang der Mater dolorosa im Finale und der länger ausgesponnenen Fassung beim letzten Erscheinen der Stimme Christi faßt der Komponist die Bedeutungsbandbreite seiner Tonreihe zusammen:

1. Christus, der sich herabbegibt, um die Leiden der Menschen in sich aufzunehmen, vom Grund des Jammertals aus nach Golgatha steigt und dort, betend und seinen Peinigern verzeihend, sein Werk der Barmherzigkeit vollendet.
2. Christus, der sich auf Leid und Jammer der Welt einläßt, entschlossen dagegen ankämpft und in seiner Lehre, den Sätzen der Bergpredigt, Fazit zieht.
3. Die Eins eines jeden Taktes läßt das Ganze in einer untergründigen Schicht wie eine Auszierung der Noten H–A–G–Fis–E–G–H–(H) erscheinen. Nicht nur entspricht dies einer Exposition der Formeln **F** bzw. **E** auf einer weiteren Stufe, sondern auch einem zweifachen Abschreiten des Quintintervalls **B**: H–E / E–H, einmal in Sekundschritten, einmal im Dreiklang: Gottsohn erfüllt den Ratschluß von Gottvater. Auch könnte ein Versuch vorliegen, die christliche Formel von der Identität Vater–Sohn musikalisch zu spiegeln.

Im Verlauf des Synkopenthemas selber tritt die Quint ebenfalls zweimal auf, und zwar als Bestandteil der Krebsgangformel für Passion. Formel **C** auch in der dritten Seligpreisung:

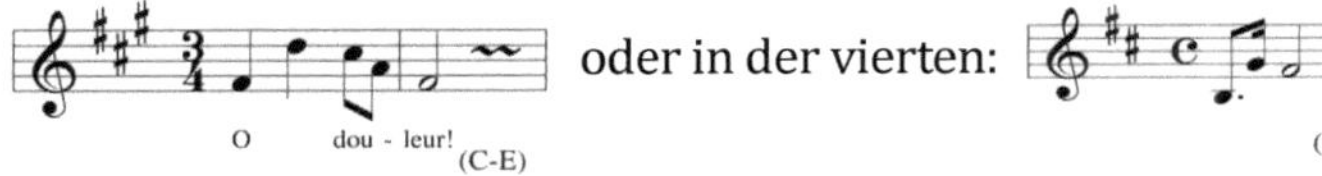

Neben der Zusammenfassung ikonographischen Materials enthält das Thema eine metrische und eine modulatorische Grundrichtung:

a) Metrische Grundrichtung: zweimal das Ähnliche, gefolgt von einer großräumigeren Zusammenfassung. Dadurch daß Franck nach der ersten Vorstellung im Prolog jedoch gleich eine motivisch vereinfachende erste Variation anschließt, die nicht aus 2 plus 2 plus 4 Takten besteht, sondern aus 2 mal 3 plus 1 mal 3, schafft er, Stereotypie vermeidend, ästhetische Verwirrung. De facto besteht das Gesamtwerk ausschließlich aus Variationen.

b) Modulatorische Grundrichtung: Dem metrisch kleingliedrigen Teil ist der Bereich harmonischen Suchens zugeordnet, dem metrisch abrundenden der Bereich harmonischen Findens.

Das Christusthema wirkt vordergründig weniger, untergründig aber umfassender prägend als zunächst vermutet. Es ist im Sinne von Kapitel 1.8 als das latente Thema eines Variationszyklus aufzufassen. Das harmonische Merkmal (b) fungiert als dasjenige, das den Abschluß einer Variation sinnfällig bezeichnet. Jedesmal wenn ein Prozeß harmonischen Aufbruchs in einer wuchtig kadenzierenden Abrundung vorläufig abschließt, sei es, daß eine neue Tonart etabliert, sei es, daß eine infragegestellte Tonart bekräftigt wird, jedesmal dann ist das Ende einer Variation erreicht.

Gleich die erste Seligpreisung bringt einen Gegensatz, der den unmittelbaren Bezug zu den neun Variationen des Prologs[34] schwerlich vermuten läßt. Zwar ist sofort ersichtlich, daß das Orchester in beschleunigter Bewegung Material des Christusthemas sequenziert, zwar erkennt der Hörer im ersten Einsatz der Männerstimmen ohne weiteres eine verstümmelte Version auf der Grundlage erweiterter Inter-

---

[34] von denen sich zwei überlappen

valle. Aber das entspricht nicht dem, was hier als Variation gelten soll. Diese erstreckt sich über wesentlich mehr, nämlich zwei parallel gebaute Perioden von 12 bzw. 10 Takten und eine zusammenfassende Abrundung von 11 Takten. Das Tonartengerüst spannt sich von a-Moll zum Dominantseptakkord von e-Moll.

Der neuartigen Auffassung des Variationsgedankens entspricht es, daß eine scharfe Untergliederung in Einzelvariationen beim Hörer vermieden wird. Franck fügt zusätzlich untergliedernde Abschnittsvariationen ein, bevor er weitergeht, macht aus der Form a1–a2–b Gebilde wie a1'–a1"–a2'–a2"–b'–b". Er eliminiert aus mehreren Kurzvariationen ein Element und fügt sie zu einer komplexen längeren Variation zusammen. Beim Hörer wird spannungsvolle Irritation erzeugt, ob er es im jeweiligen Fall mit einer vollständigen Variation zu tun habe oder lediglich dem Bruchteil einer komplex zusammengesetzten. Und irgendwann gibt er das Zählen auf, weil er merkt, daß die hinreißende Musik dem Zergliedern widerstrebt. Bei einem vorläufigen Überschlag kam ich auf 180 Variationen. Jeder Satz besteht aus 20 bis 25 Variationen mit Ausnahme des Prologs (neun) und der vierten Seligpreisung (elf). Angesichts der bewußten Zweifelsfälle bitte ich jedoch, mich nicht auf diese Zahlen festzulegen. Franck möchte den Hörer von einer vordergründigen Analyse nach Themen und Sätzen wegführen und zum Nachdenken über das gewählte Variationsverfahren anregen: Denn der Gedanke, daß auch das Böse eine Metamorphose des Guten sei, ruft mehr als nur formale Aspekte auf den Plan. Werfen wir einen Blick auf die Themenwelt Satans:

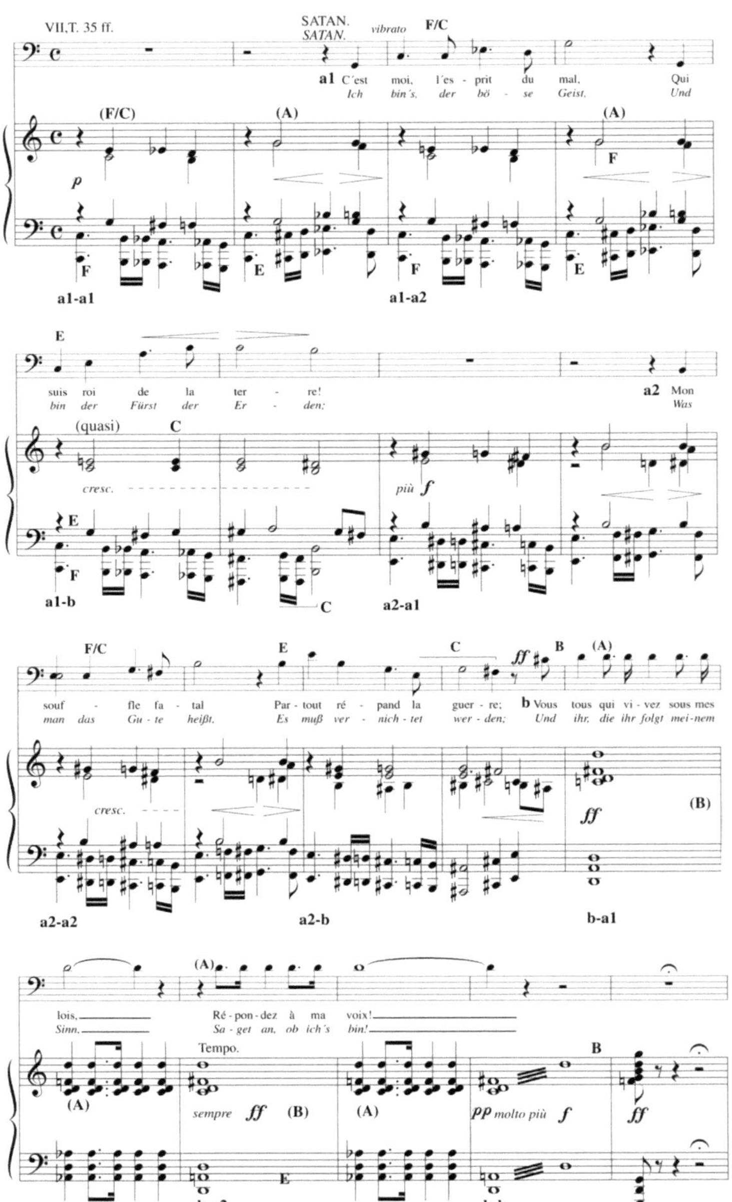
VII,T. 35 ff.
SATAN.
SATAN.
vibrato
F/C
a1 C´est moi, l´es - prit du mal, Qui
Ich bin´s, der bö - se Geist. Und
(F/C)
(A)
(A)
p
F
F
E
F
E
a1-a1
a1-a2
E
suis roi de la ter - re!
bin der Fürst der Er - den;
a2 Mon
Was
(quasi)
C
cresc.
più f
E
F
C
a1-b
a2-a1
F/C
E
C
B
(A)
ff
souf - fle fa - tal Par - tout ré - pand la guer - re;
man das Gu - te heißt. Es muß ver - nich - tet wer - den;
b Vous tous qui vi - vez sous mes
Und ihr, die ihr folgt mei - nem
cresc.
ff
(B)
a2-a2
a2-b
b-a1
(A)
lois, Ré - pon - dez à ma voix!
Sinn. Sa - get an, ob ich´s bin!
Tempo.
B
(A)
sempre ff
(B)
(A)
pp molto più f
ff
E
b-a2
b-b

Sein chromatisch gebrochenes, rhythmisch unstetes Orchestermotiv stellt sich dar als Reihung bizarrer Varianten der Christusmelodie. Satans mehrfach von tief unten nach oben strebende Dreiklänge bilden vergrößerte Paraphrasen. Zweimal zwei Anläufe in modulierender Variation entsprechen dem a1 und a2 der Christusmelodie, eine merkwürdig stockende, bei aller Aggressivität in sich verharrende Zusammenfassung, die in einen Orchesterakzent von greller Schärfe mündet, entspricht dem b.
Der Gegensatz zu Christus besteht in der Wurmhaftigkeit des gestürzten Engels, der mit anmaßender Gebärde aus seiner Höhle zur Menschheit drängt.
Christus und Satan entstammen derselben Familie. Sie sind Brüder. Christus ist Schöpfung Gottvaters aus sich selbst. Aber muß nicht auch Satan Schöpfung Gottvaters aus sich selber sein? Wenn Gott das Gute geschaffen hat, muß er dann nicht auch das Leid geschaffen haben, den Zweifel, die Ungerechtigkeit, die Verhältnisse, die die Menschheit, ohne eigenes Zutun, erdrücken und den Erfolg des Verführers ermöglichen?
Satan ist kein Schöpfer. Aber er möchte Schöpfer sein. Da er aus dem Gefängnis seiner Beschränkung nicht herauskommt, betätigt er sich als Verneiner. Er kann die Ungleichheiten, als deren Opfer er sich fühlt, nicht ertragen. So sucht er seine ärmliche, lärmend zur Schau getragene Lust darin, neue Unzufriedenheit zu schüren.[35]
Der verstoßene andere Sohn Gottes handelt als einer, dem das Rückgrat fehlt. Er findet sich häßlich und kann seinen Durst nach Geliebtwerden, bei allem Krach, den er schlägt, nicht verbergen.

[35] Ob hier berechtigter Widerstand gegen schlimme Verhältnisse, Aufstand und ausufernde Gewalttätigkeit von Franck / Colomb in einen Topf geworfen und pauschal mit dem Satanischen verbunden werden?

Gott hat die Schöpfung offenbar als eine desolate Heimstatt der Menschheit überlassen. Da überkam ihn Mitleid und er schenkte ihr ein Korrektiv, ein Licht, das ihr, wenn sie es ergreift, leuchtet: Leben und Liebe seines zweitgeborenen Sohnes Jesus.

Ob Franck, als er seine *Tondichtung in einem Prolog und acht Teilen* abschloß, ernsthaft glaubte, die Finsternisse in und um uns herum ließen sich durch den von Christus vorgelebten Mut, durch die von ihm und seiner Mutter bewiesene Gesinnung ertragen und schließlich verwandeln? Im bis dahin artifiziellsten und mit zweieinviertel Stunden umfangreichsten Variationswerk der Musikgeschichte setzt sich im letzten Augenblick jene bergeversetzende Kraft durch, jenes enthusiastische Zukunftsvertrauen, jener brüderliche Geist, den auch Menschen heute noch mit der Bergpredigt verbinden. Oder sollte an der himmelstürmenden Übergewalt dieses Höhepunkts etwas vom Zweifler Satan haften geblieben sein?!

Der Musikfreund findet im Handel eine anhörliche, allerdings nicht optimale Gesamtaufnahme unter Armin Jordan (1987).[36] Jordan nimmt das Werk etwas hektisch. Den Schluß verdirbt er, indem er ihn zum hechelnden Diminutiv verhetzt. Übergänge gestaltet er schematisch, läßt das Tempo nach einer demonstrativ eingehaltenen Zäsur mehr oder weniger gleich weiterlaufen. Klang und Atmosphäre gefallen, und wenn man die beiden CDs nicht unmittelbar hintereinander hört, bemerkt man auch weniger, daß V bis VIII matter musiziert sind, wie unter einem Zeitlimit und in schwächerer Aussteuerung. Das Stück zerfällt, obwohl alle Mitwirkenden mit der Musik spürbar mitgehen.

---

[36] Die ältere Interpretation unter Jean Alain bietet das Stück in verstümmelter Fassung, wenn auch in IV und VIII stärker.

Einen anderen Eindruck vermittelte die Aufführung unter Helmuth Rilling, die ich im März 1990 in Frankfurt hörte. Sie geriet zu einem Jubel für Franck und verhalf der Komposition auch in der Fachpresse zu sensationellen Noten.
Vier Details, die sich gegenüber den tags zuvor in Stuttgart aufgenommenen CDs ergaben: Die Übergänge wurden organisch ausmusiziert in einem Tempo quasi sempre rubato. Der Schluß war im Zeitmaß zurückgenommen und gelang, unterstützt von einer kathedral wuchtigen Orgel, schlüssig. Die Manipulationen fehlten, die in Stuttgart die Klangproportionen umverteilten und willkürlich Einzelheiten hervorhoben. Es wurde unausgesprochen eine andere Satzbilddiagnose zugrundegelegt: Das Pendel war über Nacht auf die Seite der in diesem Buch entwickelten Grundthesen ausgeschlagen, während auf den Interpretationsstil von Stuttgart der Befund zugetroffen hätte, wie Seipt ihn für die sinfonischen Dichtungen formuliert: *Melodie-, Baß- und Füllstimmen sind ungeachtet ihrer verschiedenen Funktionen durch Linearisierung und Chromatisierung einander in ihrer Gestalt angenähert und haben sämtlich Anteil am thematisch-motivischen Prozeß. So entsteht ein Satzbild, das dem motivisch durchbrochenen Satz Beethovens und mehr noch dem scheinpolyphonen Satz des späten Wagner entspricht. Häufig bedient sich Franck auch archaisierender Verfahren wie Imitation, Engführung und simultaner Themenkombination*[37].
Ein Belegbeispiel: die tiefen Streicher. In Stuttgart: profiliertes Herausarbeiten thematischer und imitatorischer Melodieansätze; Zurücktreten, sowie längere Noten oder Wendungen folgten, die aus dem Vorher und Nachher herausgelöst wie begleitende Ergänzungsstimmen quasi ohne Ausdruck vorgetragen wurden. In Frankfurt: markantes

---

[37] am angegebenen Ort S. 469; s. Fußnote 2

Durchmusizieren, Einordnen der Haltenoten und Scheinergänzungsstimmen unter einen einzigen großen Melodiebogen. Das allein bereits hatte weitreichende Konsequenzen für den Gesamteindruck. In Stuttgart: Lücken in der musikalischen Argumentation, Unterbrechungen der musikalischen Logik. In Frankfurt: festgefügtes Stimmenkonzert, formale und gefühlte Organik ohne Aussetzer.
Für die Nachwelt festgehalten wurde eine betont behutsame, fast schon betuliche Präsentation und eine Chance vertan, dem Werk die überfällige breite Öffentlichkeit zurückzuerobern. (Weitere Einzelheiten in 2.14.2.)
Der Live-Mitschnitt von 1974 unter Rafael Kubelik aus den Archiven des Bayerischen Rundfunks ist auf allen Ebenen opulent besetzt, leidet aber unter Aufführungspannen und überzogen schnellen Chorabschnitten. Der Schluß gelingt überwältigend, die Darstellung der sechsten Seligpreisung ist unter allen erwähnten Aufnahmen die stimmigste.

2.10 Eine Messe der Abweichungen

Das Meßordinarium mit Kyrie, Gloria, Credo, Sanctus/Benedictus und Agnus Dei scheint sich aufgrund seiner heterogenen Aspekte gegen eine Vereinheitlichung im Sinne der intervallischen Ikonographie César Francks zu sperren. In der Tat findet der erste Blick in der Messe op. 12 divergierende Bausteine versammelt.

Beispiel 1:

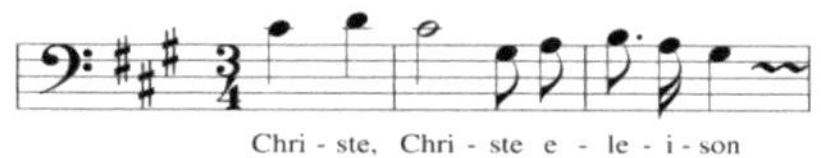

(D/C/E)

Christus, der Menschgewordene, zum Leiden bestimmte, sich lehrend Erbarmende.

Beispiel 2:

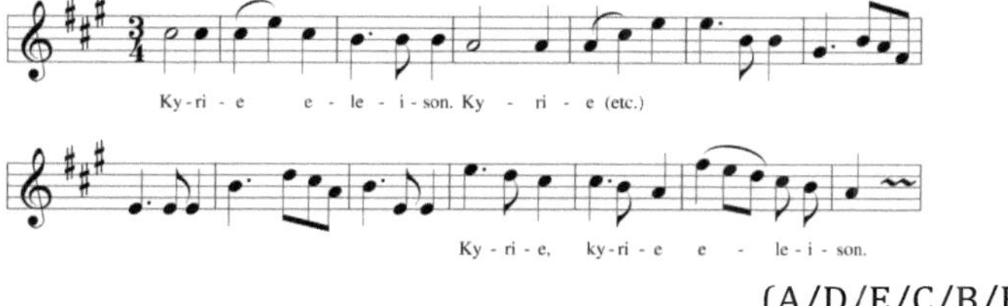

(A/D/E/C/B/F)

Gottvater, der stärker archaische (Schöpfer-)Aspekte mit seinen größeren Intervallen einbringt und in deren Bewegungsablauf bereits Christus enthält (seine größte Schöpfung aus sich selbst).

Beispiel 3 – das dreifach herausgehobene ET HOMO FACTUS EST:

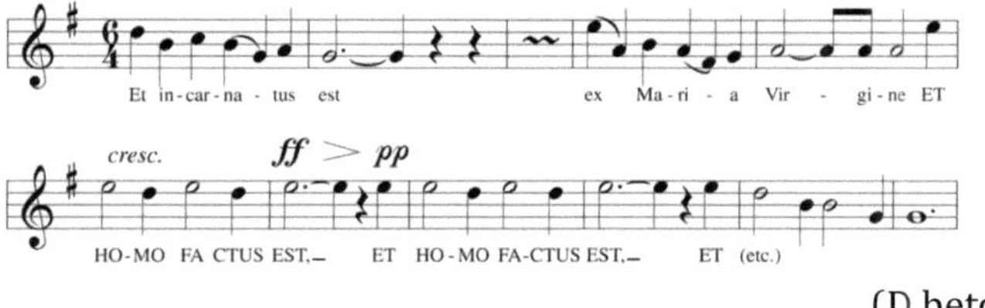

(D betont)

Die Menschwerdung Christi in Maria, seine Herabkunft auf die Erde nach Gottvaters Ratschluß.

Beispiel 4:

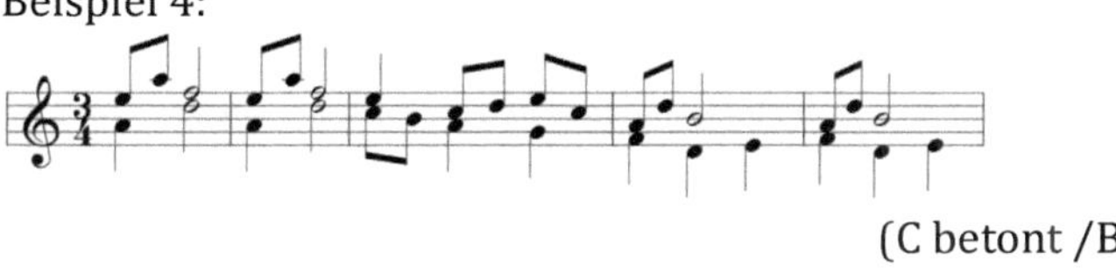

(C betont /B/E)

Agnus (C) Dei (B), miserere (E) nobis – der Gekreuzigte, der alles Leiden in sich einschließt und den um Erbarmen zu ihm Betenden den Frieden bringt.
Das archaischere Aufblicken zur göttlichen Majestät begegnet in den Dreiklangsstrukturen von Gloria (Beispiel S. 87) und Sanctus:

Beispiel 5:

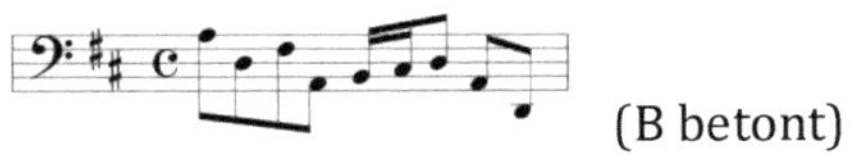

(B betont)

Ein notenunkundiger Leser, der dennoch seinen Blick für Tonfiguren schulen möchte, stelle sich die Notenverläufe einmal als kleine Winkel, Dreiecke und Geraden vor. 0-Grad-Winkel entsprächen Tonwiederholung, also Tonfigur A, Dreiecke mit zwei gleichen Schenkeln Tonfigur D, Dreiecke mit unterschiedlichen Schenkeln Tonfigur C, eine Gerade Tonfigur F, ein Bogen Tonfigur E, ein Absatz Tonfigur B.

Er kann in einem weiteren Schritt beim Beispiel 1 die Noten über *le-i-* und bei Beispiel 3 die Note über *Et* mit einem Gegenstand abdecken oder in Gedanken ausblenden und er erkennt Ähnlichkeiten über längere Notenfolgen hinweg. Auch die Abgänge über dem letzten *e-le-i-son* in Beispiel 2 und über *Et (etc.)* in Beispiel 3 werden ihm ähnlich vorkommen.

Wenn er die ganze Partitur lesen könnte, fände er Parallelen dieser Art in Fülle. Und endlich fiele ihm auf, daß diese Parallelen mit verwandten Textaussagen korrespondieren.

Der Musiker liest darüberhinaus aus der auffälligen Brückenanordnung der Haupttonarten: A-Dur – D-Dur – c-Moll / C-Dur – D-Dur – a-Moll / A-Dur Hinweise auf etwas Inhaltliches.

Als Endbefunde genommen, ergäben die Tonfigurenlisten bei der Messe ein chaotisches Bild und genügten, eine Hauptthese dieses Buches zu widerlegen. Es muß eine Klammer geben, die für alle Einzelbefunde gilt.

Als eines von am Ende zwei zentralen Elementen erweist sich das Intervall der Quint, Tonsymbol **B**.

Oberster und unterster Ton von Beispiel 1 (d' bzw. gis) umspannen den Raum einer verminderten Quint, der sich in der Replik

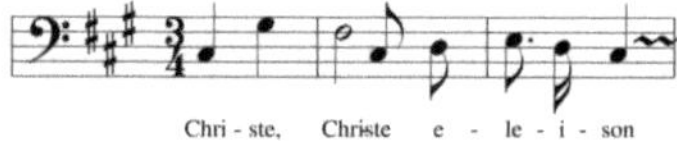

zur vollständigen, reinen Quint ergänzt. In Beispiel 2 bilden die Takte 1 bis 3 den Anlauf zum folgenden Dreitakter, dessen Ecktöne die Quint umspannen. Der anschließende Zweitakter umspannt erneut die Quint, ebenso der hiernach übernächste Zweitakter. Der zwischen beiden liegende und der abschließende Zweitakter, die jeweils erweiterten Tonraum beanspruchen, können als emphatische Varianten gelten und bekunden überdies durch die Position der ausdrücklich zitierten Quint ihren Rückbezug auf das gottschöpferische Intervall:

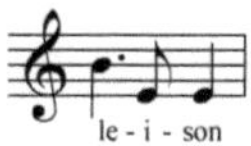

In Beispiel 3 bildet der Beginn der Phrase: Et incarnatus est, den quintumspannenden Bezugspunkt. Die Quint tritt zudem als Intervallsprung mehrfach hervor und markiert die starken Taktteile der Abschlußwendung.

In Beispiel 5 bildet die Quint Ausgangspunkt und Zentrum einer Reihung großer Intervalle.

In der Harmonik fällt in der ganzen Messe die Bevorzugung von Akkorden in Quintlage auf, schon in der vieldeutig tastenden Einleitung:

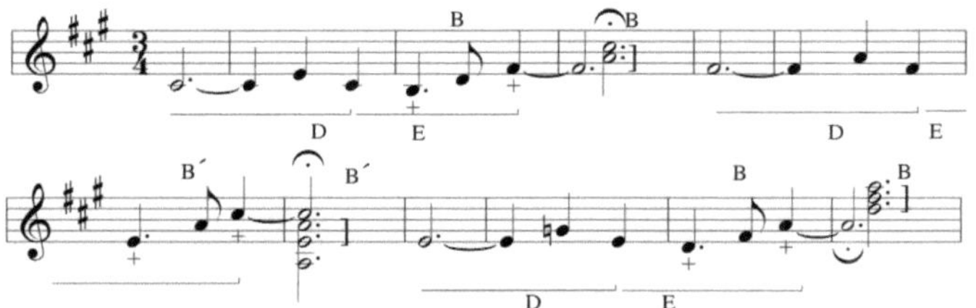

In Quintlage beginnen (Kyrie,) Gloria, Credo, Sanctus, Agnus (Beispiel 4) und enden Credo und – Chor – Agnus. Ebenso beginnen oder gipfeln dynamische Höhepunkte in Quintlage. Additionen des Quintintervalls begegnen in einer aparten Verwendung des Nonakkords (so im letzten vollständigen Takt von Beispiel 2) sowie in den oft fünfstimmigen diatonischen, rituell strahlenden Dissonanzenketten des Gloria. Als versteckte Parallelen erlebbar in der mehrfach im Credo gebrauchten Wendung:

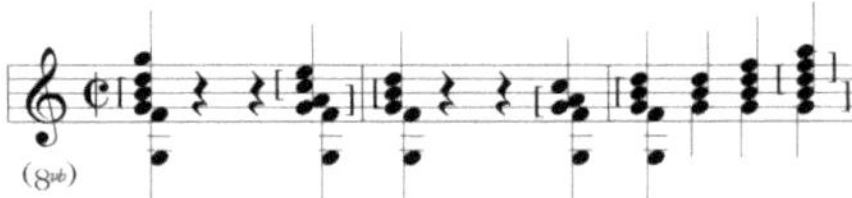

Um das Quintintervall erlebbar zu erhalten, verwendet es Franck, mit geringfügiger Ausnahme in der Baßführung, ausschließlich in diatonischen Wendungen. Eine chromatische Ausfüllung würde die spontane Orientierung über den Tonumfang einer längeren Phrase behindern.

Die melodischen Bildungen aber, die diese Ausfüllung bewerkstelligen, gehen nach den in Kap. 2.6 beschriebenen Regeln in Formel **E** auf.

Die Messe, an der Franck nach einer ersten Aufführung Ostern 1861 noch bis 1872 geändert hat und die in der Orchesterfassung ihre größte Authentizität beansprucht, ist ein kompositorischer Wurf und charakteristisch für Francks religiöses Denken. Das Kyrie beginnt mild und steigert sich hymnisch, frei vom niedergeschlagenen Blick zerknirschten Büßertums. Das Gloria hat bis auf den Christus-Miserere-Abschnitt pauschal festlichen, fast alttestamentlich ritualen Charakter. Die einzelnen Nuancen des Lobpreises Gottes interessieren den Komponisten nicht. Er erlaubt sich Enthusiasmus im großen und bereitet, beinahe neutral sinfonisch, den Boden für das Credo, in dem er als Theologe Farbe bekennt.

Für den archaisch wundersamen Schöpfergott sind kaum gespanntere Töne, mächtiger weitgreifende Crescendi erfunden worden als in diesem ersten Credoabschnitt, der in der mysteriös zurückgenommenen Ankündigung von der Herabkunft des Sohnes seinen Abschluß findet.

Eine ins Ätherische entrückte Menschlichkeit kennzeichnet das Et incarnatus est. Beim Crucifixus sub Pontio Pilato nichts von der üblichen Szenarienmalerei. Ganz im Gegenteil: zwar das intervallische Symbol für Leiden (C), dann aber, bei den Worten sub Pontio Pilato, ein mildes, übermildes Es-Dur mit dem Symbol für Lehre, Gebet, Erbarmen (E): Jesu Größe besteht darin, daß er dem eigenen Mörder, Pilatus, der ihn ans Kreuz hat schlagen lassen, verzeiht.

Ungeheuerlich groß gestaltet die Wiederauferstehung des Begrabenen.

Schnitt. Helles Tageslicht. In beschleunigtem Zeitmaß und verändertem Takt (Alla breve statt 6/4) bringt der Baß eine Variante des Et incarnatus: Et in Spiritum sanctum. Der Heilige Geist begründet die neue Menschwerdung Christi bzw. hilft das Gedenken an die erste Menschwerdung wachhalten. Es fällt schwer, in Francks Charakterisierung eine vergleichbare Konturierung der Dritten Person auszumachen wie bei Gottvater und Gottsohn. Der Heilige Geist reduziert sich auf ein Potential dessen, was vom realen Wirken Jesu auf die Nachwelt gekommen ist.

Die folgende, mehrfach unterbrochene Fuge fordert mit seltsamer Hartnäckigkeit zur Deutung heraus: Et unam sanctam catholicam ecclesiam. Orchester- wie Chorstimmen deuten ikonographisch auf Lehre (E):

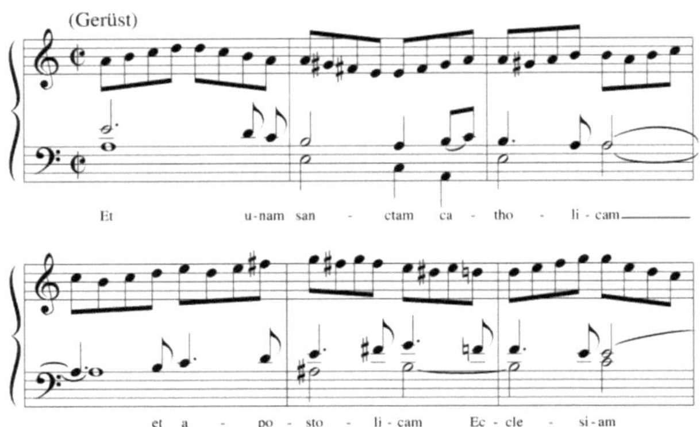

Aber in welch verwirrender Überhäufung tritt die Formel auf, in welch trübem a-Moll beginnt die Phrase, wie unstet tastet sie sich vor! Aus der Fuge geht der Kanon hervor: Vergebung der Sünden, das der Engelssphäre zugeordnete Fis-Dur. Neuer Fugenabschnitt, gedrängter und noch trüber als der erste. Endlich die neue Grundtonart C-Dur und, ein letztes Mal zitiert, dann auch die una sancta ecclesia in den befreienden Kanon aller Stimmen eingeschlossen. Das Ganze krönt in der ekstatisch herausgerufenen Erwartung ewigen Lebens. In Abweichung vom Üblichen bleibt Franck in voller Lautstärke auch beim zweiten Erscheinen der Toten (die der Richter Christus einst von den Lebenden zu trennen hat). Er schattiert nicht ab, zeigt: Es wird keine Toten geben! In diesen Rausch schmettern die Posaunen noch einmal das nach Dur gewendete Thema vom Anfang des Credo: Gottvater Anfang und Ende aller Dinge.

Francks Verhältnis zur Amtskirche differiert hiernach von dem der zeitgleichen Messevertoner Liszt und Bruckner. Liszt sieht die sancta ecclesia in ihrer Macht und Weisheit schreckengebietend auf dem Felsen ruhen, auf dem sie der Überlieferung nach seit Petrus steht. Bruckner preist sie als das von Mysterium glänzende Vorzimmer seiner ewigen Heimat.

Anders womöglich Franck. Mit dem Verkündigungsauftrag und der Verwaltung von Sakramenten betraut, mag sie in das Heilsgeschehen eingespannt sein und sich einmal als Etappe dorthin erweisen. Aber gibt sie in ihrer tatsächlichen Beschaffenheit nicht eine allzu menschliche Prägung zu erkennen, nebulös, formalistisch, ausstrahlungsarm, nicht befreiend, vielmehr selber erlösungsbedürftig, weit weg vom Jesus der Bergpredigt?

Das Sanctus ist sehr kurz und bezieht das Benedictus als knappe, einmalig vom Sopran vorgetragene Melodie zur Vergrößerung des Sanctus-Kopfmotivs mit ein. Weniger um den Brauch vorwiegend konzertant konzipierter Messen (Sanctus und Benedictus getrennt) zugunsten liturgischer Verwendbarkeit zu revidieren, dürfte Franck so verfahren sein, als vielmehr aus dem Grund, daß Komponisten der Wirkung ihrer Vertonungen schadeten, indem sie die Aufmerksamkeit des Hörers nach den gewichtigen Teilen Gloria und Credo noch allzu lange strapazierten. Das ebenfalls knapp und schlicht gehaltene Agnus Dei mit seiner Bitte um Frieden schließt sich an: Tüpfelchen auf dem i in diesem dreiviertelstündigen Stück.

Das Werk gehört zu den beglückendsten von Franck. Es ist in langem Reifen zu einem authentischen Bekenntnis geworden. Es verströmt eine warme, verbindliche Gesinnung, die Kritiker beschämt, die von einer dogmatischen Warte oder von einem verengten Bild des Komponisten ausgehend behaupten, er habe öfter nicht den passenden Ton getroffen oder es handle sich (noch) nicht um einen ganzen Franck. Franck ist wahrscheinlich nur anders.[38]

Das populäre Panis angelicus schmückt als Zusatz Francks eigenhändiges, auf 1872 datiertes Arrangement der Messe

---

[38] Nahezu alle Biographen schließen sich der kritischen Haltung d'Indys zu dem Werk an.

mit nur noch Orgel, Harfe, Cello und Kontrabaß. Hinter dem Sanctus/Benedictus eingefügt, wäre es allerdings dessen knappen Maßen formal zuzuschlagen.
Ich wirkte vor Jahren an der Orgel, die ich, die Orchesterfassung im Kopf, groß registrieren durfte unter reichlicher Verwendung des Pedals, bei einer Konzertaufführung der 1872er Fassung mit. Inklusive Panis beanspruchten wir 52 Minuten, die das Publikum in Enthusiasmus versetzten. Die bisher leider immer noch einzige Einspielung der Orchesterfassung mit geringbesetzten Kräften aus Schwäbisch-Gmünd kommt mit zehn Minuten weniger pauschaler, unbekümmerter, oberflächlicher heraus. Warum das Werk nicht Eingang in das Repertoire der großen Philharmonien findet, gehört zu den Rätseln des Konzertbetriebs. Die Abstimmung der Chorpartie auf das Leistungsvermögen guter Laienchöre sollte kein Hindernis sein. Allerdings sieht sie, einem französischen Brauch folgend, keine Altstimmen vor. Der Herausgeber der Carus-Neuausgabe der Orchesterpartitur erstellte eine Transkription für Chor zu den heute üblichen vier Stimmen. Leider beschränkte er sich dabei nicht auf Dopplungen innerhalb der vorhandenen, in sich oftmals geteilten drei Stimmen, sondern änderte die Verläufe. Folge: Francks durchgehend in allen Stimmen mit den Tonfiguren spielende Polyphonie wird verunklart. Eine Bearbeitung, die den Alt einfach nur die tiefergelegenen Einsätze der Soprane und die höhergelegenen der Tenöre tongleich mitsingen ließe, käme Francks Intentionen näher.

2.11 Ergänzendes zum Chorsatz

Vordergründig wirkt der Chorstil César Francks vergleichsweise schlicht. The New Grove-Dictionary of Music and Musicians monierte 1980 noch, die Vokalmusik lasse die Polyphonie der Instrumentalwerke vermissen. In der

Tat könnte die Einstudierung für die halbprofessionellen Konzertchöre, die hierzulande die Oratorienszene bestimmen, teilweise frustrierend sein. Einerseits finden die musikalisch unterschiedlich vorgebildeten Choristen manche Passage nach kurzer Zeit simpel, andererseits wird nur ein Topensemble die *Seligpreisungen* kräftemäßig und intonatorisch und *Rebecca* intonatorisch überzeugend durchstehen können.

Tatsächlich nutzt Franck die Gruppierungsmöglichkeiten des drei- bis achtfach, auch doppelchörig geteilten Stimmenverbandes überaus effektiv und schafft durch die wechselnde Verteilung der simultanmelodischen Aufgaben zwischen Chor- und Instrumentalpart enorme Differenzierungen. Trotzdem ist durch die immer naturnahe, ungekünstelte Führung der menschlichen Stimme und die kompliziertere des Orchesters ein bestimmtes Klangbild vorgeprägt, das die These einer geistlichen mittleren Schaffensperiode Francks bei drei Schaffensperioden insgesamt entstehen lassen konnte[39].

Das Oeuvre zeigt jedoch weitaus mehr Umbrüche, als das einer Dreizahl von Schaffensperioden entspräche. Daß einer dieser Umbrüche, vielleicht ein besonders einschneidender, tatsächlich um 1875 stattfand, soll an späterer Stelle interessieren.

Schließlich kann die Reihe der zwischen 1860 und 1890 vollendeten Orgelkompositionen in mehrfacher Weise als Beleg gegen d'Indys These von drei Schaffensperioden herangezogen werden. Obwohl sie nach dieser These zwei Perioden angehören müßten, präsentieren sie sich einerseits als diejenige Werkreihe im Oeuvre, die am geschlossensten als Gruppe wirkt, andererseits geben sie zugleich ein dermaßen verschiedenartiges Bild ab, daß innerhalb

---

[39] D'Indys Idee, der Franck als neuen Beethoven vermitteln wollte.

ihrer selbst von drei, gar vier Perioden zu reden angebracht erschiene mit den Marksteinen 1863, 1878 und 1890. Vor allem aber wird zu zeigen sein, daß die gesamte Reihe ikonographisch aufeinander bezogen ist, zumindest in diesem Punkt also kein Bruch erfolgte.

2.12 Francks Auffassung des Rezitativs

Bevor das Orgelschaffen eine den Leser vielleicht überraschende Interpretation erfährt, sei noch ein Einzelaspekt geklärt, der einige der Oratorien und später die beiden Opern betrifft: Was meint die Anweisung, in *Ruth* vereinzelt noch Satzüberschrift Rezitativ bei Franck?
Recitativo-Passagen dienen bei Franck als Plattform für den einstimmigen Vortrag eines zuvor mehrstimmig eingebetteten Musters, bilden den Punkt Null einer Spannungskurve, die aus tastendem Innehalten zu simultanmelodischer Komplexität neu anwächst, den Augenblick der am wenigsten thematisch profilierten Stufe der Keimzelle oder Keimzellenreihe.

2.13 Die Orgelwerke: acht oder zwölf – virtuos oder sakral?

Die erste meiner Grundthesen zu den autorisierten Hauptwerken César Francks für Orgel besagt, daß die 1878 bzw. 1890 vollendeten Zyklen: *Trois Pièces, Trois Chorales,* als zwei zusammenhängende Orgelsinfonien aufzufassen sind, die Zahl der Werke infolge dessen nicht zwölf, sondern acht beträgt. Die zweite Grundthese unterstellt, daß diese acht Werke sakralen, mehrfach biblischen Sujets folgen.
Selbst in einem überzogenen Tempo, wie man den dritten Choral, die *Grande Pièce symphonique,* den *Final* oder die *Pièce héroique* in der Regel dargeboten bekommt, ist bei

keinem dieser Stücke, eine große Spannweite der Hände vorausgesetzt, der manuelle Schwierigkeitsgrad auch nur annähernd so hoch wie in Francks Kompositionen mit Klavier. Wer auf der Orgel **technische** Kompliziertheiten demonstrieren will, halte sich an Reger, Liszt und jüngere Literatur. Wer Francks Musik für die Orgel zu virtuoser Selbstdarstellung benutzt, betrügt den Hörer und vergeht sich an ihrem Geist.

Interpretatorisch stellt sie allerdings enorme Ansprüche. Ihre expressive, nicht für die Dauer einer Note nachlassende Spannkraft, ihre architektonische Balance erfordern einen Ausdrucksmusiker, der akribisch alles hörbar macht, ohne doch in pädagogisches Sezieren und pedantische Erstarrung zu verfallen. Es gibt hier keine zu vernachlässigende Note, aber ein alle Einzelheiten durchwärmendes kontinuierliches Feuer.

Sowohl die sechs noch mit Opuszahlen versehenen Anfang der 1860er Jahre abgeschlossenen Stücke als auch die späten Triptychen sind durch ihre intervallischen Grundbausteine auf die Christusthematik bezogen und legen über deren Einbettung in formal höchst differierende Abläufe eine programmatische Absicht nahe. Die Opera 16 bis 19 sowie die *Drei Stücke* dürften Begebenheiten aus der Vita Jesu beschreiben, die Opera 20, 21 und die *Drei Choräle* andere religiöse Aspekte zum Gegenstand haben.

Zunächst eine Übersicht über die grundgelegten Tonfiguren:

Fantaisie C-Dur: B/C/E

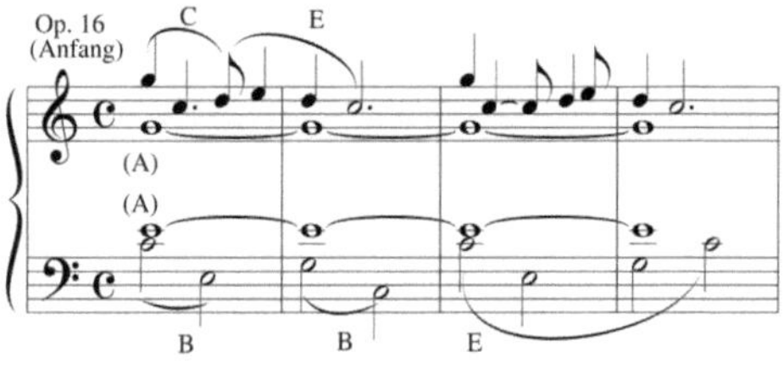

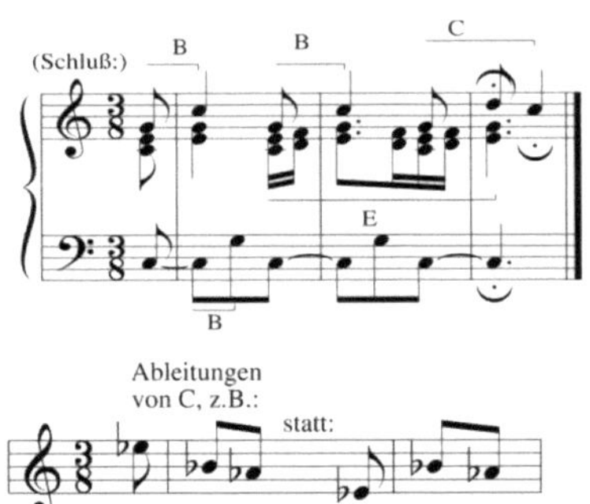

Grande Pièce symphonique fis-Moll: C / F (E)

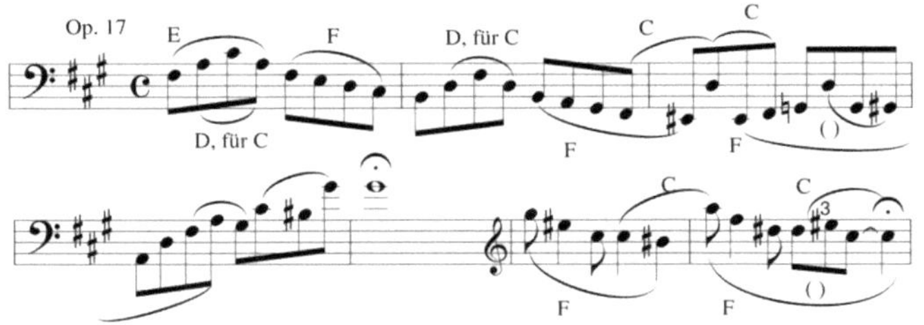

Prélude, Fugue et Variation h-Moll: D / F

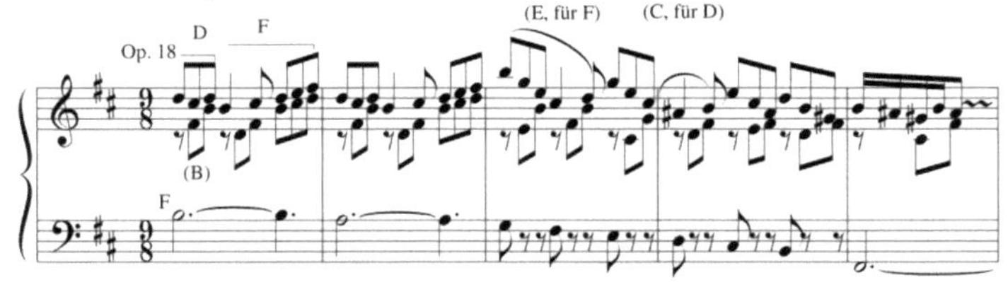

Pastorale E-Dur: E in Kombination mit D (Reduktionsform: A)

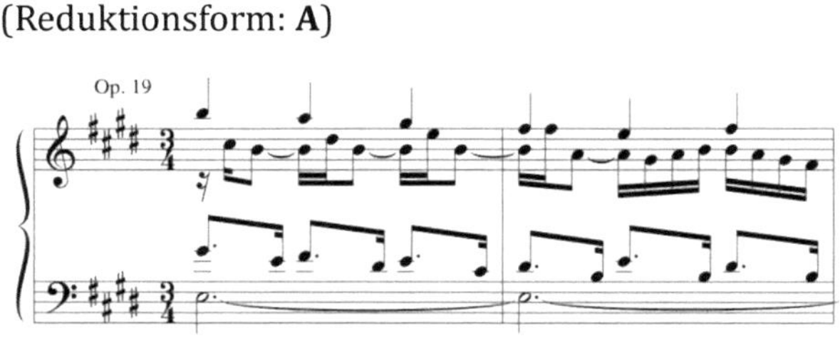

Op. 19

Prière cis-Moll: E erweitert durch das, nicht obligatorisch verwendete, (Anrede-)Element **B**

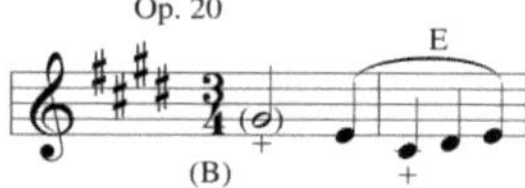

Final B-Dur: B / E

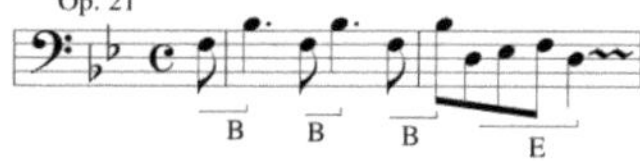

Trois Pièces: C / F / (A fakultativ)

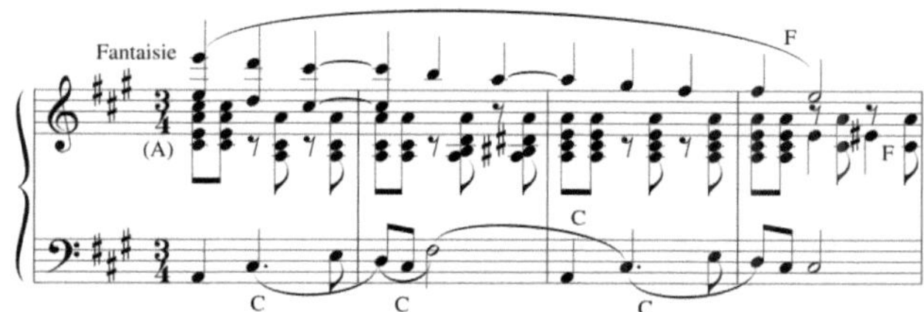

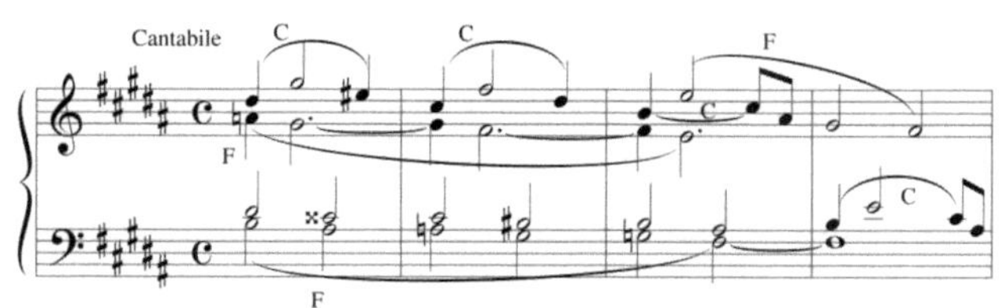

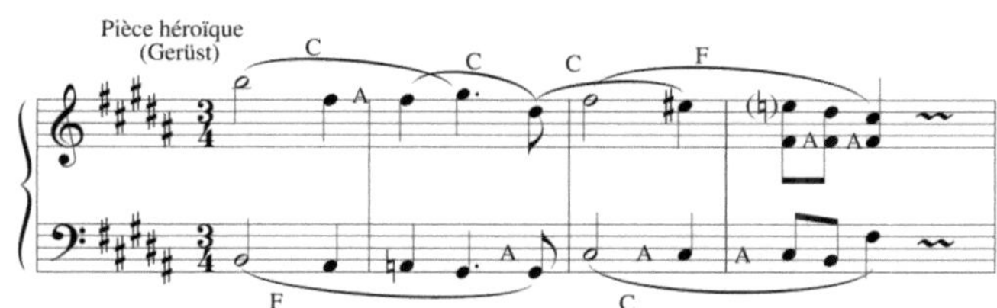

Trois Chorales: E – als Ausgangspunkt für getrenntes Erscheinen von **B** (bzw. **C** bzw. **D**) und **F**

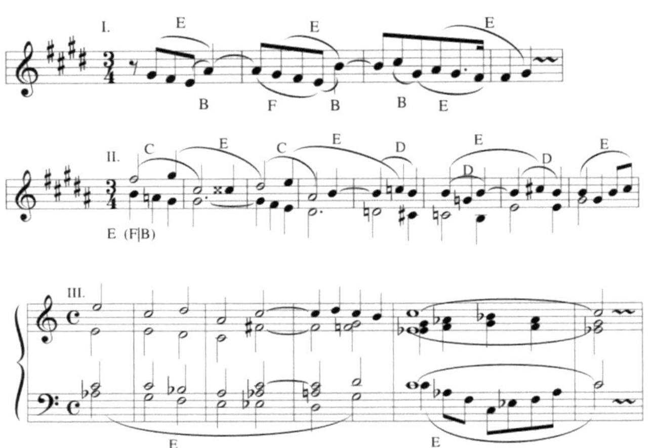

Der Verdacht, daß es sich um eine semantisch definierte Musik handelt, liegt aufgrund der artistischen Formgebung der Werke und der eigentümlich emotionalisierten Verwendung der Tonfiguren dringend nahe, die an die Oratorien erinnert. Eines der auffälligsten äußeren Merkmale wird der Hörer schon früh in der exponierten Verwendung des Einzelregisters Vox humana identifizieren. Es steht für die Stimme Christi / Christi Gegenwart. Nichts wäre verfehlter, als Form und Klanggebung der Franckschen Orgelwerke auf den Faktor Farbigkeit und Abwechslung zu reduzieren.

Dennoch muß aus vier triftigen Gründen der **Beweis** für meine Thesen ausbleiben:

1. Der Komponist läßt uns mit eindeutigen Erläuterungen zu seinem Werk im Stich.
2. Er scheint die Gefahr gesehen zu haben, daß Musik an Suggestivkraft verliert, wenn sie sich konkret festlegt. Zudem ist immer an der Möglichkeit zu zweifeln, daß Musik solche Eindeutigkeit überhaupt leistet.

3. Er könnte aus Bedenken der allgemeinen Akzeptanz, auch aus Scheu vor dem Gegenstand vor programmusikalischer Eindeutigkeit zurückgeschreckt sein.
4. Er stellte generell seine Sujets nach persönlichen Kriterien zusammen. Eine Neuzusammensetzung biblischer Quellen war ebenso möglich wie der Griff nach außerbiblischen Traditionen, wenn diese seinen Vorstellungen von gelebtem Christentum stärker entsprachen.

Sechs Stücke, opp. 16 bis 21

Idylle, Kanonstruktur, Steigerung und erwartungsvolle Überleitung des Poco lento (I) der **Fantaisie** op. 16 mögen das Bild einer grünen Hügellandschaft hervorrufen, darin eine friedliche Gemeinde einem außergewöhnlichen Ereignis (göttlichem Geschehen, göttlicher Offenbarung) entgegenharrt.

Allegretto cantando (II)[40]: Widerspiel zweier gleichgeordneter Stimmen gestischen Charakters. Hinundherspringende Diskussion. Oder das Gewoge bei einer Massentaufe? Oder geht hier jemand durch die Reihen und beugt sich, Hand auflegend, ein gutes Wort verlierend, zu den Menschen hinab? Zäsur. Verlangsamung. Neuaufnahme des Widerspiel-Doppelmotivs, mit diskreten imitatorischen Einwürfen im Pedal und gewichtiger. Jetzt wird jemand getauft, der sich von der Menge abhebt. Neue Verlangsamung und Fermate.

Quasi lento, anschwellend zum vollen Werk, das Motiv des Täuflings (?) als zweimaliger Pedaleinwurf in der tiefsten Region (III). Dann die großen Intervalle von Gottvater. Eine erhabene Stimme spricht:

---

[40] Wie sehr wird es meist überhetzt und dadurch bis zur Unkenntlichkeit verzerrt!

Adagio, vox humana (IV): *Dies ist mein geliebter Sohn.*[41] Auf diesen Moment hat alles hingewartet. Die Verwandtschaft zum Eingangsteil fällt bei emphatischer Spielweise schon beim ersten Hören auf, obwohl es sich um kein wörtliches Zitat handelt. (Aufführungsdauer: ca. 3:35+4:50+1:30+3:40 = 13½ Minuten.)

Die **Grande Pièce symphonique** op. 17 (ca. 4:34 + 9:18 = 13:52 / 4:15 + 3:11 + 2:26 = 9:52 / 3:14 + 6 = 9:14, zusammen 33 Minuten) beginnt mit einem dramatischen Andantino serioso, das die Teile Exposition und fugierte Durchführung eines gedrängten Sonatenhauptsatzes nachbildet. Es mündet nach einer erhabenen Steigerung unmittelbar in ein Allegro non troppo e maestoso ein. Dieses[42] vertritt die Stelle des eigentlichen Sonatenhauptsatzes, verläuft aber eher wie ein freier Variationssatz. Das sozusagen erste Hauptthema, fis-Moll, mit energischen Punktierungen, wird mannigfachen Metamorphosen, zunächst verhalten in cis-, dann wieder fortissimo in fis-, dann abklingend in d-Moll, ausgesetzt und zeugt als Durchgangsepisode ein zweites Thema. Dieses steht in der klassischen Durparallele A-Dur und klingt fröhlich, aber nicht mehr ganz so kräftig. Den Zielpunkt bildet ein rezitativisches Einschiebsel, pianissimo, das die Takte 6 bis 9 der Introduktion zitiert und dort Seitenthemenfunktion vertrat. Es wechselt von A-Dur nach a-Moll und fädelt den nächsten Formabschnitt ein.
Dieser wäre dann die Durchführung. Es fällt aber schwer, diese neuerliche Folge ineinander übergehender simultanmelodischer Variationen über das erste Hauptthema, nach

---

[41] Das wäre eine dem biblischen Text sehr nahe Projektion auf den formalen Ablauf. Eine Alternative würde die Stimme Gottvaters Abschnitt III zuordnen und IV dahingehend interpretieren, daß Christus selber das Wort an die Versammelten richtet.
[42] Eine der durch aberwitziges Eilen am meisten von Interpreten verballhornten Passagen bei Franck!

a-Moll d-Moll, dann erneut fis-Moll, so zu nennen. Eine triolische Gegenstimme, die aus dem Einschiebsel hervorgeht, umspielt die aus beiden Hauptthemen vertraute Viertelbewegung. Der Eintritt der fis-Moll-Variation markiert zugleich den Beginn einer gerafften Reprise. Wie die Abschnitte eines zweigeteilten Chorals erscheinen nun die beiden Hauptthemen aneinandergeheftet. Mit Einsatz des zweiten hört die Tiolenbewegung auf. Es wirkt auch jetzt erst, nach fis-Moll versetzt und dynamisch zurückgenommen, als Thema herausgehoben: die wie unversehens Gestalt annehmende Erkenntnis. Das Einschiebselmotiv, jetzt in Fis-Dur, beschließt den wundervollen, kontinuierlich leiser gewordenen Satz in größter Ruhe und Verhaltenheit.

Das nachfolgende Andante, das einen an das Fugato des Andantino serioso anknüpfenden Allegro-Mittelteil hat und mit einer simultanmelodisch gesteigerten Rumpfreprise des Anfangs wiederum andächtig ausklingt, bildet das Binnenglied einer kunstvoll gearbeiteten Brücke.[43]

Im folgenden Abschnitt begegnen Themenköpfe aus allen vorangegangenen Episoden auf engem Raum. Die Dur-Variante des Variationsthemas, kombiniert mit der gleichfalls ins Strahlende gewendeten Andantino serioso-Bewegung, setzt sich durch. Ein konzerthaftes Scheinfugato spaltet sich ab und steigert sich zu immer prächtigerem Glanz.[44]

---

[43] Der Abschnitt klingt übrigens nur überzeugend, wenn man die Tempi nicht auseinanderreißt. Das heißt, man sollte das Andante etwas flüssig und nicht adagio nehmen, das Allegro dagegen nur so schnell, wie es eine absolute Sechzehnteldeutlichkeit in einem halligen Kirchenschiff erlaubt. Die Viertelmaße dürften dabei nur wenig auseinander liegen. Beim Allegro sind zudem etappenweise steigernde Registerzuschaltungen zu ergänzen. Der anschließende Schlußabschnitt wird wie schon der Variationssatz nach hinten zu verlangsamt.

[44] Auch dieser Teil wird regelmäßig zu schnell gespielt und zumal gegen Ende noch einmal zusätzlich gekappt anstatt vergrößert. Gerade der vierstimmige Werkgipfel schlägt einen weiten Bogen sowohl zu den Stücken

Ich vermute in der *Grande Pièce symphonique* eine Anspielung auf Jesu Wirken und Lehren: Jesu Wirken im Widerstreit seiner Zeit, in der Öffentlichkeit, in der Stille, in der Konfrontation, in der Harmonie eines vertrauten Jüngerkreises; sein Wirken, überschattet von der Gewißheit kommenden Leidens; Verkündigung wie in der Bergpredigt, die – Allegro-Mittelteil des Andante – lebhaft aufgenommen wird. Jesus packt die Zweifel, die Angst seiner Existenz beherzt an und findet zum Weiterwirken in der Gewißheit der Auferstehung. Der Ölberg-Christus und der Christus, der bejubelt in Jerusalem einzieht, erscheinen auf eine eigentümliche, chronologisch kaum fixierbare Weise in dieser großartigen Sinfonie zusammengefaßt, die, angemessen präsentiert, ihren Anspruch auf einen der vordersten Ränge in der Orgelliteratur aller Zeiten ebenso klang- wie ausdrucksmächtig erweist.

Für die beiden nächsten Opera sind die Sujets fast greifbar. Unabhängig von unmittelbaren formalen Querverbindungen zu Opus 16 hängt Opus 18 vor allem mit Opus 19 zusammen. Nicht nur, daß beide, in sich wiederum verschieden, an die ABA-Form anklingen und einen minimal beschleunigten Mittelteil mit Fuge bzw. Fugenansatz aufweisen (bei einer Gesamtausdehnung von ca. 4:35+0:45+3:10+4:10 = 12:40 bzw. 3:20+4+4 = 11:20 Minuten) – stärker verbindet sie folgende melodische Übereinstimmung. Man halte

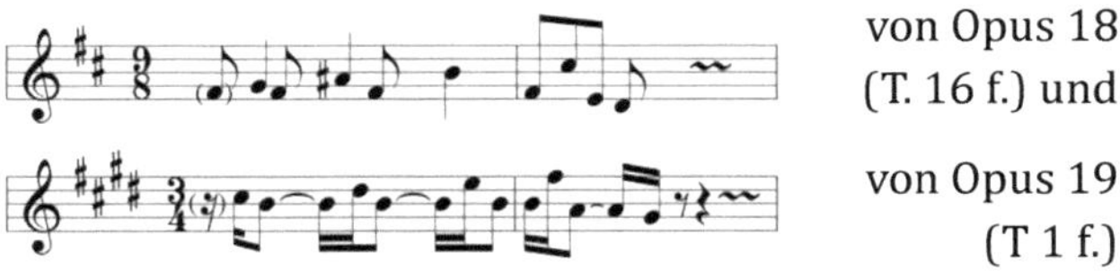
von Opus 18 (T. 16 f.) und

von Opus 19 (T 1 f.)

gegeneinander.

---

opp. 18, 19 und 21 wie zu den Stücken von 1878, insbesondere zur *Pièce héroique*.

Die Identität ist eklatant, ein Zufallsmoment für ihr Zustandekommen auszuschließen.

Prélude, Fugue et Variation op. 18 nähert sich ähnlich wie die C-Dur-Fantasie der Viersätzigkeit ungeachtet des Werktitels und des zeitlichen Übergewichts von nur drei Abschnitten. Deren äußere erinnern durch gemeinsames thematisches Material an die dreiteilige Liedform und durch ihren Tonartenplan gleichzeitig auch an Exposition und Reprise eines Sonatenhauptsatzes. Das zwischen Präludium und Fuge eingeschaltete Lento, das in brausender Lautstärke und engmaschiger, aber unfugierter Vierstimmigkeit das Thema der Fuge (Allegretto, ma non troppo) anstimmt, bildet ähnlich wie das Quasi lento der Fantasie einen rudimentären selbständigen Satz[45]. Der Fugenteil mündet in eine exakte kanonische Engführung und eine erneute dynamische Steigerung mit einem Größerwerden des Tempos[46]. Die Variation, die sich ohne Unterbrechung wie ein davonschwebender Vogel aus dem zuletzt erreichten Quartsextakkord herauslöst, läßt etwas Neues, Ereignishaftes entstehen. Diese Sechzehntelbewegung ist das Neue. Zwar noch an die weitgehend gleichgebliebene Oberstimme angeschmiegt, gewissermaßen embryonal, spielt sie Christusthema-Allusionen ins Geschehen. Die Sechzehntel müssen durchkonturiert erklingen, erst dann werden sie als Hinweis auf eine sakralmusikalische Aussage erlebbar.
Meine Deutung: Andantino (Prélude): Maria bereit für Gottes Auftrag (Formel B immer wieder fordernd oder einladend in der Mittelstimme).
Lento: *Du wirst empfangen vom heiligen Geist.*

---

[45] In barocken Solokonzerten sind langsame Mittelsätze aus nur wenigen Takten keine Seltenheit. Siehe Bachs drittes *Brandenburgisches Konzert.*
[46] sprich Verlangsamung; vgl. dazu Liszts Anweisung R in seinen Orchesterpartituren!

Allegretto, ma non troppo (Fugue): Maria nimmt die Botschaft mit heiligem Erschrecken auf und findet zu ihrer freudigen Bejahung. Ahnungen vom Leiden des kommenden Erlösers klingen an.
Andantino (Variation): Maria hat empfangen, das Kind entwickelt sich in ihrem Leibe.

Auch in der **Pastorale** op. 19[47] wie in Opus 18 analoge Eckteile, auch hier Ausweitung der Großabschnitte zu kleinen Satzgebilden, auch hier formal und semantisch substanzielle Veränderungen der Reprise gegenüber der Exposition. Zwei Elemente werden zusammengeführt, die zunächst getrennt auftreten.
Andantino I: das Wiegen des Kindes, Christus ist geboren[48]; am Himmel der Komet, der das Geschehen verkündet.
Quasi (!) allegretto: Menschen sehen den Kometen, tauschen sich darüber aus, begeben sich unter seiner Führung auf den Weg.
Andantino II: Die Menschen haben die Krippe gefunden: Krippen- und Sternenmelodie stehen übereinander, erklingen gleichzeitig; man erweist dem Neugeborenen Reverenz und geht wieder.

Auf der Folie einer monothematischen Struktur, die Zeilen ihrer Scheinthemen unschwer austauschen und neu verknüpfen läßt, spielt die **Prière** Abläufe eines knapp 13 Minuten beanspruchenden Sonatenhauptsatzes durch als Stationen einer Bitte (**E**) an Gott (**B**). In seiner satztechnischen Komplexheit, seiner Verbindung aus Strenge und expressiv wechselnden Nuancen ist dieses bereits an den

---

[47] Sie gab in einer guten Konzertaufführung im September 1972 den Anstoß für meine Beschäftigung mit dem Komponisten César Franck.
[48] vgl. dazu den ersten Abschnitt von Liszts später sinfonischer Dichtung *Von der Wiege bis zum Grabe*

gesättigten Ton der *Seligpreisungen* denken lassende Stück schwierig darzustellen.

Die erste Episode in kompaktem fünfstimmigem Satz (quasi 1. Hauptthema) wird Takt 33 von einer mit Pedalauftakt eröffneten Zwischenepisode abgelöst (quasi Seitenthema), die drängenden Charakter annimmt, eine bis zum Ende der Exposition anhaltende Triolenbewegung einführt und sich bis Takt 60 ins Forte steigert. Mit Erreichen dieses Fortes wird das Tempo (zu ergänzen) wieder zurückgefahren, um den Eintritt der Episode IIIa Takt 63 vorzubreiten. Diese (quasi 2. Hauptthema; piano, cantando; in der regulären Dominanttonart Gis-Dur) entwickelt einen andachtsvollen Zwiegesang zwischen Oberstimme und Pedal, stets im Geleit der immer profilierteren Triolenstimme. IIIa mündet nach Kombinierung mit dem Pedalmotiv aus II Takt 101 und nach einem kurzen zusammenfassenden Neuaufschwung (Episode IIIb; quasi Schlußgruppe) Takt 113 in einen fermatierten verminderten Septakkord.

Zäsur. Episode IV (quasi Durchführung): Rezitativ mit teils von der Solotrompete einstimmig vorgetragenen Abwandlungen des ersten Hauptthemas, räumlichen Wechselspielen und Kombinationen mit einer triolendurchsetzten Gestalt aus II. Ein Triolen-Unisono beider Hände in wieder strengerem Zeitmaß leitet zur Reprise Takt 159 zurück.

In ihr erscheinen die Episoden I bis III, satztechnisch neugeformt und verdichtet bis hin zum Doppelpedal, zu einem Block zusammengeschweißt. Nach unbezähmbarer Steigerung erstrahlt Episode III in der Tonika-Variante Cis-Dur im vollen Werk[49], ehe sie der zu einem Abgesang von verklingender Intensität abgewandelten Rezitativepisode (quasi Koda; wieder cis-Moll) das Feld überläßt. Der Beter, der

---

[49] Orgelplenum ist nicht verzeichnet, ergibt sich aber fast zwangsläufig aus dem Verlauf.

sich im Strahlenkranz göttlicher Ekstase wähnte, nimmt sich zurück. Alle Fragen offen.

Ein wiederholtes Intervall, ein rhythmischer Pendelschlag, ein ständiges Bauen auf der Rechenbasis eines einfachen 2 mal 2 machen den **Final** zu einem Muster artistischer Komposition auf der Grundlage bescheidensten Ausgangsmaterials. Allerdings denke ich nicht an den Eindruck, wenn Interpreten ein bißchen Pedaltechnik zeigen wollen, um das Sommerloch städtischer Konzertsaisons für durchreisendes Publikum mit einem billigen Rausschmeißer zu würzen. Ich denke vielmehr an eine beseligende Freude und Verve ausstrahlende Komposition von atemlos machender Vielfalt.
Alle bewegten und liegenden Stimmen müssen hörbar werden. Alle sind abgeleitet von der Keimzelle des in das Dopplungsschema eingebauten Intervalls **B** und seine Durchdringung mit Verkündigungsformel **E**. Beispiele:

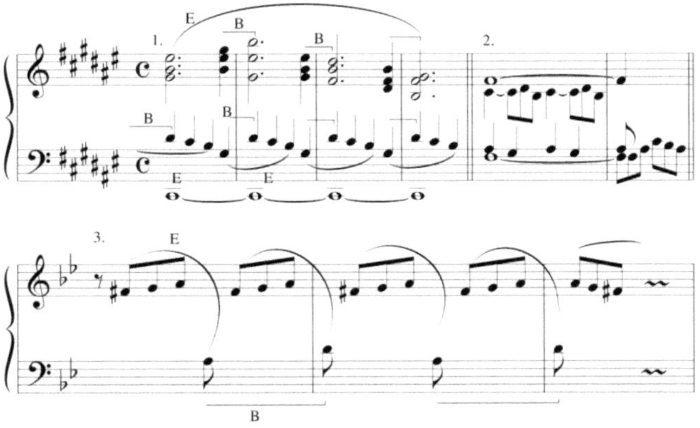

Zweimaliges Wechselspiel von Pedalsolo[50] und Manual[51] und eine erste dramatische Passage[52], die den Kopf des

[50] mit freudigem Elan, nicht hektisch!
[51] ruhig, schwer!
[52] Tempo anziehen!

Pedalthemas durchführt und ganz nebenbei das Thema der nächsten Episode vorwegnimmt, bilden einen ersten Großabschnitt, der ähnlich gebaut ist wie das Andantino serioso in Opus 17. Der Beginn der zweiten Episode, Fis-Dur, entspricht dem Notenbeispiel 1. Eine Beruhigungstendenz in Tempo und Dynamik nimmt weiter zu und mündet in eine pastorale Episode[53], ebenfalls Fis-Dur (Notenbeispiel 2). Eine vierte Episode[54] stellt ein rudimentäres Scherzo in h-Moll dar. Mächtiges Crescendo[55]. Im fast vollen Werk, gerafft und satztechnisch umgebaut, die Episoden I und II zu einer einzigen, hymnisch überhöhenden Reprise vereint (Episode V), Haupttonart B-Dur. Doch der Wellenschlag der Episoden reicht weiter (Notenbeispiel 3)[56]: Erst jetzt, in einer eine neue Stimme[57] apotheotisch gebärenden und Schlag auf Schlag neue Abwandlungen des Kopfgedankens hervorzaubernden sechsten Episode, vollendet sich der Finalgedanke im vollen Werk. Ein optimistisches Gottvater Anfang und Ende aller Dinge spricht aus diesem packenden Stück, dieser Antwort auf den in der *Prière* abgehandelten Gedanken der Bitte.

Meine Vorstellungen weichen nicht nur in bezug auf die formale Analyse (latente Mehrsätzigkeit), sondern auch auf die Tempi vom Gewohnten ab. Meine kürzeste Wiedergabe von immerhin noch 13 Minuten erschien mir bei einer Mitschnittkontrolle zumal in Episode III zu schnell, meine längste von vollen 17 Minuten an den Anfängen von I und II schleppend. 14 bis 15 Minuten erscheinen je nach Raumakustik dem elanvollen Maestoso des Stücks und seiner weitstrahlenden Fröhlichkeit angemessen.

---

[53] sehr ruhig zu beginnen
[54] Tempo forsch anziehen! die Achteleinwürfe frech!
[55] Tempo auflaufen lassen, ins muntere Allegromaß zurückführen!
[56] sehr schnell beginnen!
[57] ruhiger – damit sie hervortritt!

Die beiden verbleibenden Orgelwerke von 1878 bzw. 1890 sind innerhalb des Gesamtschaffens die derzeit prominentesten Beispiele für Zyklen ohne zyklisches Themenzitat. Und begreift man sie so, dann sind es zudem, zusammen mit der *Grande Pièce symphonique*, die mächtigsten Orgelkompositionen ihrer Zeit und darüber hinaus.

Trois Pièces

Die von Franck selber (die Pièce héroique noch in einer leicht differierenden Fassung) 1878 uraufgeführten *Drei Stücke* sind eine Sinfonie über Leiden und Auferstehung Christi. Die Fantaisie (A-Dur / a-Moll; 17 Minuten) folgt einem Plan, der demjenigen der *Sieben Worte* ähnelt. Das außerordentlich dramatische Stück endet in einer brennenden tragischen Größe.

In den *Sieben Worten* fällt auf, daß nicht alle Jesuszitate von Solisten aufgegriffen werden. Einige werden chorisch, wieder andere im Wechsel vorgetragen und jeweils mit Texten aus dem Alten Testament oder außerbiblischen Quellen ergänzt.

An die Stelle des Prologs ist im Orgelwerk ein dreimaliger Themenanlauf von zunächst martialischem Duktus getreten: der erste Delinquent; der zweite, nachdenklicher schon, es ist der reuige Sünder; dann, überraschend piano mit Akkordschlägen auf der schwachen Taktzeit, Jesus – er leidet still und wird als einziger ans Kreuz **genagelt**. Aufrichtung der Kreuze. In den Repetitionstriolen der linken Hand zittern die Hammerschläge fort, gehen über in zerlegte Dreiklänge in Sechzehntelbewegung[58].

Die hier beginnende Stelle mit der synkopierten Sopranlinie und den Christusfiguren für Beten und Passion

---

[58] trotz Analogie zu Albertibässen nicht Begleitung, sondern Kürzelverkleinerung der Anfangstakte – semantisch: der an Jesus, dem am Kreuze hangenden, nagende Folterschmerz

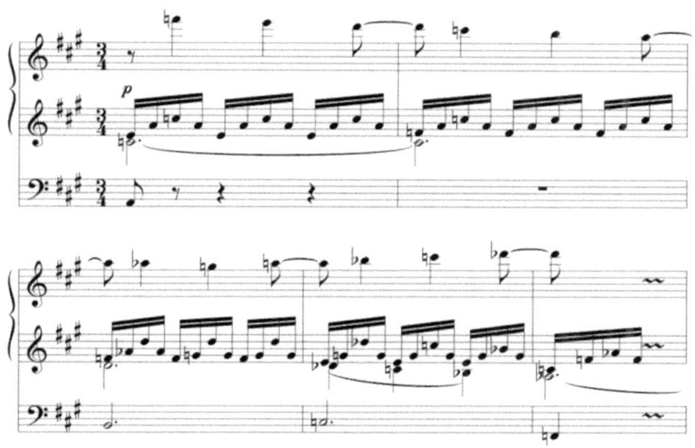

und ihre Wiederkehr gegen Ende sind je einem Jesuswort zuzuordnen: dem ersten, *Vater, vergib ihnen, denn sie wissen nicht, was sie tun!*, das in den *Sieben Worten* ausschließlich chorisch vorgetragen wird, bzw. dem sechsten, alternativ möglich aber auch den von Franck dort eingestreuten Zeilen aus den Heilandsklagen (*Mein Volk, was habe ich dir getan*).

Die erste Vox-humana-Stelle mit dem zweimaligen Vortrag eines neuen Themas

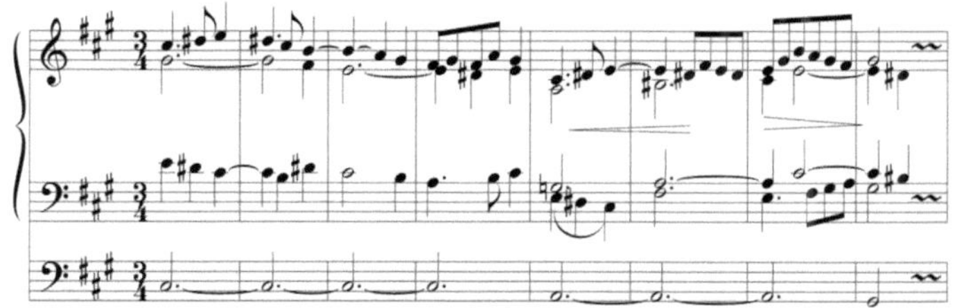

gehört dem zweiten Wort: *Wahrlich ich sage dir, heute wirst du mit mir im Paradiese sein*. Dieses ist in den *Sieben Worten* das erste ausschließlich solistisch vorgetragene und erhält dort in analoger Dopplung wie hier sein besonderes Gewicht durch den Hinzutritt des zweiten Sängers. Schon hier

entspricht die Akzentuierung Francks ethischem Christusbild.
Die nächste, kürzere Vox-humana-Passage entspricht dem *Frau, siehe dein Sohn.* Im Triolenduktus des Vorspanns steckt der Anfang von Opus 18:

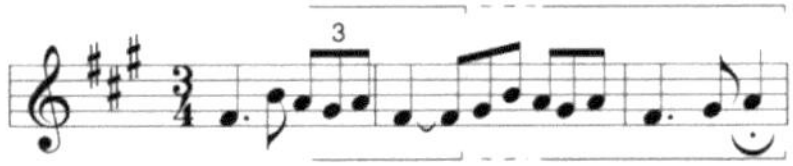

Der mit fließenden Triolen durchsetzte Nachspann, der die aus der achten *Seligpreisung* vertraute mater dolorosa-Tonart F-Dur streift, entspricht den Stabat mater-Versen in den *Sieben Worten.* Weitere Worte sind lokalisiert im (zweimaligen) poco animato-Aufschrei, dem in der Übersicht ansatzweise zitierten fff-Höhepunkt und dem dritten und letzten Vox-humana-Einsatz. Die beiden stillen a-Moll-Akkorde am Ende entsprechen dem *Und Jesus gab den Geist auf.*[59]

Der Mittelsatz, Cantabile, (7 Minuten) läßt sich in seiner Zweiteiligkeit auf den kurzen Begräbnisbericht in der Markusversion beziehen[60]. Es geht um Abnahme, Einbalsamierung und Grablegung des Leichnams und die Zeugenschaft der zusehenden Frauen, an der Verswende um das Verschließen des Grabes mit dem davorgewälzten Stein. Die Christustonart H-Dur und der Kanon in der zweiten Hälfte evozieren die Liebe der trauernden Anhängerschaft Jesu.

---

[59] Erneut in Analogie zur Art des Schließens in den Sieben Worten, ungeachtet verschiedenen Tongeschlechts.
[60] insbesondere die Verse 46 und 47 Mk. 15

Die Pièce héroique (h-Moll / H-Dur; 11 Minuten) ist die strahlende Replik auf die Fantasie. Der erste Abschnitt[61] kündet von der Morgenerwartung des Ostersonntags. Etwas Außerordentliches ist geschehen. Zögerndes Innehalten. Ein Mensch betritt die geöffnete Grabkammer. Ein Engel spricht in der Christustonart: Jesus hat den Tod überwunden, ist auferstanden. Kurze Wiederkehr des Anfangs: Ist das wahr? Ja, es ist wahr. Alle Welt soll es erfahren. Mit Macht erstrahlt die Botschaft. Die Hammerschläge, das aufgerichtete Kreuz, das zugleich ein Anfang war, erscheinen in den letzten Takten zu Siegessymbolen verwandelt mit monumentaler, man darf schon sagen: Außermenschlichkeit.

Der dringend zu empfehlende zusammenhängende Vortrag der *Drei Stücke* wird die Notwendigkeit zahlreicher Tempowechsel erweisen, nicht nur in der Fantasie, wo sie zu den schwierigsten interpretatorischen Herausforderungen gehören, sondern auch in der Pièce héroique mit (sinngemäß) **zwei** verbreiterten Dur-Abschnitten und weiteren zu empfehlenden Temporücknahmen, etwa vor der Kanonstelle mit dem mystischen Baßostinato.

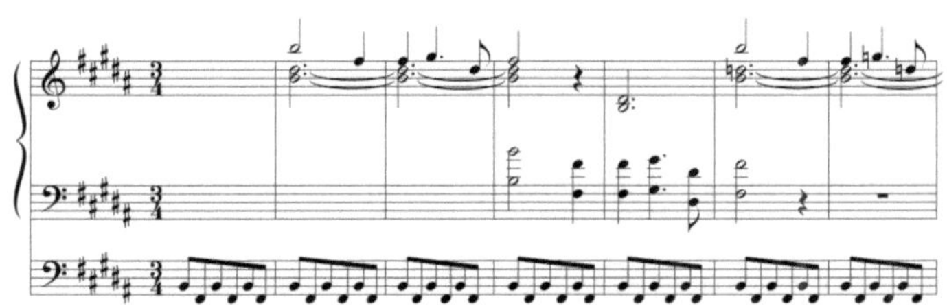

[61] in dem auch die Repetitionen und Sechzehntel der Fantasie wiederauftauchen, indes mit neuen, agilen Varianten der Leidensfigur kombiniert

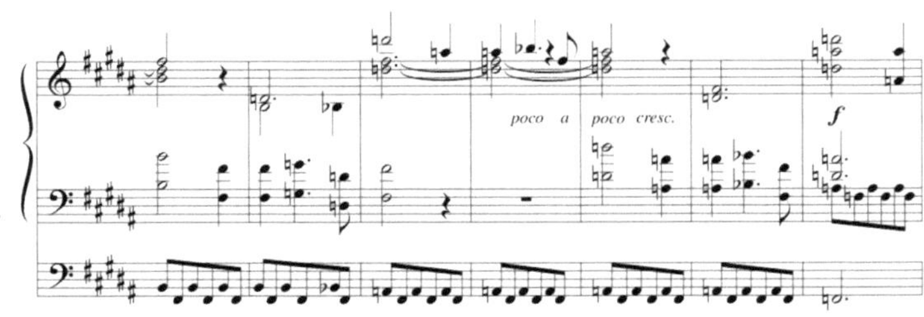

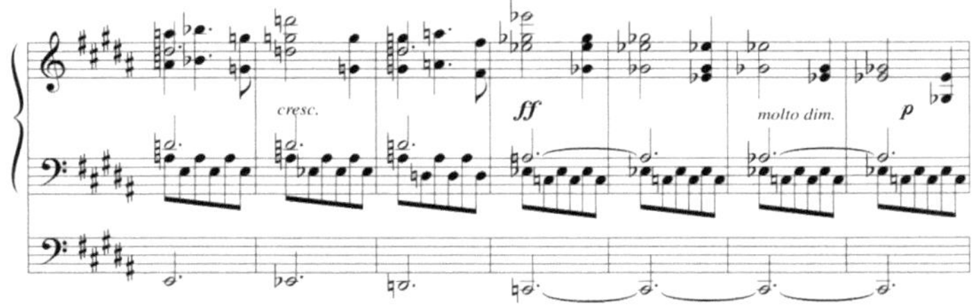

Ich denke übrigens, daß die hier ausschließlich durch dynamische Anweisungen angezeigte Steigerung nur plastisch wird, wenn man großzügig Register hinzuzieht, die man ebenso kontinuierlich bis zur Wiederkehr des Kopfmotivs wieder abstößt.

Die **Trois Chorales** (17:50, 16:35, 16:45, zusammen 51$^{1/3}$ Minuten) sind Reflexionen eines in moderner Zeit Glaubenden, möglicherweise aber auch nicht mehr sicher Glaubenden. Der erste baut eine Idylle auf, die im zweimaligen Erscheinen der Frohen Botschaft (Vox humana) ihren Intensitätsgipfel erreicht. Jäh wird der Frieden gestört. Die zahlreichen melodischen Bildungen des Anfangs und seiner verkürzten Variation werden in Moll in geradezu klassisch kontrapunktischer Umgebung zur Disposition gestellt und in langgespannten Bögen und wiederholten Anläufen äußerster Prachtentfaltung zugeführt. Die frohe Botschaft erklingt in voller Orgel. Aber sie tönt jetzt repräsentativ, nicht mehr anrührend und persönlich wie in der Idylle.

Der zweite Choral (sein Pedalanfang erscheint in der zweiten Hälfte des vorletzten Taktes im ersten Choral in der Oberstimme vorgebildet[62]) wirkt tragisch und zerrissen. Auch ein erneuter Trostversuch der Vox humana kann die nach wie vor unerlöste Menschheit von ihrer Trauer nicht befreien. Nicht mehrfacher Kontrapunkt wie im ersten Choral prägt die Struktur des zweiten, wenn er auch hier vorkommt, sondern Chaconne und Fugato und Kombination mehrerer Themen. (Diesmal gibt es in der Achtelbewegung des Fugatoanfangs und des Tutti-Höhepunkts eine Andeutung des Kopfmotivs des letzten Chorals.)
Der dritte – nicht Allegro, sondern **Quasi** allegro überschrieben und dann nicht Quasi adagio, sondern Adagio, am Schluß dann erneut **riesig** verlangsamt! – trägt (doch, bitte, in genügender Gewichtung des durchgehaltenen Monumentalstils) ein gewisses luftiges, gelösteres Moment in die erbarmungswürdige Atmosphäre des zweiten Chorals. Im Adagio sucht ein Sehnsüchtiger nach dem Glück. Das Geschehen steigert sich zu einem Höhepunkt von bestürzender Wucht und Breite. Nur die mächtig verlangsamten, schroff dissonierenden Schlußtakte des wieder einsetzenden Quasi allegro können ihn und die Abgründe und Höhen der anderen Choräle noch übergipfeln. Bis zum letzten Takt berührt der Kampf zwischen Glaube und Zweifel, bis der abschließende, unendlich lang gehaltene A-Dur-Akkord in der aus der d-Moll-Sinfonie vertrauten nach oben strebenden Terzlage ein Tor zum Himmel aufstößt. Die beinahe nicht zu fassende Großartigkeit dieser Stücke erstrahlt zur Gänze erst, wenn man sie im Block darbietet.
Die *Drei Choräle* werden oft als Chiffren für die lehrende, die leidende, die triumphierende Kirche gelesen oder auch

---

[62] erkennbar, wenn der kleine Sechzehntelkanon korrekt im zuletzt erreichten verlangsamten Tempo, nicht neuerlich angezogen erklingt

als Reflexionen über die Personen der Trinität. Eine mit allen organischen Übergängen und Tempoverschiebungen durchgestaltete Darstellung dieser monumentalen Ausdrucksmusik legt allerdings eine regelrecht bestürzende Melancholie frei, die einer Exegese nach kalten Lehrsätzen im Wege steht. Eher paßte ein Vergleich mit *Rédemption*, jedoch ohne deren Weihnachtsaspekt und aus der Perspekive eines insofern gewandelten César Franck, als sein Unternehmen, die Welt über seine Oratorien zu seiner Ethik zu bekehren, sich als frommer Wunsch erwiesen hatte und er für die Zweifelshaltung seiner Zeitgenossen offen geworden war.

In Anbetracht dessen, daß Inquisitionsprozesse, Religionskriege, Dogmenstreit teilweise aufgrund banaler Übersetzungsfehler ausgetragen werden, nimmt es wunder, daß ein so überragend intelligenter Mensch wie César Franck so innig über das Neue Testament, Jesus Christus und die Lehre der Kirche nachdenken konnte. Die prekären Umstände bei der Trennung vom Elternhaus mochten persönlich hier hineinspielen. Die Beobachtung der nicht erst heute vandalischen, an der Existenz allen Lebens sägenden kapitalistischen Gesellschaft tat es politisch. Bei aller überlieferten Zurückhaltung des Menschen im persönlichen Umgang – Franck war in seiner Kunst ein hochengagierter Zeitgenosse, der sich die langen Jahre einer unterfordernden Broterwerbsexistenz mit zukunftsträchtigen religiös-kosmopolitischen Projekten versüßt hatte. In den 1870er Jahren legte er es geradezu darauf an, die Welt zu verändern. Er wollte nicht weniger, als Profane zur Religion, konfessionell Gebundene zu einem ketzerischen Reformismus, Theologen zur Ethik und die ganze Menschheit zur Bergpredigt bekehren. Die in der Öffentlichkeit unterdrückten Oratorien eines größenwahnsinnigen missionarischen Einzelkämpfers, der sich der Revolution der Gesellschaft in einem Geist des brüderlichen Teilens verschrieb, konnten unmöglich dem Großbürgertum, der Politik und der Kirche gefallen – eine Enttäuschung, die für die pessimistische Periode des nächsten Kapitels prägend wirkte. Die Orgelwerke von 1878 und 1890 tangieren diese pessimistische Periode und dürften von daher auch stärker persönlich beeinflußt sein, als der unterstellte Bezug zur Vita und Wirkungsgeschichte Jesu dies nahelegte.

Die Möglichkeit ist einzuräumen, daß sich meine Deutungen generell, ungeachtet Hinweisen im Werk, mit den Intentionen des Komponisten nicht decken. Das Risiko erscheint hinnehmbar. Festhalten wird man dürfen, so oder so: Francks Orgelwerke – nach korrekter Zählung acht, nicht zwölf – sind keine aus dem Augenblick geborenen beliebigen Musikstücke, die sich einen mehr oder minder virtuosen Anstrich, eine äußerlich brillante Konzertattitüde geben, sondern sie sind eine genau kalkulierte monumentale Kunst. Man sollte sie – und das gilt für alle Stücke ohne Einschränkung – so spielen, daß jeder, der sie hört, den Eindruck gewinnt, er wohne einem außerordentlichen Geschehen bei.

Franck selber soll als Interpret dieser Werke breite Tempi genommen haben. In der Tat steht dem Orgelschaffen ein grandioses Ausladen an. Allerdings bringt es nichts, die von vielen Interpreten praktizierte Manier ins Langsame zu wenden, das würde die Langeweile ihrer Interpretationen nur noch stärker hervortreten lassen. Gefragt ist vielmehr eine Deutlichkeit und Expressivität, die **jeder** Stimme, **jeder** Phrase, **jeder** Ausdrucksschattierung großzügig Raum läßt und zugleich den Bogen über Entwicklungen bis zu fast einer Stunde bei den Chorälen spannt. Auf der Orgel in kathedraler Raumakustik wird dies ein stetes organisches Changieren im Rhythmus erfordern.

Wer ungeachtet der hier vorgetragenen Argumente an der virtuosen Lesart wenigstens einiger der Orgelwerke festhalten möchte, sollte dann aber so radikal vorgehen wie der französische Organist und Komponist Jean Guillou. 2014 postete ich unter der Überschrift *Teilweise Komposition über Kompositionen* auf einem Internetportal eine Stellungnahme, die zum Abschluß dieses Kapitels im Wortlaut wiedergegeben sei:
Eigentlich liebe ich das Regietheater nicht. Hier begegnet es einem aber so geistreich, daß ich ins Wanken gerate. Unter den Gesamteinspielungen der Orgelwerke Francks ragt nämlich ausgerechnet diese so launisch vom Buchstaben des Gesetzes abweichende dadurch hervor, daß sie mehr als andere vom Komponisten überträgt. Die Werke erscheinen in wesentlichen Punkten als das, was sie sind:
- durchgängig polyphon
- durchgängig abwechslungsreich
- durchgängig ausdrucksgeladen
- knapp und bündig auf ein Ende hin komponiert.
Das erkennt der selber als Komponist bekannte unkonventionelle Titularorganist von St. Eustache in Paris mit Eingeweihtenblick.
Man wird die in aberwitzigen Tempi gespielten Passagen in der Grande Pièce symphonique und dem Final bitte nicht mit Francks Intentionen gleichsetzen, aber es ergibt eine Witzigkeit, eine erheiternde Ausstrahlung, die eine gemeinte Fröhlichkeit dann wieder überträgt. Das würde ich nie als stilbildend oder vorbildhaft akzeptieren, dafür liebe ich diese Kompositionen zu sehr, aber es ist lustig und erfrischend.
Wie wenn ein Jugendlicher eine Geschichte nacherzählen möchte, aber bitte in einem seiner besonderen Jugendlichkeit entsprechenden Vortragsstil. Oder wie eine Popversion eines Klassikstücks, bei dem aber die Noten bestehenbleiben. Oder eine Transkription mit einigen verzerrenden oder schrillen

Effekten. Einige Solozungen und ein panflötenartiges Register auf der riesigen Orgel klingen durchaus nach Synthesizer.
Die von einem Vorredner besonders gelobte Darstellung des Gebets op. 20 wäre durchaus optimierbar, ebenso die der Pastorale (mit erneut aberwitzig schnell gespieltem Mittelteil). Kaum jedoch die der Drei Choräle und der Drei Stücke, bei denen der Experimentator überraschenderweise zurücktritt. Außer bei ein paar fremdartigen Helligkeiten in der Pièce héroique, bei den Sechzehnteln im zweiten und Mittelteil im dritten Choral bleibt Guillou dicht am Text. Beim dritten Choral gehört er sogar zu wenigen, die die Anfangsgirlanden melodisch auffassen und nicht als Beiwerk mißverstehen. Nicht umsonst überschreibt Franck den Abschnitt quasi allegro und nicht allegro, den Mittelteil dagegen adagio und nicht quasi adagio.
Auch das gehört zu den Überraschungen der Doppel-CD, daß der Organist bei allen Kapriolen dann wieder den Text genauer nimmt als andere.
Guillou macht das Stimmengeflecht weitgehend durchhörbar und läßt damit endlich einmal einen der Hauptreize der Franckschen Tonsprache lebendig werden. Lediglich an einigen Höhepunkten im gefühlt neunfachen Fortissimo gehen bei meinen Abspielmöglichkeiten Gegenstimmen unter. Wie eine qualifiziertere Anlage das zeichnet, muß ich offenlassen.

2.14 Eine pessimistische Periode

Ich nahm bereits Bezug auf eine Auffassung, wonach der große César Franck erst in den 1870er Jahren begonnen habe. Die einen nennen als Datum des spät gefundenen Reifestils *Les Éolides* und stehen im Widerspruch zu denjenigen, die das 1873, also etwas früher komponierte neue Orchesterstück von *Rédemption* bevorzugen. Wieder andere setzen das Quintett von 1878/79 als Markstein an. Das Finden einer spezifischen Verknüpfung von chromatischer Harmonik mit kontrapunktischer Stimmführung sei für den plötzlich einsetzenden rauschhaften Schaffensdrang verantwortlich. Bestimmte Schwächen kämen ab jetzt nicht mehr vor. Außer wohl in den Opern, die aber kaum einer kennt und die sich mit Recht nicht hätten durchsetzen können.

Nun höre man die Sätze 6 bis 9 der *Seligpreisungen*, die nach *Erlösung*, parallel zu den *Äoliden* und zum Teil Quintett entstanden, unvoreingenommen an: Die Kompositionstechnik hat sich gegenüber 1 bis 5 nicht verändert. Eine Änderung durfte Franck auch nicht inbetrachtziehen, wollte er das Gelingen des Gesamtplans, der feststand, nicht gefährden.

Dennoch, eine gewisse Tendenzverlagerung fand irgendwann in den 1870er Jahren statt. Sie mag durch das Fiasko der verstümmelten *Rédemption*-Uraufführung befördert worden sein. Wir wissen von Francks Einzelfall gebliebenem Zornausbruch gegenüber d'Indy, als der ihm zur Überarbeitung riet. Wir hören, daß er danach wieder der alte gewesen sei.

War er das? War er der ausgeglichene, immer freundlich aufgelegte Mensch?

Der insgesamt kaum am Detail festzumachende Wandel muß psychischer Natur gewesen sein. Was war in seinem privaten Leben? Das Werk, das er bis zuletzt für sein wichtigstes hielt, die *Seligpreisungen*, widmete er seiner Frau – A Madame César Franck – , doch das hatte ihm nie gegen ihre Beschwerden geholfen, wenn er, um sich in Schaffenslaune zu bringen, im Nebenzimmer den ganzen dicken Klavierauszug herunterhämmerte. (Wer hätte sich nicht irgendwann gestört gefühlt!) Wenn er bereits kurz nach Vollendung der *Béatitudes*-Orchesterpartitur die Musikwelt mit einem Quintett von befremdlicher Wucht überfiel, dann schöpfte er das jedenfalls nicht aus einem abstrakten Sinn für das Tragische, wie ich auf einem Schallplattencover las, sondern aus einer einschneidenden persönlichen Erfahrung. Sie ließ eine bestimmte freundliche Gelöstheit, die bei aller Konzentration und Komplexheit vorher noch auch dunkle Stellen überziehen konnte, nicht mehr so leicht aufkommen. Wenigstens eine Messerspitze einer vorher selten gekannten Schärfe, einer Bitterkeit, einer unwillkürlich zynischeren Gangart lugt immer wieder hervor. Nein, hier war mehr berührt als die Eitelkeit eines erfolgsorientierten Künstlers. Eine innere Weiche war aufgebrochen und nicht wieder an derselben Stelle wie vorher eingerastet.

Franck schuf nach den *Seligpreisungen* nur noch kleinere Werke mit geistlichem Sujet: *Rebecca* und einige Einzelstücke. Und er nahm sich zurück, just nachdem er mit seinen ehrgeizigsten geistlichen Projekten Schiffbruch erlitten hatte. Das ist das eine. Das andere ist: Der weltanschaulich-vokalsinfonische Strang seines Schaffens brach nicht ab. Vermittelt von der biblischen Szene *Rebecca* knüpfen die Opern an, wo die Oratorien aufhören. *Hulda* zeigt entwurzelte Menschen ohne den Halt an einer Bergpredigt; *Ghiselle* entlarvt Schein und Sein in der Religion und kritisiert die historische Rolle des Christentums. Allgemeine und ethische Fragestellungen finden aber auch in Instrumentalwerken der letzten Schaffensjahre ihren Niederschlag.

Franck fand sich als pazifistischer Proklamator der Bergpredigt abgewiesen. Dies erschütterte seinen Christenglauben. Wie stark diese Erschütterung gegangen sein könnte, zeigt ein Vergleich des *Seligpreisungen*-Textbuchs mit den beiden Opern *Hulda* und *Ghiselle*. In der achten *Seligpreisung* unterstellte Satan dem Chor der Gerechten noch Martyriumssucht. Die Gerechten wollten seine Beleidigungen duldend hinnehmen und freudig bereit sein, für Jesus zu sterben. Die Bereitschaft, mit dem Leben zu zahlen, wurde als ein gutes, dem Frieden auf Erden nutzbringendes Opfer gewertet.

Nicht mehr so in *Hulda*. Zwar stürzt sich Hulda auch in einem Akt von Sühne ins Meer, die Kette von Rache und Gegenrache durchbrechend, aber dieser Opfergang wirkt als Folge von Entwurzelung, Verstörung und erlittenem Unrecht.

In *Ghiselle* gehen zwei, deren Liebe nicht sein darf, in den gemeinsamen Liebestod, der mit ätherischen Tönen begleitet wird, und auf der Anklagebank sitzt jene Institution, in deren Dienst der Organist Franck bis zuletzt stand und die sich den Meister der Bergpredigt auf die Fahnen geschrieben hatte.

Ich unterstelle: Zeitgleich mit dem Scheitern seiner sakralmusikalischen Mission erkannte Franck einen Konflikt, den er bis dahin nach außen projizierte, in sich selbst. Etwas drang in ihm vor, das er so nicht erwartet hatte, etwas, das sein Selbstbild veränderte. Wollte Franck durch die Widmung der *Seligpreisungen* an seine Frau eine Konzeption von Liebe retten, die zu scheitern im Begriffe stand?

Francks Musik spricht verstärkt jetzt die Sprache jemandes, der Abgründe nicht mehr außer seiner selbst, sondern **in** sich erkennt. Hieraus ergäbe sich ein neuer Blick auf den Stilisten.

2.14.1 Klavierquintett f-Moll

Dieser für jeden, der ihn (und die Trios) nicht kennt, unvorstellbar wuchtige kammermusikalische Monolith wird oft als Paradebeispiel eines Franckschen Sonatenform-Zyklus zitiert. Die Melodie, die programmatisch an exponierten Stellen in allen drei Sätzen auftritt, lautet:

D figuriert (Tendenz **C**; vgl. Text zu Hulda, S. 200 f.)

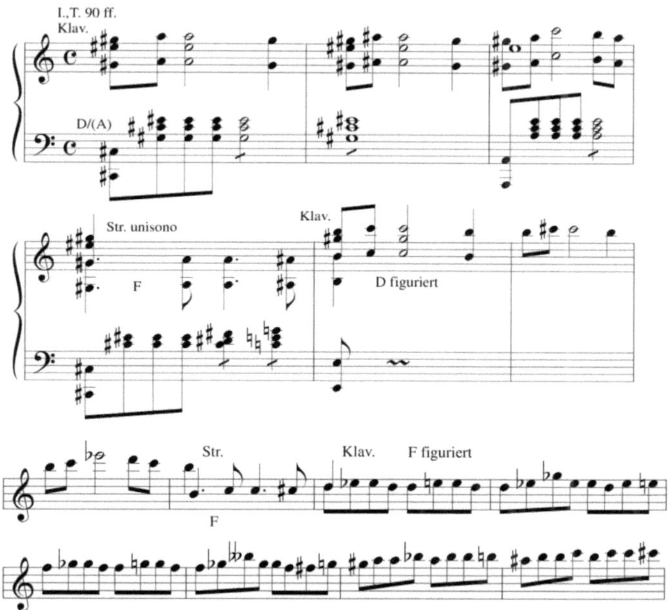

Aus einem zunehmend ausschreitenden, zunehmend figurierten Kreisen, dessen Ausgangspunkt die kleine Sekund ist, emanzipiert sich eine längere gleichgerichtete Bewegung, die einen größeren Intervallraum durchschreitet. Die Streichereinwürfe (Str.) markieren Anlaufsstationen dorthin. Daß auch der Klavierbaß an diesem Bewegungsprozeß teilnimmt (Hinundherschaukeln mehrfach, Unterstützen der Streicher), versteht sich von selbst.

Als ein sekundäres, sich im Werk aber häufig Gehör verschaffendes Element tritt die Tonrepetition hinzu: Sonderform des Kreisens, beharrendes Behaupten des Zentrums, Kreisen mit Nullradius. Das Thema ist suggestiv. Es beschreibt das sehnsüchtige Zerren an einer Fessel. Bereits im ersten Satz nimmt das Aufbegehren Ausmaße rabiater, erschreckender Aggression an.

Eingeführt werden die beiden Hauptelemente jedoch in der im Werk selteneren umgekehrten Reihenfolge:

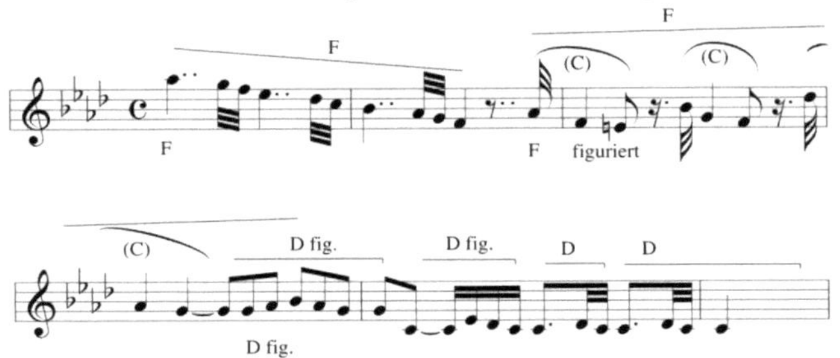

Aus einer fallenden Skala, einer hereinbrechenden schicksalhaften Energie, löst sich ein klagendes, verdämmerndes Kreisen ab, das vom Klavier aufgenommen und ausgesponnen wird mit einem Motiv, das die Rumpfreprise ungewöhnlich unterbrechen und die Tumulte der Koda einläuten wird:

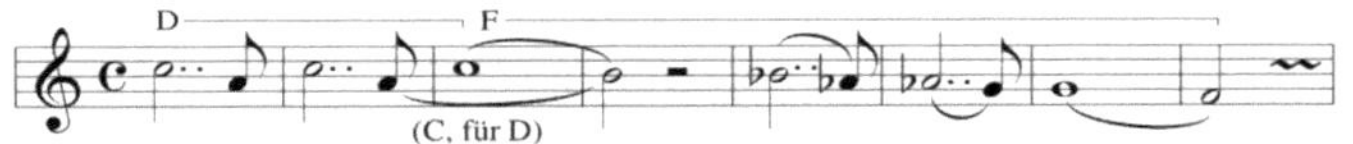

Was Franck aus den zahlreichen Figurierungen seiner Grundbausteine abschnitt- und satzübergreifend gestaltet, ist eine Kampfarena heftiger Gefühle, ein Katastrophengemälde, das nur selten aufhellt. Als wäre jemand in eine schwarze Nacht gefallen und erkenne Hoffnung nur in einem fernen Erinnerungsschimmer aus Zeiten, als Kämpfen sich noch lohnte. Doch das Hoffnungszeichen – die im ersten Beispiel zitierte Melodie – gilt wohl nur anderen, das Individuum bleibt ausgeschlossen, allein mit dem Vulkan seiner gestauten Aggressionen, sagt der Tenor dieser Musik. Der langsame Mittelsatz strömt gegen Ende, wo die absteigende Skala in einer besänftigten Variante noch einmal erscheint, zwar etwas Friedvolles aus, aber es ist die Ruhe des Unseligen, und auch im Finale behält ein mehrfaches inneres Aufleuchten nie das letzte Wort. Im Sturz der selt-

samen einstimmigen Skalen – auch dies Erinnerung an den Werkanfang – und dem Hämmern der heftigen Schlußschläge vollendet sich ein Untergang in Flammen.
Das Werk wird seit der Uraufführung 1880 kontrovers aufgenommen. Die Uraufführung war ein Publikumserfolg, Liszt hatte Einwände, Saint-Saëns, dem es gewidmet ist und der den Klavierpart spielte, nannte es ein Massaker, Francks Gattin verabscheute es. Die Leidenschaftlichkeit eines Einzelnen brach sich hier mit einer Blöße Bahn, die den Konventionen ins Gesicht schlug. Unbefangene Hörer erfreuten sich dagegen gewiß am aufregenden Stück, bei dem sie Spannungen abreagieren konnten.
Wie die Aufführung damals verlief, wissen wir nicht. Eine Interpretation, die der Wucht und dem Ausdruck des Werks gerecht werden will, müßte jedenfalls schon zeitlich einen anderen Rahmen einkalkulieren als die üblichen 34 bis 37 Minuten. Meine Vorstellungen konnte ich leider erst einmal realisieren. In meiner Heimatstadt findet sich zu selten ein Ensemble, mit dem solche Partituren zu stemmen wären. Und selbst dieser eine Versuch stand infolge äußerer Mißgeschicke bis zuletzt auf der Kippe. Das unvollständig vorbereitete und technisch unvollkommene Resultat läßt sich im Mitschnitt auf Youtube verfolgen.[63] Bei einer Spieldauer von 47 (19:30 + fast zu kurzen 13:30 + 14) Minuten faßten wir das Werk als ein orchestral lapidares Psychodrama mit blockhaft durchgehaltenen simultanmelodischen Charakteren auf, Streicher versus Klavier. Es hatte etwas von Monumentalmusik zu einem ungedrehten pathetischen Stummfilm, Jean d'Arc auf dem Scheiterhaufen oder etwas der Art. Wir nahmen das Allegro des ersten Satzes und das Allegro non troppo, ma con fuoco (Finale) auf (flexibel gehandhabte) Viertel statt, wie üblich, auf gleichförmig durchgehaltene

[63] https://www.youtube.com/watch?v=XizOUQjzq3k

Halbe bzw. punktierte Halbe. Im Prestissimo wie üblich werden wirkungsvolle Einzelheiten wie die chromatische Bewegung im Klavier (mit Reminiszenzen an das erste Thema aus dem Eingangsallegro!) doch schlechterdings unhörbar[64]:

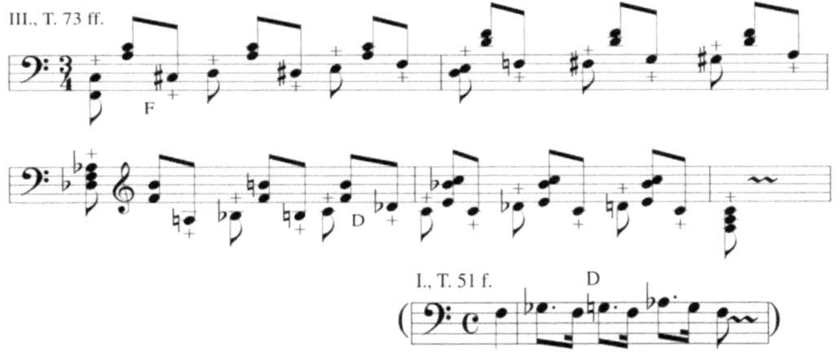

2.14.2 Sinfonie d-Moll

Das dreisätzige Werk gehört nach dem Einbruch der Franck ungünstigen 1960er und 1970er Jahre inzwischen zu den meistgespielten und meisteingespielten Werken nicht allein des Komponisten, sondern des sinfonischen Repertoires überhaupt.

Die Form des Kopfsatzes, der in der Regel mitreißend erklingt, ist ungewöhnlich. Bereits die Einleitung (Lento, 4/4) besteht aus mehreren auseinander hervorgehenden durch die Tonarten laufenden Episoden. Die dynamische Entwicklung schwappt über: Eine beschleunigte Paraphrase des Kopfthemas wird zum ersten Expositionsthema (Takt 29; Allegro non troppo, 2/2). Eine weitere Episode (T. 43) bildet einen Seitengedanken. Er wird in der Satzkoda zu unerwarteten Ehren gelangen. – Abbruch. Wieder Lento (T. 49), diesmal nach f-Moll versetzt und mit kleinen, vertiefenden Zutaten versehen. ABA'-Form? Aber auch das Allegro non troppo kehrt, ebenfalls terzversetzt, wieder (T. 77).

---

64 Auch die *Salome* von Richard Strauss klingt schon an.

Variante auf die Expositionsdopplung der alten Sonate? Und Exposition mit Introduktion anstelle des ersten Hauptthemas, erstem Hauptthema anstelle des zweiten? – Der Sonatensatz legt jetzt an Fahrt zu. Auf die im Kanon beginnende Passage T. 99 und die strahlende, von Trompetenklang leuchtende Melodie T. 129 scheint alles gewartet zu haben. Was danach kommt, klingt nach einer Expositions-Schlußgruppe (T. 145). Daß die Melodie daran anschließend noch ein paarmal leise durch die Tonarten wandert, überrascht (T. 175). Soll man hier den Beginn der Themendurchführung ansetzen? Der ausatmende, versonnene Charakter paßt eher zu einem Epilog.
Diskurs (T. 191). Äußerst dramatisch türmt Franck die Gestalten aus dem beträchtlich angewachsenen Motivvorrat aufeinander. Erneutes Innehalten mit dem Trompeten-Epilog-Thema T. 285. Das Lento kündigt sich an. Seine Wiederkehr bringt den Anfang im Kanon enggeführt (T. 331) und spart die mittleren Episoden aus. Auch das anschließende Allegro T. 349 in der entlegenen Tonart es-Moll ist mit seinen Engführungen, Modulationen, Zuspitzungen weit mehr als eine bloß beschleunigte Ausgabe des Allegro non troppo. – Regulärer Reprisenverlauf dann ab T. 389 mit den unverändert übernommenen, tonikaversetzten Episoden Kanon und Trompeten-Epilog-Thema. Der Epilog erscheint in aphoristischer Verwandlung (T. 465) und macht einer chaconneartigen Episode Platz (T. 477). – Diese steigert sich unaufhaltsam, zieht das Motiv von Takt 43 ff. in ihren Sog und krönt in einer mit aller Kraft hinausgeschleuderten Neuauflage der Anfangsfrage (T. 513; Kopfmotiv Lento).
Der Mittelsatz Allegretto (3/4) vereinigt ein im Stil trauermarschartiges langsames Menuett in b-Moll über einem ostinaten Baß, eine ohne Zitieren an das Trompeten-Epilog-Thema anknüpfende lyrische Bildung (T. 49) mit abrundendem Menuett-Kurzzitat, eine Überlagerung der Marschak-

zente mit einem triolischen Scherzomotiv (T. 97), ein scherzoses Intermezzo in Es-Dur (T. 135), eine Zusammenführung der ersten und dritten Episode (T. 176) und, im Austausch mit der dritten Episode, den Ausbau der zweiten zu einem Choral mit hymnischer Steigerung und zartem Ausklang (T. 222).

Das Finale, D-Dur, mit seinem Allegro non troppo-Kopfthema (2/2)[65] mündet über die Kombination neuer und alter Motive in einen Brückenschlag von religiösem Ernst: Aus der Tiefe des weiten Raumes tauchen (T. 330)[66] Themen vom Anfang wieder auf, unterlegt mit einem ostinaten Baß, der in geheimnisvoller Vereinfachung den Schlüssel für die Verwandtschaft sämtlicher Gestalten der Sinfonie enthält:

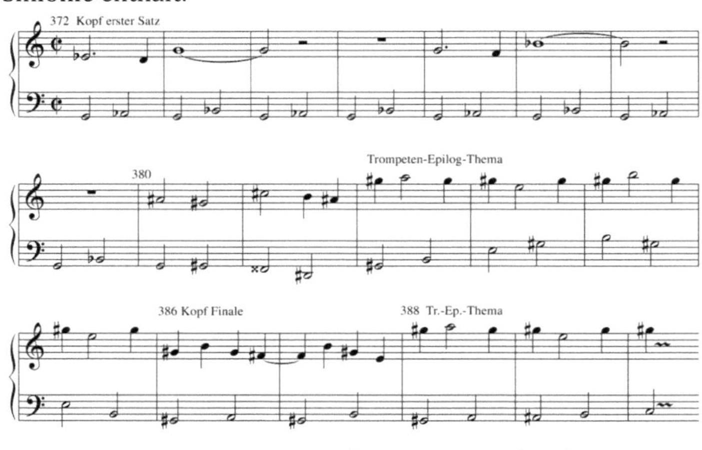

C alternativ **D** und **F** alternativ **E**

Die viertönige Baßfigur Takt 372 bis 379 bzw. Takt 386 f. formuliert den Duktus aus, der für alle Periodenköpfe in der Sinfonie gilt. Das Warum-Motiv (Anfang Kopfsatz) ist eine

---

[65] das entgegen verbreiteter Praxis nicht forsch jovial, sondern von einer glimmenden Freude und Pracht durchzogen erklingen muß!

[66] zaghaft längst angedeutet (T. 212)

intervallvergrößerte Version der Noten 2 bis 4 (**C**). Im Trompeten-Epilog-Thema erscheint die viertönige Figur verteilt auf die Anfangsnoten des ersten und dritten Taktes (**D**). Das Finalthema setzt sich aus Entwicklungen beider Schnittsegmente zusammen.[67]

Die verbleibenden Baßtakte (380 bis 385, 388 bis 390) definieren den Fortspinnungsmodus in der Sinfonie: Reihung der in den Kopfnoten enthaltenen Intervalle, einmal der Terz, einmal der Sekund, zu ausgreifenden Dreiklangs- bzw. Skalenstrukturen (**E** bzw. **F**).

Aus der Rückbesinnung heraus regeneriert sich zu einer agil hartnäckigen Achtellinie über die Etappen e-Moll und g-Moll noch einmal das Finalthema, das im Kanon enggeführt den Platz behauptet.

Erreichte Harmonie? Ja. Die Wendung über e-Moll und g-Moll läßt das Schluß-D-Dur wie einen Jubelgesang nach überwundenen Widrigkeiten erstrahlen. Das zur Verwendung des Kanons Gesagte bestätigt sich.

Allerdings gibt die dokumentierte Aufführungspraxis das kaum wieder.[68] Der Befund schwankt zwischen distanzierter Statuarik (Barenboim, Plasson, Furtwängler, Klemperer, v. a. m.) und herunterdreschender Kurzangebundenheit. Diese erscheint von Fall zu Fall soweit getrieben, daß die Posaunen auf der vorletzten Partiturseite den Ansatz verlieren und die Kanonstimme verhauen – ein sinnentstellender Fehler, der jedem Laien einleuchten muß und nicht mehr in die Kategorie interpretatorischer Freiheiten fällt.

Den meisten Interpreten fehlt nach dem leidenschaftlichen Kopfsatz ein fesselndes Narrativ. Diese Musik darf nicht abgewickelt werden wie eine mathematische Übung (wie

---

[67] 1 bis 3 = 1 bis 3 auf die Terz vergrößert, 4 bis 6 = 2 bis 4 in intervallvergrößerter Umkehrung usw.

[68] Obwohl noch d'Indy den kontinuierlichen Aufstieg zu reiner Freude und lebensspendendem Licht heraushören konnte; a. a. O., S. 172.

bei Klemperer, Furtwängler, Mitropoulos, Monteux, Toscanini sowieso, Barenboim, Celibidache, Giulini, selbst Karajan). Folgender Kommentar, zu dem mich eine Aufnahme jüngeren Datums verlockte, könnte für drei Viertel aller Wiedergaben stehen:
Der mittlerweile im dreistelligen Bereich verfügbaren Zahl von Einspielungen der Sinfonie fügt diese eine kaum unterscheidbare Variante bei. Erneut führt die unhinterfragt befolgte Aufführungstradition zu überschnellen Tempi für Mittel- und Schlußsatz. Im Mittelsatz werden wie gewohnt die ausdrücklich vorgeschriebenen Modifikationen übergangen, von den nicht vorgeschriebenen, aber logisch aus dem Kontext abzuleitenden zu schweigen. So schnurrt der Mittelsatz neutraler ab, als er ist, und das Finale wie ein zwar logisches, aber höchst nüchternes Rechenexempel. Die Erinnerungsmotive werden wie alte Bekannte von der Haltestelle abgeholt. Die vom Komponisten intendierte triumphale Wirkung würde andere Differenzierungen erfordern. Leider traut sich das keiner, obwohl es doch allmählich auffallen müßte, daß Teil II und III dieser stolzen Sinfonie in der Regel bloß abgewickelt werden.
Einer machte es allen vor, und auch das erst bei seinem vierten Versuch, einer Studioaufnahme, die er 1970 mit der Radiophilharmonie Hilversum einspielte: Leopold Stokowski. Der damals 88jährige Freund verschollener Filmdivas las die sonst so spannungslos daherkommenden Sätze neu. Die Partitur glüht und lebt. Bei keiner Note, keinem Übergang, keinem Kontrast, keiner Themenwiederkehr fragt man nach dem Warum. Welche Plastizität der Dynamik und Stimmführung auch im Allegretto, das, wie in Beethovens siebter Sinfonie, seiner formalen Position gemäß kein abgeschwächtes Allegro, sondern die flüssige Variante eines Adagios beschreibt! Welche Kontrastspannungen im Finale, welch aufhorchenlassendes Auskosten

der Fermaten! Sie wecken Erinnerungen an das Eingangslento und die Fermaten in Kopf- und Mittelsatz und bilden mit ihnen zusammen übergreifend eine Gedankenkette. Der Schluß, nach zurückgepfiffenem Accelerando in gesundem mittelschnellem Tempo nicht verhetzt, darf strahlen und leuchten. Die Spieldauer beträgt 43½ Minuten[69].

Carlo Maria Giulini kam in seiner späten Wiener Aufnahme sogar auf 47. Ungeachtet einer klugen formalen Disposition leidet seine Auffassung unter einer betulichen Zurückhaltung. Obwohl die Wiener Philharmoniker über sehr viel Personal verfügen, scheint er auf eine chorische Besetzung der Bläserstimmen verzichtet zu haben, was diese gegen die zahlreichen Streicher blaß abstehen läßt.

Musik mit dem Narrativ eines Finanzbuchhalters oder eines Taxifahrers, der gelangweilte Kunden von der Haltestelle abholt, ist nicht weltkulturerbeträchtig. Wollte Franck solche Musik?

Zur Bestimmung der Zeitmaße sei ein Blick auf eine der Notenschriften eingeblendet, zu denen Metronomisierungen vorliegen. Im Klavierauszug der Ghiselle (Verlag Choudens, Paris o. J.), abgeschlossen im Spätsommer 1889, finden sich im Zusammenhang mit Allegro Angaben für die Viertel zwischen 104 und 152 (Durchschnitt 137,25, entspricht Halbe 68,625) und die Halben zwischen 60 und 100 (Durchschnitt 77,5, entspricht Viertel 155)[70].

---

[69] stellenweise schon zu zügige 18:06 für den Kopf-, 12:35 für den Mittel- und 12:51 für den Finalsatz

[70] Allegro maestoso (Alla breve): Halbe = 100 (1. Akt; S. 2 bzw. S. 105); Allegro (Alla breve): Halbe = 84 (2. Akt; S. 116); Allegro (Alla breve): Halbe = 66 (S. 130; parallel S. 141: Halbe = 60); Allegro non troppo (3/4): Viertel = 132 (S.132); Allegro deciso (4/4): Viertel = 152 (S. 161); Allegro (4/4): Viertel = 138 (S. 165); Allegro (4/4): Viertel = 132 (S. 172, S. 175, S. 183); Allegro vivo (4/4): Viertel = 144 (S. 173); Allegro (4/4): Viertel = 144 (3. Akt; S. 204); Allegro moderato (3/4): Viertel = 104 (S. 214); Allegro (4/4):

Unabhängig von der Frage der Letztgültigkeit dieser Zahlen spiegeln sie etwas dem Tempoverständnis, das in Francks Musik spürbar wird, Adäquates. Franck legt seinen Angaben keine einheitlich quantifizierte Norm zugrunde.[71] Nicht die Mechanik bestimmt, ob und wann ein Tempo als lebhaft bezeichnet wird, sondern Satzdichte, Kontrastabfolge, Duktus, Affekt. Ein im Allabreve notiertes Allegro ist, bezogen auf denselben metrischen Wert, nicht gleich doppelt so schnell wie ein im Vierteltakt notiertes[72]. Über die Geschwindigkeiten sagt die Notation wenig aus.[73]

4/4- und Allabrevetakt spiegeln einen Unterschied in bezug auf die metrische Eingliederung der Taktschwerpunkte, das metrische Klima. Der Allabreve verläuft gegenüber dem notierten 4/4-Takt kaum schneller, doch in der rhythmischen Nuancierung großflächiger, glatter.

In einem diesbezüglich waltenden Mißverständnis liegt die Ursache für das verbreitete Ausgleiten am Schluß der Sinfonie und den Eindruck, sie breche mittendrin ab. Schon zu Beginn des Finales jagen die Orchester dermaßen, daß man unwillkürlich an ein Streichertremolo denkt. Es stehen jedoch Achtelrepetitionen da, die akkurat unterteilt einen regelrecht witzigen Charakter ergeben und bei Aufnahme durch die Kornette in Takt 37 noch artikuliert werden können. Bei der poco a poco rallentando-Stelle Takt 341 ff. sollte der Schlag bis etwa 56 Viertel pro Minute zurückgehen. Takt 350 (a tempo) nimmt diese Bewegung, jedoch im

---

Viertel = 152 (S. 221, S. 222, S. 245); Molto Allegro (Ende III; Alla breve) und Allegro Mitte 4. Akt ohne Angabe.

[71] Siehe als Gegenexempel dazu d'Indys tabellarische Übersicht zur Partitur der Oper *L'Etranger*!

[72] 155 gegen 137,25 Viertel im Minutenmittel entsprechen einer Differenz von lediglich 13 %

[73] Nur im einzigen Fall der 100 Halben am Anfang der Oper überschreitet ein Allabreve die Viertelfrequenz der schnellsten im Vierteltakt notierten Allegri. Im Fall der 66 (nachher 60) Halben liegt ein Allabreve unterhalb der mittleren Viertelfrequenz.

Schlag der Halben, auf: Halbe bei 56. Erneuter Aufbau ab Takt 382. Das Endtempo liegt bei einem Orientierungswert von 69 Halben bzw. 138 Vierteln.

Ein anderes Mißverständnis rührt von einer auch von Mohr und Seipt[74] vertretenen Gleichsetzung des Franckschen Orchesters mit dem erweiterten Orchester der Wiener Klassik. Die starke Repräsentanz des Blechs, die andere Aufgabenverteilung innerhalb der Orchestergruppen, der weitgehende Verlust der Führungsposition der ersten Violinen zugunsten eines simultanmelodischen Gleichgewichts, der Ersatz vertrauter Klangwirkungen durch verhangene Mischungen, die Verlagerung des Klangschwerpunkts nach unten (mehrfach z. B. vier Fagottstimmen, Englischhorn und Baßklarinette; breiter Raum für die dunklen Register; Baßtuba), nicht zuletzt Stimmenteilungen bei den Streichern zu großen Klangspektren rücken die Partituren weit vom Orchester der Wiener Klassik weg.

Ein Dirigent, der die Sinfonie nachklassisch auffaßte, ist Michel Plasson: Streicherklang mit blassen Farbtupfen zurückgenommener Bläser. Der Eindruck gerät flächig und matt. Auch bei Bernstein 1981 verlieren die Bläser an Präsenz und gehen unter. Ohne Frage: diese Musik ruft nach dem Personalaufgebot Berliozscher Freiluftkonzerte.

Am deutlichsten tritt das hervor, wenn der Klangarrangeur Franck sich verkalkuliert. Den kräftigen Signalauftakt im *Verwunschenen Jäger* überließe ich nur ungern dem Solohorn, sondern übergäbe ihn lieber der Gruppe. Ein Instrument klingt hier im Kontrast zum Orchester einfach zu dünn. (Mit Recht oft retuschiert. Beispiel: Charles Munch mit dem Boston Symphony Orchestra.)

[74] s. Fußnote 2

Öfter überläßt Franck es den mittleren Streichern, tragende Strukturen gegen ein massives Tutti zu behaupten.[75] Das hebt sich zu wenig ab und kann nur durch Aufstockung, Leihspieler aus anderen Stimmen etwa, ausgeglichen werden. (In Cellolage können die Hörner einspringen.) Hier, wie auch beim manchmal stereotypen Gebrauch des Schlagwerks, bleibt ein altmeisterlich konventioneller Zug.

Dennoch tragen die koloristischen Konzepte, die sich aus den Partituren ergeben, auch alleinbetrachtet den Rang der Kompositionen. Die mediterran helltönige, mit feinen Überlappungen arbeitende Instrumentierung von *Les Éolides*, die rotglühende Pracht der Introduktion im dritten Akt *Hulda*, die bewegliche Schwere des Orchesters in *Psyché*, die über viele Oktaven ausgebreitete Klangfülle von *Was man auf dem Berge hört*, die symbolischen Farbkonstellationen in den *Seligpreisungen* – allein sinnlich sind das Ereignisse von, um ein Wort von Ellen Kohlhaas zu benutzen, überrumpelnder Intensität[76].

Das Finale der *Seligpreisungen* vermag fast handgreiflich das Bild eines Riesendampfers zu suggerieren, der in schwarzer Nacht über den Ozean gleitet. An der Stelle, wo Christus und seine Mutter Satan besiegen, leuchten warme Holzbläserkantilenen auf. Harfen klingen. Es wird Licht. Ohne daß die Musik ihren Körper, ihren großen Bauch verlöre, wird sie von einem immer stärker anwachsenden Glänzen überstrahlt, dem die volle Orgel zuletzt die Krone aufsetzt.

---

[75] Wie die aus dem Fugato in die Reprise hineinführende Sechzehntellinie der zweiten Violinen im sinfonischen Zwischenspiel der *Rédemption*. Oder die interessanten Einlagen von zweiten Violinen und Bratschen in *Paris*.

[76] Siehe ihre unter der Überschrift *Kolossale Seligkeiten* in der Frankfurter Allgemeinen Zeitung vom 7.3.1990 veröffentlichte Besprechung der Frankfurter *Béatitudes*-Aufführung unter Helmuth Rilling.

An diesem Punkt ist nicht nur ein Intensitätsgipfel der abendländischen Musik erreicht, sondern auch ein Instrumentationskonzept beschlossen, das in dieser Weise neu sein könnte, indem es dezidiert über Klang, Dynamik, Linearität Gedanken visualisiert. Es hat darin etwas von den Bildern eines modernen Malers: In den Finsternissen Georges Rouaults kommt dem Licht ebenfalls andere als nur bildnerische Qualität zu.

Auch bei der Sinfonie darf eine ikonographische Anwendung von Orchesterfarben unterstellt werden. Das Vorwiegen dunkler Töne wie im zweimaligen Anfangslento umreißt wie in *Les Béatitudes* eine düstere Seelenlandschaft. Soli von Oboe und besonders Englischhorn meinen Trauer und Klage. Klarinette tröstet, Flöte weiß von Glück, Harfe signalisiert Erlösung, Blechbläserchor mit singend geführter Trompete knüpft an die Tradition feierlicher Kirchenchoräle an mit den auch dort mit den Tongeschlechtern und Tonfiguren variierenden Ausdrucksfeldern. Die Trompete im Trompeten-Epilog-Thema verbreitet Festglanz und Jubel.[77]

Im Detail ist das alles nicht neu und findet bereits in der Barockmusik Vorbilder. Umfang, Systematik und Anbindung an andere Elemente der Komposition lassen jedoch eine Qualität erkennen, wie sie weder im Barock noch bei allzu vielen Komponisten des 19. Jahrhunderts nachweisbar erscheint.

Für eine Korrektur der Aufführungspraxis bei der Sinfonie sprechen mehrerlei Gründe:

1. Selbst in den gelungeneren der dokumentierten Wiedergaben gibt es gewaltsame Übergänge, abblockende Rück-

---

[77] Stokowski nimmt hier leider die Trompeten zurück, so daß die parallel laufenden Violinen den Klang dominieren. Die wichtigen Einwürfe der geteilten Celli im Finale Takt 293 ff. verstärkt er umgekehrt geschickt mit Hörnern.

schaltungen, Hauruckbeschleunigungen, die den Zusammenhang zerreißen. Oder es werden umgekehrt zugunsten einer künstlichen Grau-in-Grau-Organik die Gegensätze nivelliert. Meistens versandet die Energie nach einem ungeachtet Brüchen und farblosen Partien packenden ersten Satz. Je nachdem erholt sich die Spannungskurve gegen Ende der Sinfonie noch einmal, um am letzten Schluß erneut abzurutschen.

2. Selbst bei den gelungeneren Wiedergaben neigt das Klangbild meistens zum Ideal des dominierenden Violinprinzipals, den mehr oder minder interessante Kontraste umranken. Dies verstößt gegen den polylinearen Satzstil ebenso wie gegen den auf ikonographische Signalwirkung ausgelegten Einsatz der Instrumente. Das nivellierende Weggleiten über den koloristisch abgestützten Dialog der Partitur engt das Spektrum ein und stützt die generelle Tendenz heute, Franck im stromlinienförmigen Diminutiv zu präsentieren.

3. Das Mißachten satztechnischer, formaler und koloristischer Besonderheiten prägt dem Werk einen zwar nicht in allen Fällen identischen, aber immer relativ pauschalen Ausdruck auf: monoton pessimistisch bei Furtwängler, impressiv distanziert bei Monteux, kämpferisch mit Durchhängern und einem Schluß zwischen erzwungener Munterkeit und kurzangebundenem Türzuschlagen bei Münch 1966 und Bernstein 1959, überaufgewühlt mit dann schon in der Hälfte verpuffter Energie bei Bernstein 1981.

Ich empfehle für das Allegro non troppo auch im ersten Satz die zum Schluß der Sinfonie vermerkten Werte. Das Allegro später (Reprise) nehme man, ohne zu hetzen, zunächst spürbar zügiger: ein dramatisierender Überraschungseffekt, gestützt durch die kontrapunktischen Zusätze, ein totentanzhafter Schulterschluß an einem Abgrund, ein Wachsen dann im Wissen um Licht. Die Anfangsfrage kehrt am

Schluß, bündig vorbereitet, selbstbewußter, mit einem Anteil beharrlicher Erwartung wieder.
Der Satz kommt bei ausdifferenziertem Ausdruck auf 21, der zweite auf 13, der dritte auf bis zu 15 Minuten. Im dritten muß sich, nach den Kämpfen und zerbrochenen Illusionen, dem Kräftesammeln und Unentschieden des ersten, den Klagen und flüsternden Versprechungen des zweiten Satzes, die hoffnungsfrohe Erwartung zu einer anhaltenden Zuversicht auswachsen, zu einer feurig bestimmten Kraft, sich Herausforderungen zu stellen.
Das Werk wurde 1889 erfolglos und mehr schlecht als recht erstmals aufgeführt – kaum zu verwundern so kurz nach Fertigstellung. Der Komponist gab sich wie so oft zufrieden. Eine bessere Aufführung des nach seinem Tode vielgespielten Werks scheint er nicht mehr erlebt zu haben. Die Aufführungstradition kann sich schwerlich auf ihn berufen.[78]

2.15 Die menschliche Existenz im Spiegel weiterer Spätwerke

Es sieht aus, als habe Franck in den 1880er Jahren wieder an Optimismus zurückgewonnen. Zwar klingt in allen Werken fortan die pessimistische Periode nach. Aber außer in den Opern *Hulda* – als Totentanz des kopflos scheiternden Aufbegehrens – und *Ghiselle* – mit ihrem in der Stille schwelenden Schmerz – behält ihre Düsternis selten die Oberhand. Bereits

[78] Für eine Konzertaufführung im September 2017 in Trier arrangierten der Trierer Kirchenmusiker Volker Krebs und ich Francks eigenhändige Klavierfassung für Orgel zu vier Händen und vier Füßen. Die unglaubliche Wucht des Werks in dieser Darstellung führte uns fast unvermeidlich zu einer Aufführungsdauer von programmfüllenden 26 + 14 + 18 Minuten. Inwieweit sich diese Erfahrung bei künftigen Aufführungen bestätigen wird und generell auf Orchesterverhältnisse übertragbar ist, steht noch offen.

2.15.1 Prélude, Choral et Fugue h-Moll für Klavier

klingt an alte Utopien an.

Das Präludium erarbeitet in amorpher Urgestalt die ariosen Zwischenspiele des Chorals[79], die Choralmelodie[80] und das Fugenthema[81]. Den Ausgangspunkt aller melodischen Bildungen enthält jedoch eine eher floskelhafte Reihe, die auf Formel **C** basiert und in Figurationen des Prototyps **D** eingelagert ist:

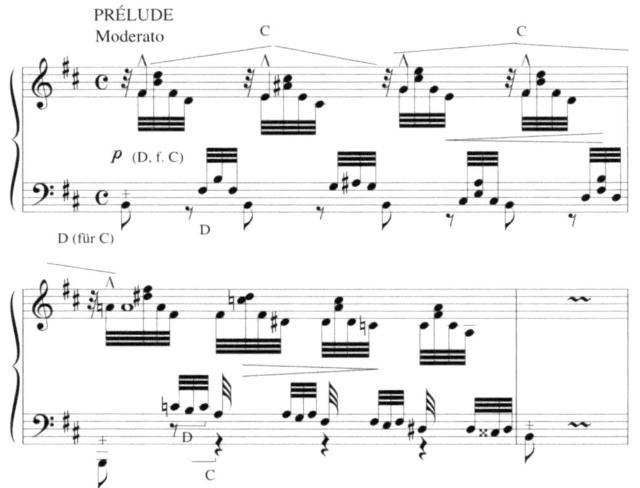

C (mit **D** als Ableitungsform)

Ableitungen, die Franck bildet, sehen z. B. so aus:

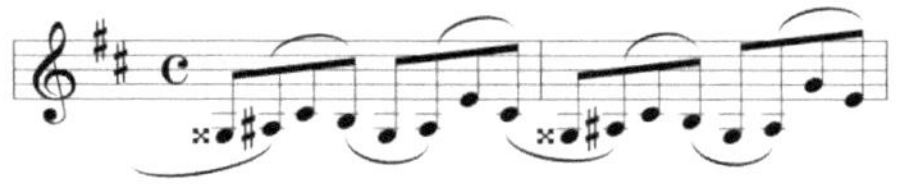

Die Choralmelodie:

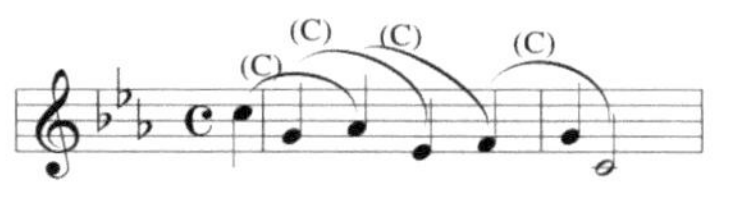

---

79 espressivo- bzw. molto espressivo-Stellen

80 letztes Fortissimo in der linken Hand

81 die a capriccio-Einwürfe

Das Fugenthema:

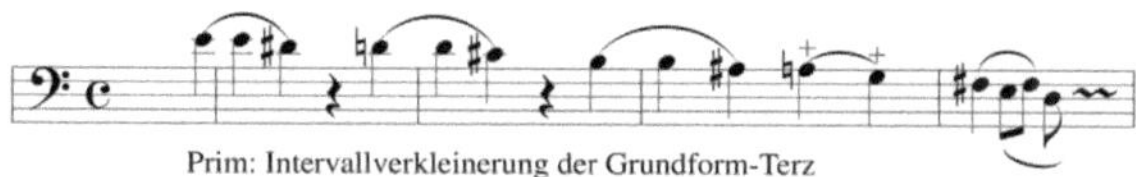

++ : erklärbar als Kürzel (C reduziert um den ersten Ton), als verlängernde Anhangsnoten oder als Konsequenz einer Oktavverlegung statt ais–a'–g', eine Deutung, die sich aus der Baßführung im Choral als naheliegend ergibt:

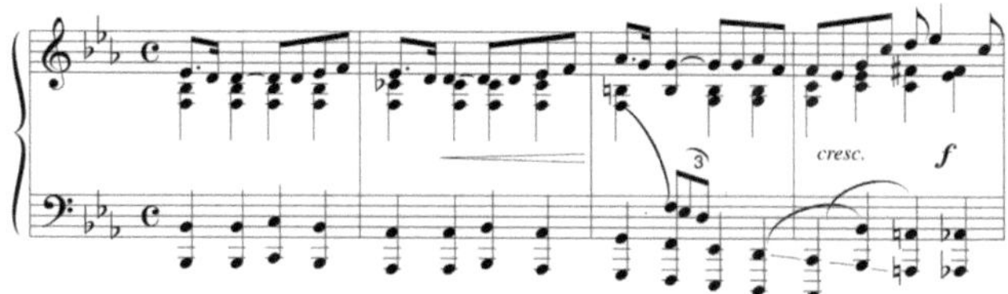

und im letzten Viertel des Werks noch einmal Bestätigung erhält:

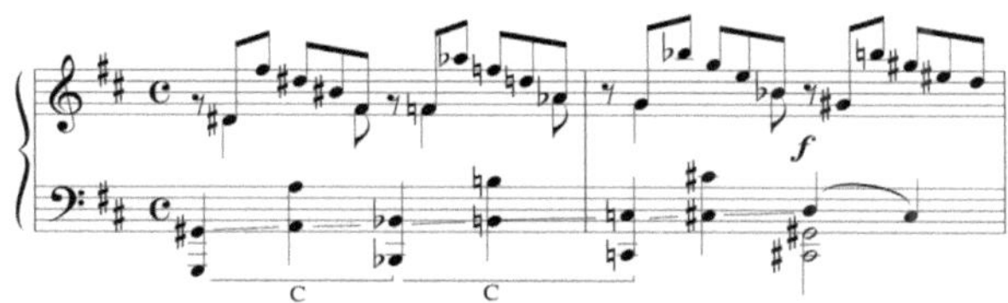

Bis zur letzten Note nimmt das Werk auf das Dreitonmodell – die Formel für Leiden (**C**) – bezug. Strukturell handelt es sich um eine der dichtesten Kompositionen, die es für Klavier gibt[82].

Francks Werk, dessen Abschnitte ausdrücklich ineinander übergehen und das mindestens 23 Minuten beansprucht[83], weist ausdrucksmäßig und formal auf die Sakralmusik zurück. Präludium: Der Beginn eines Tages, Morgenfrische. Doch etwas löst Unruhe aus. Übermut regt sich. Was ist los?

---

82 Schönbergs Stücke op. 23 basieren auf dem gleichen Dreitonmodell und laufen auf einen Abschluß in Zwölftontechnik hinaus.

83 in meiner offiziellen Einspielung sogar über 26: 6:22 + 8:11 + 11:50

Ein neuer Anlauf – zu was? Die Übermutslinie wird schroff unterbrochen: Fermate, dann subito pianissimo. Vorher lief das durch, im fortissimo. Was ist geschehen? Eine Episode von bohrendem Ausdruck folgt. Wiederkehr des Anfangs, doch neuer Verlauf, dramatischer, stark modulierend. Impulsive Steigerung. Im Baß kristallisiert sich etwas Neues heraus, versickert in einer Frage[84].

Choral: Das Individuum beschließt, seiner Beunruhigung auf den Grund zu gehen. Eine leise Melodie aus dem Hintergrund: Vision! Immer ungeduldigeres Fragen, die Vision immer deutlicher, vertrauter, näher, beim dritten Mal wuchtig beginnend, aber erneut verebbend, sich entziehend.

Fuge (der eine nicht fugierte Vorstellung des Themas und ein kadenzartiger, ruhig beginnender, dann mächtig aufbauender Durchführungsabschnitt vorausgeht): gesteigerte, kämpferische, von schwankenden Stimmungen begleitete Suche nach der schon so nahgerückten Verheißung.

Come una cadenza (Fugenengführungsabschnitt und Werkzusammenfassung): Die 32stel-Bewegung des Präludiums kehrt wieder (hier als 16tel-Werte notiert), erst sehr fern, dann näher, vermischt sich mit Choral, dann auch Fuge und tritt in eine beeindruckende Collagierung ein: Choralthema im Kanon, dorthinein Fugenthema, dazu Präludiumsfiguration und Orgelpunkt. Der Lebenssinn ist gefunden und wird in einer gedrängten Rückschau auf die bestandenen Prüfungen gefeiert. Die a tempo vivo-Passage, die den Choral nach H-Dur versetzt und in die Präludiumsfiguration aufgelöst ein letztes Mal hinausschmettert, verrät nicht zufällig die Verbindung zum *Christus ist auferstanden* der Pièce héroique. Diese in der Regel verhetzte, als bescheidene Geläufigkeitsangeberei mißinterpretierte Stelle bietet eines der durchschlagendsten Argumente für meine später noch

---

[84] die fallenden Quarten der nun folgenden Choralmelodie

einmal aufgegriffene Auffassung, daß **a tempo** bei Franck nicht erstes Tempo meint, sondern das hier nach mehreren Verlangsamungsetappen, zuletzt einem **molto ritardando** erreichte Zeitmaß und generell den Beginn eines neuen Tempoabschnitts. Und vivo als presto zu deuten, ist zweifelhaft sowieso.

Man bräuchte für *Präludium, Choral und Fuge* einen überdimensionierten Flügel in einem Konzertsaal von den Ausmaßen eines Flugplatzes.

2.15.2 Sonate A-Dur für Violine und Klavier

Aus einem Glockeneffekt, der in unerschöpflichen Varianten das gesamte Werk durchzieht, schälen sich drei Elemente heraus:

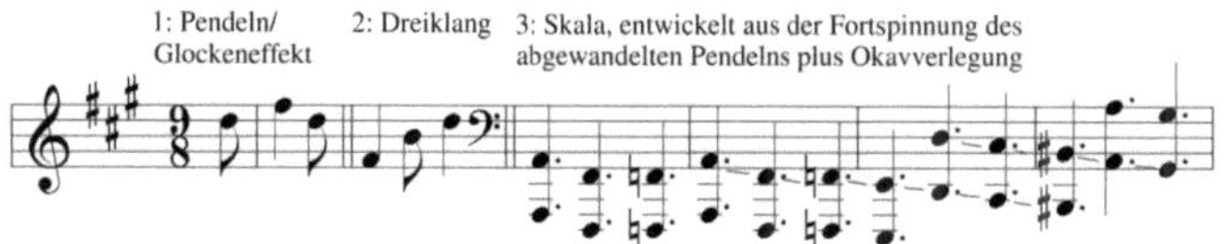

1 wird häufigen Intervallveränderungen ausgesetzt, z. B. gleichmäßigen Erweiterungen. Trostmotiv 3. Satz:

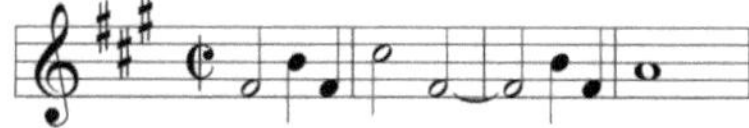

(dazu ein im Klavier mit Pedal, Akzentuieren und Klingenlassen einzelner Wiederholungstöne zu erzielendes Glockengeläute)

Eine Akzentverschiebung hin zu einem kämpferischen Kontrast gewinnt Franck durch ungleichmäßige Intervallveränderung, insbesondere die Überführung des Pendelns in das von den Sakralwerken als Leidensfigur bekannte Überkreuz, etwa im Baß zum Kopfthema des zweiten Satzes, das in der Mittelstimme selbst mit einer figurierten Variante von **C** einsetzt.

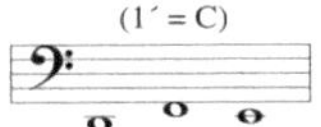

Markant für die rhythmische Außenseite der Sonate wird ferner das gehäufte Auftreten der Synkope, das Assoziationen an den Jazz legitim erscheinen läßt.

Das Werk beginnt friedlich. Ein dramatischer Zug stellt die Harmonie aber rasch in Frage. Der zweite Satz hat nicht nur die Tonart d-Moll mit dem ersten der Sinfonie gemein, sondern auch die bestürzende Dramatik, die immer wieder in Melancholie versinkt, um sich erneut aufzuraffen. Lebenskampf.

Dazwischen das schüchterne Aufflackern einer Vision.[85]

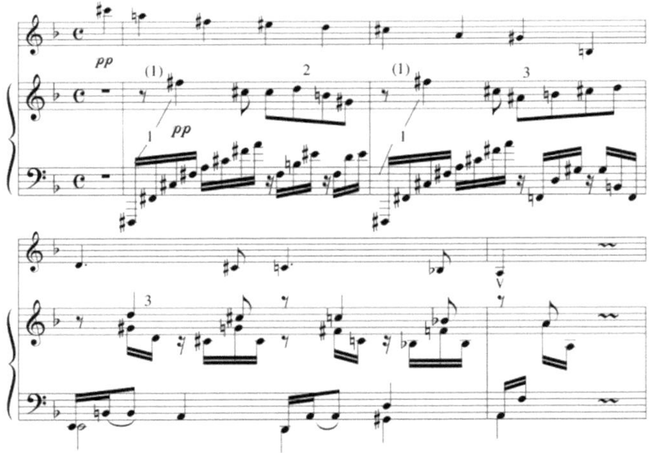

Nach mehreren kontinuierlich langsamer zu nehmenden Etappen mit einer Erinnerung an den Werkanfang und einer Hoffnungsmelodie läuten zu einem Trauergesang die Sterbeglocken (Klavier linke Hand, besonders ab Takt 4):

[85] Die Melodie in der rechten Hand des Klaviers will – wen wundert es – neuerlich an das *Christus ist auferstanden* erinnern!

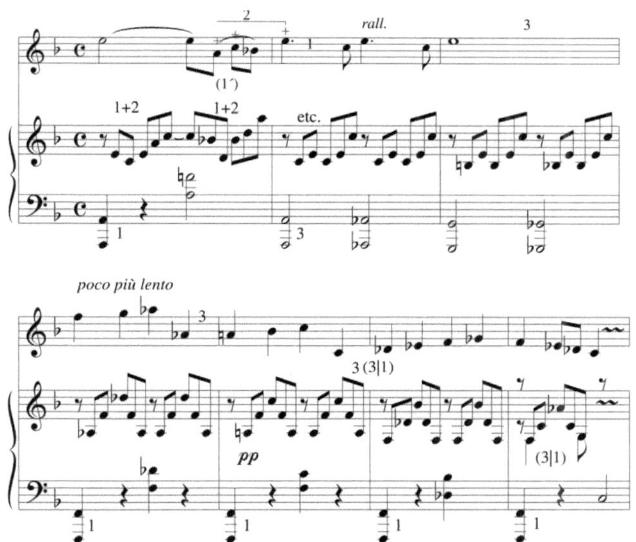

Danach die Klage, die den dritten Satz prägen wird ...

Die Durchführung, in der etliche Gestalten mit kleinen Notenwerten übereinanderrücken und die in gehetztem Tempo entsprechend nicht vermittelbar ist, mündet[86] in die Reprise zurück, die die Hoffnungsmelodie, in größerer Lautstärke und zunächst auch etwas schneller als beim ersten Mal, ekstatisch steigert.

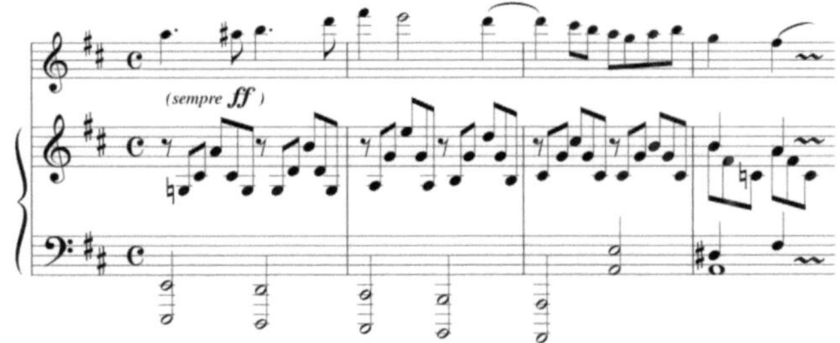

(beim erstenmal nur forte und mit einem vorangehenden poco rit.)

[86] in rhythmisch ähnlich zu stauender Weise wie die Vision

Die Klage gerät jetzt zu einem Rezitativ ähnlich den Geigensoli im dritten Satz und leitet eine Koda von berstender Turbulenz ein.
Der dritte Satz bietet Trauer und Trost und beschreibt das Suchen nach Heilungskräften. Auf dem verhauchenden Akkord des Todesengels (vgl. sechste *Seligpreisung*) erlischt der Satz sehr langsam und traurig.
Wie ein Weihnachtsgesang erhebt sich aus diesen Abgründen der berühmteste Kanon der Instrumentalmusik:

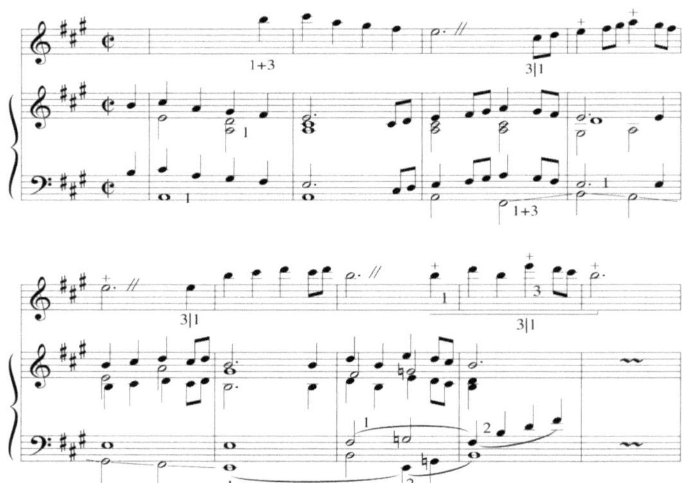

Diese in Prousts *A la recherche du temps perdu* gefeierte Melodie wird nun keineswegs, wie viele Präsentationen nahelegen, zum Anlaß eines belanglosen Rondokehraus genommen, sondern mit dramatischen Auseinandersetzungen konfrontiert. Erst auf der letzten Seite ist der Kampf zwischen Abgrund und Glück zugunsten der Harmonie entschieden.
Für Gestaltung und Ausdruck der meist ungegliedert heruntergehetzten Stretta gilt gleichfalls das zum Schluß von *Präludium, Choral und Fuge* Vermerkte besonders. Die Beschleunigungsanweisung (poco animato) relativiert sich

aus dreierlei: aus einer Passage, die grandioso bezeichnet ist und eine geradezu hysterisch überschwengliche Steigerung der Trostmelodie aus III mit wild über die Oktaven springenden Glockeneffekten verbindet; aus einer letzten, äußerst intensiven Reprise des Kanons im weiterhin zurückgenommenen Zeitmaß; aus einer mit dem nun einsetzenden Crescendo zu ergänzenden allmählichen Beschleunigung, abgefangen durch ein ausdrücklich vermerktes poco rit., und bedeutet dann ein gleitendes Aufgreifen und innerlich beschwingtes geringfügiges Überbieten ungefähr des durchschnittlichen Anfangszeitmaßes.[87] Das Gesamtwerk dauert knapp 7 + 9 ½ + 8 ½ + an die 8, zusammen 32 bis 33 Minuten.

Die 1886 vollendete Sonate gehört zu den meisteingespielten und in Deutschland auch meistaufgeführten Werken Francks. Zugleich gehört sie zu den am meisten problematisch dargebotenen, wobei eine erschreckende Oberflächlichkeit im Nachzeichnen, ein unbesorgtes Übergehen psychologischer Valeurs und ein Mißverständnis als eine vom Klavier begleitete Sonate für Violine zur Verzerrung beitragen. Der Klavierpart wird selten sauber gespielt, eine Vielzahl von Noten weggelassen. Freilich hat der Komponist die Nöte von Musikern mit kleinen Händen schlechterdings ausgeblendet.

Das Werk bezieht, wie das zuvor besprochene, das im folgenden analysierte und das Quintett, seine Spannung aus der Konfrontation. Hier kämpfen körperlich zwei Prinzipien mit ungleichen Waffen gegeneinander, abgesetzt vom Austrag innerpsychischer Spannungen in den Solowerken und der Situation Gesellschaft (Streicher) und Individuum (Klavier) im Quintett. Gerade an den zahlreichen Kulminationen

---

[87] Wie im Klavierzyklus empfiehlt sich auch hier durchgehendes Haltepedal für die letzten Takte: Auf der Tonika rekapituliert Franck die blanken Grundbausteine der Komposition, was klanglich sonst nicht rüberkommt.

der Sonate zeigt sich aber die Ökonomie von Francks Lösung des Ungleichheitsproblems zwischen den Instrumenten: In weiter Lage spielen Klavier im mittleren und tiefen Frequenzbereich, die Violine im hohen in derart getrennten Positionen, daß letztere selbst bei ausladender Wucht des Flügels immer noch unterscheidbar bleibt. Freilich bedarf es eines Geigers mit großem, leidenschaftlichem Ton und auch einer veränderten Positionierung der Instrumente im Raum, wie sie gegen Ende meiner Darstellung zu erläutern sein wird.[88]

2.15.3 Prélude, Aria et Final E-Dur für Klavier

Das Mittelstück dieses Triptychons, Aria, greift die barocke Form der Choralvariation auf. Es wird desweiteren durch ein wiederkehrendes Zwischenspiel im Modus barocker Orgelversetten aufgebrochen und durch eine fantasieartige Einleitung und deren Beantwortung in einem abrundenden Epilog umrahmt. Barock muten auch die Wege an, wie Franck seine Ausgangsfiguren **E** und **F** verwendet und zuweilen verschleiert: durch figurierende Nebennoten und im Sinne unserer Tabelle nicht zählende Tonwiederholungen.

Einige Ausschnitte:

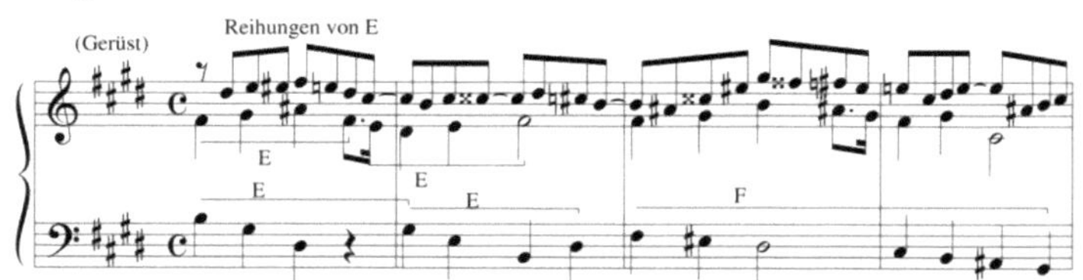

Oder:

[88] Die Klangverhältnisse historischer Instrumente würden ein eigenes Kapitel erfordern, das ich aber Spezialisten überlassen muß.

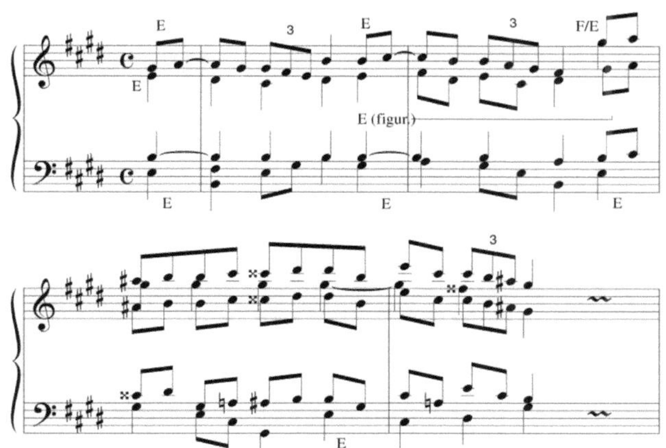

Oder:

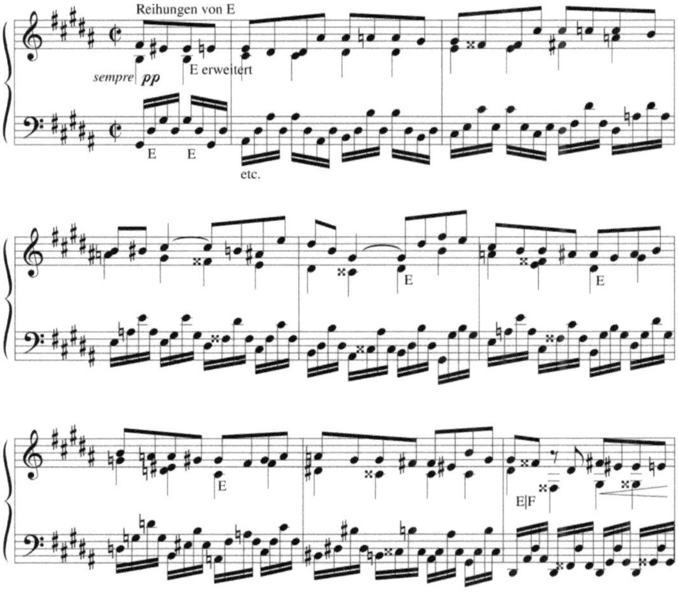

Reihungen von E
sempre pp
E erweitert
E
E
etc.
E
E
E
E|F

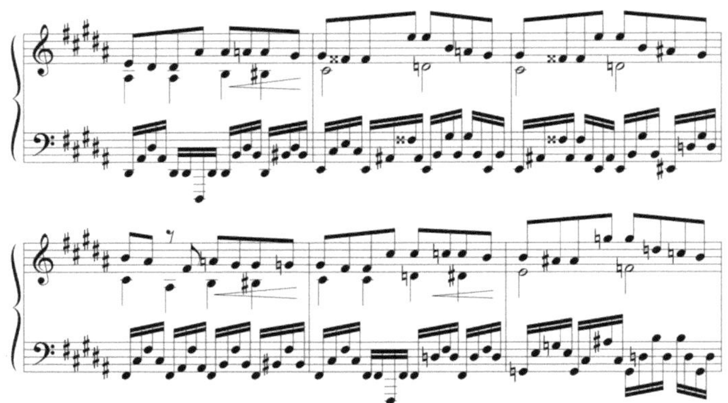

Oder:

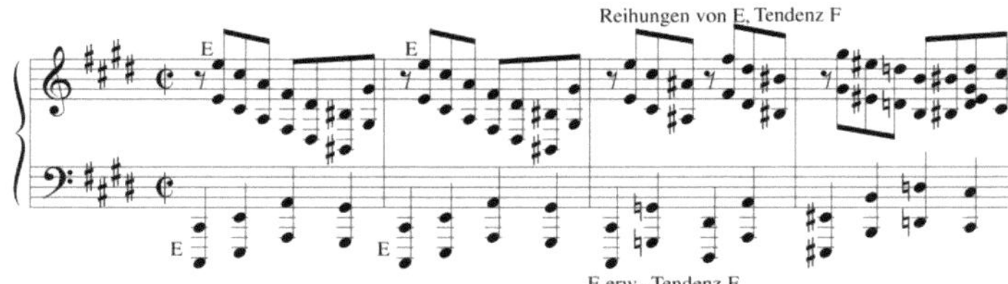

Eine rätselhaft auseinandergerissene Bildung im Präludium macht die Entscheidung schwer, wo man die Schnitte ansetzen soll:

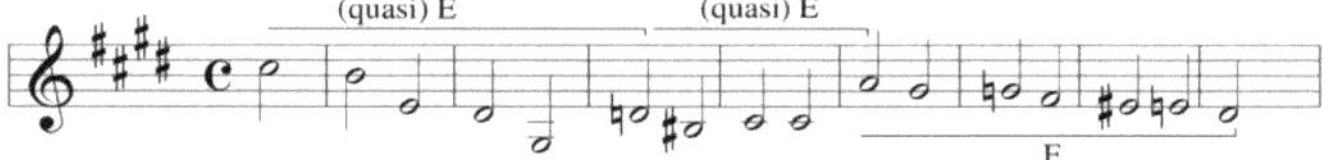

Die Stelle, sostenuto e serioso, markiert den Einbruch des Chaos in eine Welt fragiler Harmonie. Harmonie war in einem ersten, relativ munteren Abschnitt (vgl. Bsp. 1) und einer entrückten Passage mit orgelhaften Registerwechseln (Bsp. 2) zunächst aufgebaut, dann aber in einem fragenden, trotzig dazwischenfahrenden Risoluto zur Krise geführt worden. Eine Atmosphäre von Zerrissenheit hält von jetzt an bis zum Ende des Satzes vor, dessen voluminöse, verbreiterte und in Details veränderte Rumpfreprise so wenig die innere Unruhe zu beschwichtigen vermag wie die Choralapotheose im ersten, tonartgleichen Orgelchoral.

Das Choralthema der Aria, regelmäßig zwischen Sopran- und Baßregister wechselnd,

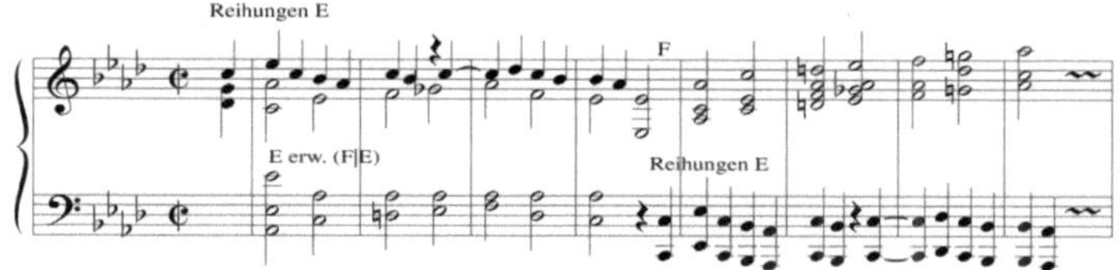

wird im weiteren Verlauf von zunehmend lebhafteren Gegenstimmen überlagert.

Der Satz beginnt mit einer rezitativischen Kadenz und endet mit einer zum neuen Thema ausgesponnenen Aufnahme ihres Kopfmotivs:

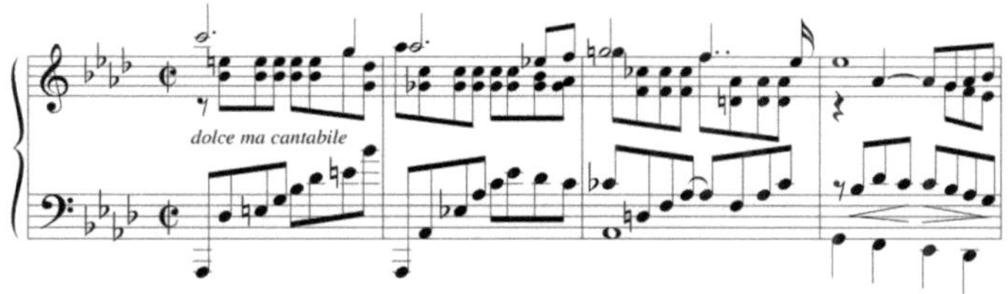

Bezeichnend, daß auch dieses Epilogthema von vornherein in Konkurrenz mit durchprofilierten Gegenstimmen auftritt. Eine davon läuft wie in einem Duett über die ganze Strecke durch: als x-te Antizipation des Finalbeginns.

Dieses Allegro molto ed agitato[89] (drittes Notenbeispiel) mutet dem Pianisten noch einmal eine unerhörte Kraftleistung zu. Man glaubt, gegen ein Sinfonieorchester anzukämpfen. Wenn dann unvermittelt, so als entsinne sich ein wurzellos Werdender eines vergessenen Mittels, zum donnernden ersten Finalmotiv der Präludiumsanfang hereinschlägt, dann nehmen die Dinge eine fast nicht durchzu-

[89] aber immer deutlich, möchte man hinzufügen!

stehende Wendung. Anders als in der Sonate und im h-Moll-Zyklus wird die Musik jetzt aber immer leiser und, auch wenn es explizit nicht dasteht, immer langsamer. Mit einer nicht überbotenen Schönheit erklingen Präludiumsanfang und Aria-Abgesang dolcissimo gleichzeitig zur Baßlinie des Werkanfangs und einer sehnsüchtig ausgreifenden Achtellinie, die einer beruhigten Abwandlung des Animato-Beginns (viertes Notenbeispiel) entspricht.

Es folgen unerwartete und immer ausdrucksintensivere Erinnerungen an die Aria. Die Abendglocke läutet:

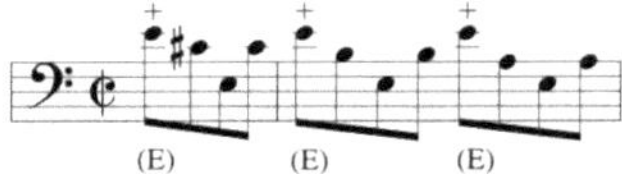

+: das e' jeweils – vgl. auch Sonate – dehnen und mit dem Pedal halten

Wenn das Werk unendlich ruhig mit einer Transformation von Aria-Einleitungstakten ausklingt am Ende einiger der intensivsten Minuten der Klavierliteratur, ist dann ein Glück wiedergefunden oder herrscht die Stille der Sehnsucht? Die Welt der späten Oper *Ghiselle* und die ferne Liebe des Klavierlieds *Les Cloches du Soir* klingen an. Auch die Abendstimmung der vierten *Seligpreisung*. – Das Opus beansprucht in einer auslotenden Interpretation eine gute halbe Stunde.[90]

2.15.4 Psyché

Franck geht bei jeder seiner sinfonischen Dichtungen andere Wege, sowohl formal als auch im Hinblick auf die Besetzung. Das abschließende Werk, Psyché, 1888 uraufgeführt, ist mehrsätzig, dauert etwa 50 Minuten und verwendet

[90] Eigene Einspielung: 11:20 + 8:20 + 11:20 = 31 Minuten.

einen Chor. Das Sujet kreist um Liebe, Rausch, Verbot, Übertretung, Strafe, Vergebung. – Aus dem Abschnitt *Psyches Leiden und Klagen*:

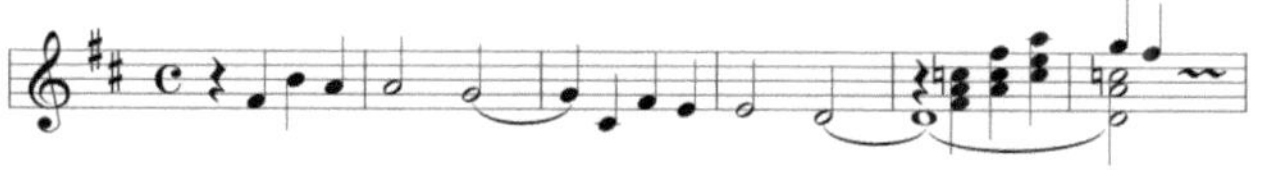

C und **E**

C auch beim Abschluß der ersten Periode im nächsten Zitat:

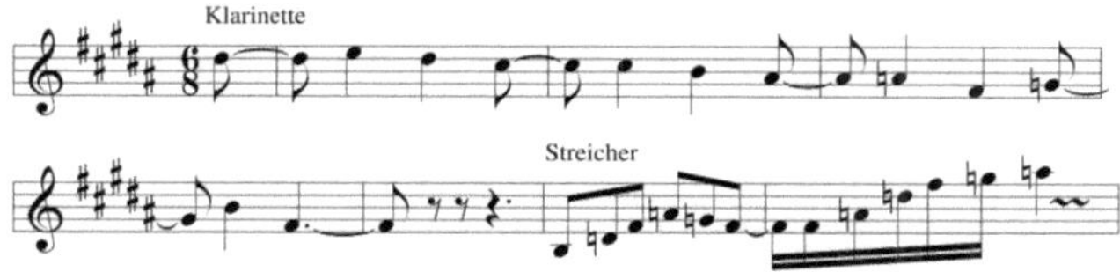

Dieses Zitat vom Beginn des Werks dokumentiert eine besonders vielgliedrige Reihe. Man setze die äußeren und die durch Wiederholung hervorgehobenen Noten e"–cis"–ais'/a'–fis' Klarinette in Relation zu den Aufgangsnoten h–d'–fis'–a' Streicher: Es sind die gleichen Tonschritte in umgekehrter Abfolge. Der Dreiklangskopf Streicher erscheint überdies vorweg bereits im Changieren des H-Dur-Dreiklangs, der dem Einsatz Klarinette vorausgeht und diesen unterpolstert (nicht abgebildet).

Die Rückführung des ais' in den Stammton a' im dritten Takt bedingt eine Wendung von Dur nach Moll, synchron mit Psyches kommenden Leiden, und verwandelt das dis"–e"–dis" der Formel D in das Überkreuz der Formel C: a'–fis'–g'–h'–fis'. Durch die beiden fis' bleibt die Figur als figurative Erweiterung von D jedoch ausgewiesen. Die folgende Streicherfigur entspricht zwei erst beim nächsten Anlauf ganz zu Ende geführten vereinfachten Krebsgängen des Klarinettenanfangs, wobei Formel D in Wendungen des Musters E aufgeht:

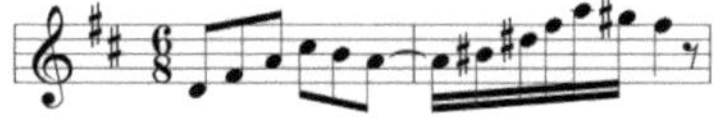

Im Werk begegnet man durchgängig folgendem Ablauf:
a) Pendeln: D oder C – b) Skala, mit den von Franck immer wieder bevorzugten Synkopen: F – c) ausgreifende Variante(n) des Pendelns: C oder D, eng angebunden an d) Dreiklangsbewegung, einbiegend oder offen endend: F oder E. Noch einmal: D (oder C) – F – C (oder D) – F oder E.
Einem reichbesetzten Orchester gesellt sich nach dem Beispiel des griechischen Dramas an drei Stellen der Chor bei. Sopranen, Alten und häufig geteilten Tenören sind exquisite, intonatorisch höchst anspruchsvolle Aufgaben zugeteilt, die Bässe delikaterweise ausgespart und nicht selten durch die noch ausgiebiger als in der Sinfonie exponiert geführte Baßklarinette ersetzt. Ruhe und Ekstatik, Intimität und Monumentalität erscheinen verbunden und einem Höhepunkt zugeführt, der die Dämme brechen läßt.
Franck verteilt seine Reihe auf alle Stimmen. Mit einer kaum je ganz beim Hören zu fassenden Reichhaltigkeit schießen Varianten der Ausgangsfiguren aus dem Boden, vermischen sich unvermittelt oder lassen neue Verläufe entdecken. Allerdings muß alles auch hörbar gemacht werden, darf nicht einem Vorrang des Thematischen untergeordnet werden.
Psyches Schlaf – Psyche wird von Zephyr entführt – Die Gärten des Eros (mit dem Chor, der die Warnung ausspricht, daß Psyche Eros nicht ansehen darf) – *Psyche und Eros – Bestrafung* (Chor), *Psyches Leiden und Klagen* (simultanmelodisch zugespitzte Orchesterdurchführung zyklischer Leitmelodien), *Apotheose* (erst mit Chor, dann Orchester wieder allein): Franck hat den antiken Mythos von Amor und der neugierigen Psyche abgekürzt und dem jubelnden Ausgang großen Raum gegeben. Trotz der aufgezeigten Verwandtschaft zur Christusmelodik erscheint eine Deutung des Stücks als Verchristlichung der griechischen Sage zweifelhaft. Psyche ist nicht Eva, die von Christus einst er-

löst werden soll, sondern eine mutmaßlich persönliche Projektion. Psyche begegnet einer großen Liebe. Diese Liebe ist von Verboten bedroht und geht nach einer Phase voller Leiden und Gefahren gut aus. Im Bild des erhörenden Eros wird die Utopie einer dauerhaften Einheit von Wunsch- und Realwelt heraufbeschworen. Wenn diese Einheit in der Apotheose gewissermaßen aufs Jenseits verwiesen bleibt, ist sie damit noch nicht gleichzusetzen mit dem christlichen Himmel. Es ist Utopia. Hinter der eigentümlichen, auf Skrjabins Erlösungsmythen vorausweisenden ekstatischen Welt des Werks verbergen sich die Auseinandersetzung mit einer konkret erlebten Gefühlssituation und der Wille, keine Resignation zuzulassen.

Drei der insgesamt etwa zehn mir inzwischen bekannten Aufzeichnungen des Gesamtwerks seien herausgehoben: zunächst die bislang zuverlässig im Katalog gehaltene und dadurch am leichtesten zugängliche CD unter Tadaaki Otaka von 1995. Sie bildet – mit Ausnahme einiger matter Passagen in *Psyches Schlaf* – das Satzbild recht gut ab. Allerdings transportieren die jugendchorhaften Oberstimmen des BBC Welsh Chorus die prallen Spätzeitfarben der Partitur nicht mit und bremst der Dirigent das quantitativ unterbesetzte BBC National Orchestra of Wales zu sehr aus, besonders auch die erneut solistisch aufgewerteten zweiten Violinen. Leidenschaft kommt kaum auf. Daß man Francks So-leise-wie-möglich-Anweisungen generell in Relation zum vorherrschenden Monumentalstil aufwärts relativieren sollte, machten Dirigenten wie Charles Munch, Willem Otterloo, Jean Fournet überzeugend vor. Bei Otaka entsteht der Eindruck einer stilistischen Gemengelage aus klassisch-barockem Spaltklang, impressionistisch leuchtendem Farbenzauber und verhalten angedeutetem Psychodrama.

In einer 1970 datierten Archivproduktion des Norddeutschen Rundfunks unter Vaclav Smetacek scheinen Drama und Ekstase mächtiger, großflächiger, stilistisch geschlossener durch. Das sinnliche Klangbild erhält seine polylineare Differenzierung nicht durch Detailakzente, sondern dadurch, daß alle Stimmen darauf abheben, solistisch zu brillieren. Das leistet ein Vorzugsensemble, in dem das vierte Fagott ebenso ausdrucksstark phrasiert wie die Soloflöte, die Baßklarinette dem Konzertmeister im Espressivospiel nicht nachgibt und die ersten Violinen den gleichwertig besetzten zweiten zuhören wie umgekehrt. Smetacek zieht das Tempo gelegentlich zu Lasten der deutlichen Hörbarkeit bewegter Stimmen und des festgehaltenen Spannungsbogens zu forsch an und die ausgreifenden Varianten der Pendelfigur D in den Mittelstimmen Apotheose / zweite Orchestervariation vernachlässigt er sträflich.

Ein vermutlich aus der gleichen Zeit stammender Live-Mitschnitt des Westdeutschen Rundfunks unter Hiroshi Wakasugi verbindet Detailsorgfalt und Sinnlichkeit zu einem Atem, der 52,5 Minuten anhält und kaum einen Aspekt des hier ganz von Wagnerattitüden freien, dafür an Spätzeitfarben und Impressionismen reichen Werks unbeachtet läßt. Der Zauber von Eros' Wundergarten hüllt den Klang bis zur letzten Note ein und bildet den Hintergrund, vor dem sich die vielen Stimmen der Partitur wie selbständige Individuen kommunizierend bewegen. Obwohl die längste Aufführung, geht es in ihr höchst lebendig zu. Die Accelerandi erwachsen organisch aus intensiv musizierten breiten Lentoabschnitten[91], sind großflächig gestaffelt und laufen nie aus dem Ruder, die Proportionen sind ausgehört. Die üppige Besetzung begründet Fülle im Leisen und enormes Auftrumpfen im Lauten, ohne daß Grobheiten Psyches Gewand beschädigen müssen. Es wäre dringend zu wünschen,

---

[91] so breit, daß an zwei Stellen in *Psyches Schlaf* Instrumentalisten nicht abwarten können und vorschnappen

daß der WDR diese bislang nirgendwo veröffentlichte Aufnahme herausgibt.
Erreichbar, wenn auch teilweise nur mit etwas Glück als Gebrauchtartikel, sind dagegen die arg schnelle Gesamteinspielung unter Otterloo, die beiden grobgerasterten unter Fournet und die mehr solide als brillante unter Paul Strauss. Auf Youtube lassen sich eine Vertanzung des Pariser Balletts und aus derselben Stadt eine Live-Aufführung unter Kurt Masur mit eingefügter Sprechrolle verfolgen.

2.15.5 Streichquartett D-Dur

Mit 1855 Takten[92] ist das am 10. Januar 1890 abgeschlossene Quartett eines der auch äußerlich dominierenden Werke der Gattung. Eine in vielen Versuchen am Klavier erarbeitete, für Streicher allerdings nur schwer realisierbare Vorstellung ergab Proportionen, die noch weit über der längsten bekannten Einspielung des Originals herauskommen. Sowohl die strukturelle Dichte wie die extreme Dynamik legen eine ausladende Interpretation nahe. Der Rhythmus muß ständig changieren, organisch, den Hörer führend, jede Stimme ausphrasiert sein, um der Vielschichtigkeit des Werks beizukommen und eine derartige Spannung aufzubauen, daß nachher niemand denkt, daß soviel Zeit verflossen sei.
Der erste Satz ist das meistzitierte Beispiel für Francks Methode, Satztypen zu mischen und die Vorstellung, was ein musikalischer Satz sei, zu thematisieren. Das Poco lento, Ausgangspunkt für eine fugierte Verarbeitung später und einen Epilog, ginge als ein eigener A–B–A'–B'-Satz durch. Doch attacca folgt mit dem ersten Allegro die themenplura-

---

[92] Keine Wiederholungen. Zum Vergleich, auch wenn weitere Komponenten dafür fehlen: Beethovens neunte Sinfonie hat 2203 Takte, Wiederholungen im zweiten Satz.

listische Sonatenhauptsatzexposition eines bewegteren Kontrastteils in der Tonikavariante d-Moll.
Vor dessen Durchführungsabschnitt erscheint ausführlich das Poco lento wieder, in Form der Fuge als vorgeschalteter erster Durchführung. Sie beschleunigt peu à peu und geht bruchlos in die zweite, die Sonatenhauptsatzdurchführung, über.
Bruchlos mit ihr verschmolzen setzt die Reprise beider Hauptcharaktere ein: zunächst Reprise Allegro, dann Reprise Poco lento, diese allerdings verkürzt und bereichert mit harmonischen Überraschungen und Gegenstimmen von betörender Frische.
Ein sinfonisches Kontrastmoment, das dualistische Prinzip der Sonate, spielt sich nicht mehr zwischen Themen ein und desselben konventionellen Satzteils ab, sondern zwischen in sich selber unterschiedlich gegliederten korrespondierenden Satzcharakteren. Lento und Allegro dürfen allerdings nicht schroff gegenüberstehen, sondern müssen als die äußeren Enden einer vielfältig schattierten Entwicklung vermittelt werden.
Der Wechsel von Charakteren und Geschwindigkeiten setzt sich in den folgenden Sätzen fort: im Scherzo[93] mit einem zweifachen beruhigten Einschiebsel, im Larghetto mit zwei Accelerando-Phasen.[94] Das Finale wechselt bereits in der Introduktion, einem Rezitativ mit Themenzitaten, mehrfach das Tempo. Finale vom Finale wird eine Zusammenführung von Larghetto und Poco lento.[95]

---

[93] das sich auf das Formmodell des ersten Poco lento bezieht: A–B–A verkürzt–b

[94] Es sollte in diesem Satz aber auch einige Abweichungen ins langsame Extrem geben.

[95] Nach zahlreichen poco piu lento-, largamente- und Fermatenanweisungen immer wieder vorher, die freilich kein Ensemble ernstzunehmen scheint, deren Wahrnehmung für eine sinngemäße Darstellung des Satzes aber unerläßlich ist.

Hervorgehoben sei der lyrisch verbreiternde Charakter der Finale-Durchführung. Ihre gedrängte polylineare Kombinationskunst und beschauliche Atmosphäre wachsen hymnisch an zur Verzückung der im dreifachen Forte vorgetragenen Poco-lento-Melodie.[96] Das gesamte Opus gründet auf dieser Melodie. Es ist die in Kapitel 1.2 zitierte Reihe.

Die retardierende Synkope erzeugt als intervallverkleinerte Antwort auf den Dreiklang **1** den Skalenausschnitt **2**. Das verschränkte Element **3** entspricht einem Umbau des als Tonvorrat aufgefaßten **2** und wird zur Keimzelle ausgedehnter Terrassenkonstruktionen.

In der Literatur gelobt, dem großen Publikum unbekannt, kaum verständlich eingespielt, so lautet ohne Tabu gesprochen die Bilanz des Streichquartetts von César Franck 130 Jahre nach der Uraufführung. Atemlose Tempi und ein Mangel an gliederndem Nachgeben, wie es schon Richard Wagner in seiner Schrift *Über das Dirigieren* einforderte, machen beim Anhören ratlos. Neben Traditionen, wie man etwas auf dem Streichinstrument zu spielen habe, neben geringer Bereitschaft, sich von Bogeneintragungen zu lösen und den Bogen ausschließlich nach Gesichtspunkten der Gesamtwirkung einzuteilen, neben Vorbildern, die bei Instrumentalisten oft zu gesetzgebenden Instanzen aufsteigen, stehen aber auch materielle Schwierigkeiten einer überzeugenden Interpretation im Weg. Die Partitur ist eine exorbitante, wohl vollkommene Leistung eines außergewöhnlichen Geistes, die Wirkung in der Praxis aber schwach. Der Gegensatz zwischen Partiturbefund und Außenwirkung trieb mich viele Jahre um. Es ist wahrhaft keine geringe Mühe, von einem 1855-Takter gleich zwei Tran-

[96] Schon ab dem voraufgegangenen A-Dur sollte das Tempo spürbar langsamer sein, mit breitem Strich, beim Höhepunkt dann noch ausladender.

skriptionen zu erstellen: eine für großes Orchester und eine für Klavier zu zwei Händen.

Die *Klaviersonate nach dem Streichquartett D-Dur von César Franck* konnte ich zwischen 2011 und 2017 etwa zehnmal öffentlich vorstellen. 2014 nahm ich sie auf CD auf. Meistens, nicht immer, war die Publikumsreaktion enthusiastisch, aber auch nicht immer gelang die Ausführung des schwierig zu greifenden Parts gleichgut. Aber kein Wort fiel mehr davon, diese Musik sei kompliziert, verkopft, nicht publikumswirksam. Es gab eine Reihe von Personen, die noch nie einen Klavierabend besucht hatten, nun gebannt von Anfang bis Ende zuhörten und kommentierten, der Vortrag hätte für sie länger dauern sollen, sie hätten nie gedacht, daß 65 Minuten verflossen seien.

Meine Version dauerte bei allen Aufführungen um diesen Wert, eine einzige kam unter 61 Minuten, meine Einspielung dagegen auf 69½ Minuten: 23:09 + 9:03 + 13:08 + 24:06. Größe des Instruments und des Raums, Beschaffenheit der Akustik, Lernerfahrungen, äußere Umstände bedingen mitunter Differenzen dieser Art[97].

Bei flexibler Handhabung aller rhythmischen Werte bleiben bei mir die Viertel als Puls im ersten Allegro, die Achtel im Scherzo und die Halben im Finale erhalten. Es ist mir darum zu tun, den Hörer in den Stand zu versetzen, jederzeit jedem Stimmenverlauf zu folgen und das vollständig auf Anspielungen auf die Urmelodie ausgerichtete Universum nachzuvollziehen.

Darüber hinaus suche ich nach einem roten Faden zwischen den Zeilen[98]. Wollte der Komponist etwas wie den Stempelabdruck Gottes in der Natur beschreiben? Die Urmelodie,

---

[97] Einen Eindruck vermittelt auch die Mitschnittsversion auf https://www.youtube.com/watch?v=QX41cTomoYo

[98] Das mag reine Spekulation sein, hilft aber Musikern womöglich bei ihrer Arbeit.

allgegenwärtig gestaltbildend am Werk, immer wieder mottohaft zitiert, nie jedoch Ausgang rhythmisch-motivischer Arbeit, könnte die schöpferische Urkraft meinen. Nachdem der Komponist staunend den Reichtum der Natur bewundert hat, möchte er eine Personalität hinter den Dingen fassen. Die Suche nimmt immer drängendere, heftigere Züge an. Mehr als das Zeichen tritt aber nicht zutage. Der kurze Abschluß, zum ersten und einzigen Mal presto, zeugt von der selbstironischen Erkenntnis eines Gottsuchers, der sich vermaß, etwas zu begreifen, das sich nicht begreifen läßt.

Das Quartett spricht die Sprache eines großen, bei allen Lautheiten insichgekehrten persönlichen Gebets.

2.16 Das Artifizielle feiert Triumphe

Auch in seinen umfangreicheren Kompositionen faßte Franck sich knapp: Kein Takt sollte entbehrlich sein. In einer Reihe kürzerer Werke interessierte ihn: Wie schaffe ich in der Kürze Vielfalt? Francks Instrumentalwerke im Quantum um 15 Minuten haben nichts mehr vom prologartigen Gelegenheitsstück, der Ouvertüre, dem Fragment. In den Werken äußeren Überflusses Gedrängtheit, in den Werken äußerer Knappheit Fülle, hieß die Alternative.

Einige seiner Lösungen wurden wegweisend für die Musik des 20. Jahrhunderts.

2.16.1 Les Éolides

Ein schaukelndes, chromatisch eingeführtes, später mannigfachen Ausspinnungsformen ausgesetztes, und ein leiter- oder treppenförmiges Element, ebenfalls zunächst chromatisch, aus der rückkehrenden kleinen Sekund entwickelt, machten Kerngedanken der zwischen 1874 und 1876 ausgearbeiteten sinfonischen Dichtung *Les Éolides* (Äoliden

= Luftgeister) zu einer Wiederverwendung in *Psyche wird von Zephyr entführt* geeignet (**D** – **F**). Ein weiteres Mal und unmittelbarer als sonst verrät Franck, daß er über Töne Botschaften und Visualisierungen betrieb. *Les Éolides* gehört zu den komplizierteren Kompositionen Francks. Eine anarchische Gestaltenfülle sowohl im zeitlichen Nacheinander wie im polylinearen Übereinander wird aufgefangen durch die Strenge, mit der die Gestalten auf die zweiteilige Reihe rückbezogen wirken. Ungewöhnlich ist, daß sich der dynamische Höhepunkt bereits in der zeitlichen Mitte befindet, Fazit indessen leise im letzten Werkabschnitt gezogen wird in Form einer den Konventionsrahmen sprengenden Collagierung. Geistige Klarheit, agile Transparenz, nicht dynamische Machtentfaltung stehen hier im Fokus schöpferischer Souveränität (Ausschnitt siehe Zitat Seite 43).
Amorphe Beschaffenheit und Strenge verbinden sich zu einer akustischen **Chiffre** für den Wind: nüchterne Präzision für das Objektive des Naturphänomens, vielgestalte Offenheit für das Bewegte, nicht Greifbare.
Der Formverlauf nähert sich dem Scherzo mit doppeltem Einschiebsel[99]. Allerdings stiftet bereits Verwirrung, daß das Einschiebselthema als seitenthematische Episode im Abschnitt zuvor vorweggenommen erscheint[100] und dieser Abschnitt einen selbständigen Sonatensatz suggeriert. Der dynamische Höhepunkt in C-, später D-Dur entspräche darin dem Reprisenbeginn[101]. An die Stelle der zu erwartenden Episoden-Reprise tritt dann aber das erste Einschiebsel. Die Einschiebsel untereinander folgen auf einer Metaebene wiederum dem Muster Exposition / Reprise einer Sonatenform[102]. Allerdings hält erst die Koda in einer

---

[99] T. 333 bis 384 mit Haupttonart Es-, T. 488 bis 538 mit Haupttonart A-Dur
[100] T. 171
[101] T. 277
[102] entfernt ähnlich wie beim D-Dur-Quartett

weiteren, verkürzten Einschiebsel-Rekapitulation [103] die Tonikatonart A-Dur fest.
Ich schlage folgenden Leitfaden zum ersten Kennlernen vor: A, in Gestalt einer sonatenformangenäherten Fantasie mit Themenpluralismus und dem Thema des Einschiebsels als herausgehobener Kontrastepisode – B – a – B – a' – b. Die Form – fünfteiliges Scherzo – wird also erst im Verlauf des Stücks gefunden. Wer möchte, möge in dem wenig über 11 Minuten beanspruchenden Stück eine Paraphrase auf das Scherzo von Beethovens siebter Sinfonie herauslesen ohne dessen schablonisierte Wiederholungen. Tonfigur **D** taucht in beiden in identischer Rhythmisierung auf. (Bei Beethoven Choralkopf Trio.)
Die Metronomisierung der Partitur sieht zwei kaum unterscheidbare Werte für Allegretto vivo und die beiden Einschiebsel vor: 69 bzw. 63 punktierte 3/8-Takte pro Minute. Bei 611 Takten insgesamt ergibt das eine Aufführungsdauer von unter zehn Minuten. Die meisten Aufnahmen dauern zehn bis elf. Ab Takt 385, dem Beginn des zweiten, verkürzten Allegretto, wird das Stück monoton – offenkundig weil zu mechanisch an Francks Vorgaben festgehalten wird und die vielen polyphonen Zuspitzungen und harmonischen Komplikationen, die gerade jetzt einsetzen und Raum verlangen, dem Hörer entgehen. Bei einer korrigierten Auffassung müßte das Grundtempo zum dynamischen Höhepunkt hin, der selber wieder ausladend zu nehmen wäre, in Etappen accelerieren und zum ersten Einschiebsel stark zurückgehen. Das Einschiebsel müßte ruhiger als verzeichnet beginnen, beschleunigen und neu verlangsamen. Das anschließende erneute Allegretto begänne tiefer metrominisiert als beim ersten Mal und setzte eine Beruhigungstendenz ingang, die im großen Bogen unmerklich bis zum Ende

[103] T. 590 bis 611

reicht. Die polyphonen und harmonischen Verwicklungen träten klar hervor, die Form würde organisch, die stilgeschichtlich bedeutsame Komposition als Darstellung eines dynamischen Naturvorgangs auch sinnlich glaubhaft und das Publikum um ein eingängiges Repertoirestück reicher.

2.16.2 Le Chasseur Maudit

Der schon bei der Uraufführung 1883 erfolgreiche *Verwunschene Jäger* trägt dicker auf und verrät, daß Franck auch an narrativen Schilderungen seinen Spaß haben konnte. Das Kopfmotiv

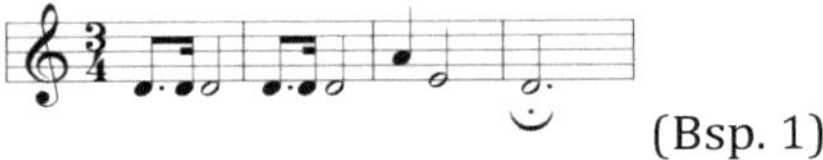

(Bsp. 1)

meint den Jäger, der sich, das Sonntagsgebot brechend, anmaßt, wie Gott zu sein (aufstrebende Quint; **B**), Gott aber nur karikiert (der hohe Ton wird nicht gehalten, fällt immer wieder zurück) und die Katastrophe auf sich zieht.

Auch wenn im weiteren Verlauf die aus den Noten d–a–e gebildete Intervallkonstellation beim Aufbau fast aller Motive beteiligt erscheint, ist das Ganze eher eine Variationenfolge auf das zitierte Hornsignal und dessen Fortsetzung:

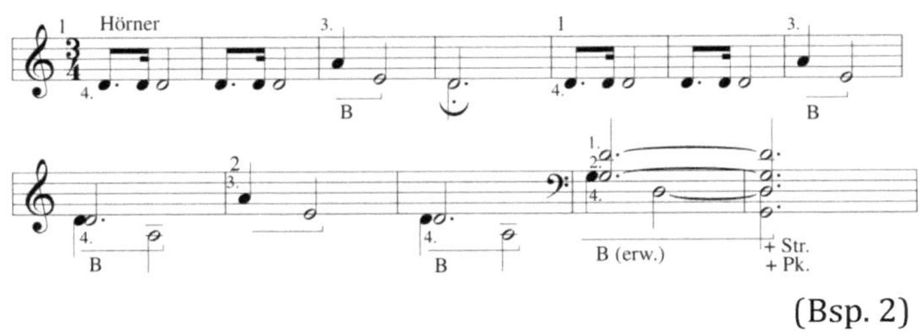

(Bsp. 2)

Zweimaliger ähnlicher Anlauf **1 / 1**, gefolgt von Abschlußbildung **2** durch Reihung der charakteristisch hervorgetretenen Intervalle. Bzw. Anhäufung von Figuren, die an die aufbegehrend-fallende Bewegung des Hornsignals erinnern:

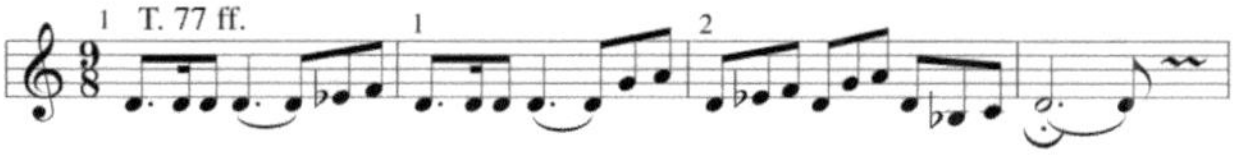

T. 77 ff.

(Bsp. 3)

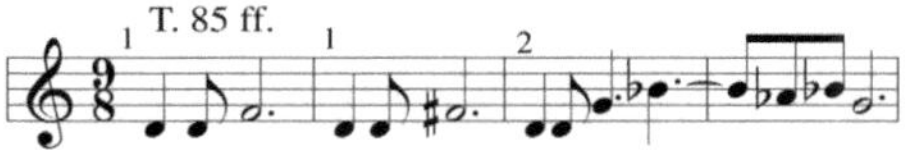

T. 85 ff.

(Bsp. 4)

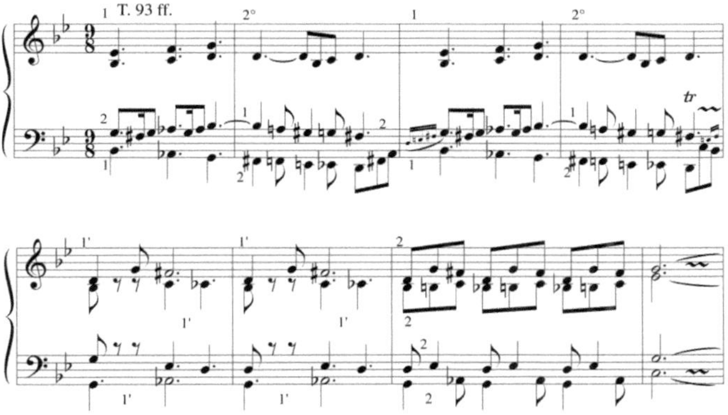

T. 93 ff.

(Bsp. 5)

Dieser Achttakter verhält sich zum Motto wie die differenzierte thematische Ausfüllung eines zuvor nur karg umrissenen Gerüsts.

Umgekehrt vereinfacht der Komponist das im Motto angelegte intervallisch-periodische Raster wieder:

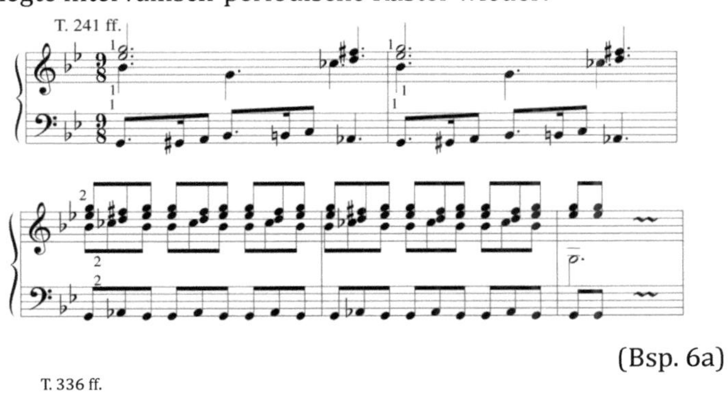

(Bsp. 6a)

T. 336 ff.

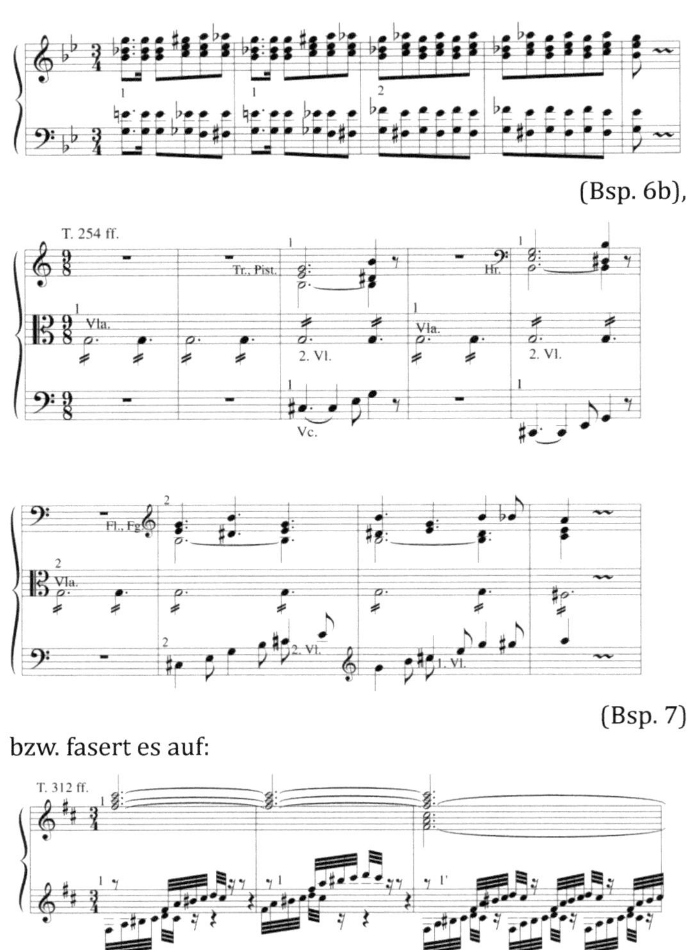

(Bsp. 6b),

(Bsp. 7)

bzw. fasert es auf:

T. 312 ff.

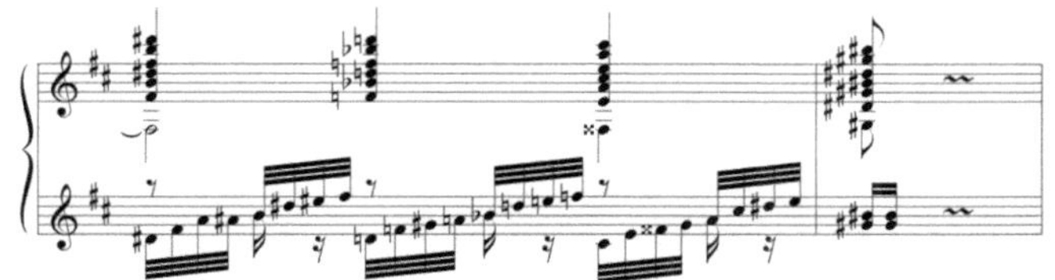

(Bsp. 8)

Das Werk verführt durch die rhythmische Prägnanz seiner thematischen Gestalten und die Einheitlichkeit seiner Abschnitte dazu, die substantielle Variationsstruktur zu überhören, die es zu einem Gegenstück zu den sinfonischen Variationen (übernächstes Kapitel) macht. Nur daß es nicht Themen variiert, sondern eine Floskel, die der Hörer als Signal, als einleitendes, lediglich rhythmisch fortzeugungsfähiges Motto wahrnimmt und unterschätzt.

Die vier Abschnitte, inklusive zu Satzrudimenten ausgebildeter dolmetschender Passagen, folgen dem Ablauf ruhig-bewegt–langsam–schnell und nehmen damit auf ein vorklassisches Sonatenmodell bezug. In die Vorklassik fällt auch die Ballade Gottfried August Bürgers mit ihrer volkstümlichen Aussage *Hochmut kommt vor dem Fall.*

Die musikgeschichtliche Ausstrahlung des Stücks innerhalb Frankreichs beruht unter anderem auf einer eigentümlichen Verwendung des insbesondere vom *Tristan*-Beginn her und von Francks eigenem vierten Trio vertrauten Septakkords der zweiten Mollstufe. Franck funktioniert ihn zum Dominantklang der einen Halbtonschritt unter dem Baßton liegenden Molltonart um. Ebenso prägen der übermäßige Dreiklang und vierstimmige, nur aus Ganztönen bestehende Dissonanzen im Gefolge emanzipierter Stimmführung das Bild. Ähnliche Charakteristika finden sich wieder in führenden Werken von Paul Dukas (Sinfonie, *Der Zauberlehrling*), Florent Schmitt (*Psalm 47, Die Tragödie der*

Salome, Klavierquintett) und anderen. Eine Stelle vor Eintritt des Molto lento mutet impressionistisch an (vgl. Bsp. 7). Kühner erscheinen noch die komplexen Collagen an den Ecken des Werks. Im Andantino, quasi allegretto kollidieren die Welten der frommen Sonntägler und des Jägers, der gegen das Läuten der Kirchenglocken anstürmt. Im Wirbel des Finales (nach dem Angst-Molto lento) beteiligen sich alle Instrumente zu divergierenden Gruppen gebündelt an einem thematischen Zersetzungs- und Zerfetzungsprozeß, in dessen Gefolge es zu barbarischen Akzentblitzen und Taktverlagerungen kommt, die in einer packenden Schallplattenwiedergabe unter Charles Münch (1962) scharf an Strawinskys *Sacre* heranführen. (Semantisch: der Jagende wird zum Gejagten.) Der Septnonakkord und das klare g-Moll der letzten Partiturseiten wirken nach diesen Turbulenzen wie Rücknahmen und nur dann nicht enttäuschend, wenn es dem Dirigenten gelingt, das stark besetzte Orchester zu motivieren, noch eins draufzusetzen. Es lohnt sich, neben einigen Aufnahmen, die den Spaß an der Sache betonen und bei oft nicht mehr als 14 ½ Minuten herauskommen, hintergründigere, detailbetontere und dennoch formal stimmige Versionen wie die unter Jean-Marie Martin mit dem Philharmonischen Orchester Budapest zu hören, der sich 1972 drei Minuten länger Zeit nahm.

2.16.3 Les Djinns

Die 1885 uraufgeführten *Djinns* (Djinns = orientalische Kobolde) für Klavier und Orchester tauchen in Konzertprogrammen kaum auf. Die Anforderungen an den Solisten, Kraft bei lebhaftem Tempo und Weitgriffigkeit, sind bedeutend. Aber vielleicht würden Pianisten und Dirigenten den Aufwand der Einstudierung dennoch treiben, wenn sich herumspräche, daß diese Komposition den sinfonischen Variationen kaum nachgibt und praktischerweise auch den

Tonartenrahmen fis-Moll/Fis-Dur mit ihnen teilt. Beide Stücke passen gut in Kombination, die Verpflichtung eines Solisten würde stärker lohnen.

Das Werk schließt mit seinen vier Abschnitten an den *Chasseur* an, durch die ihm innewohnende Suche nach endgültiger Form an *Les Éolides,* durch das schließlich gefundene Raster A–B–a–b ebenso an das A–B–A'–b des Orchesterstücks aus *Erlösung*.

Um Erlösung geht es auch hier: die Beschwichtigung und Bezwingung des Dunklen, Bedrohlichen. Das Dämonische verharrt zunächst im Untergrund, ungreifbar, unstet, dabei starr:

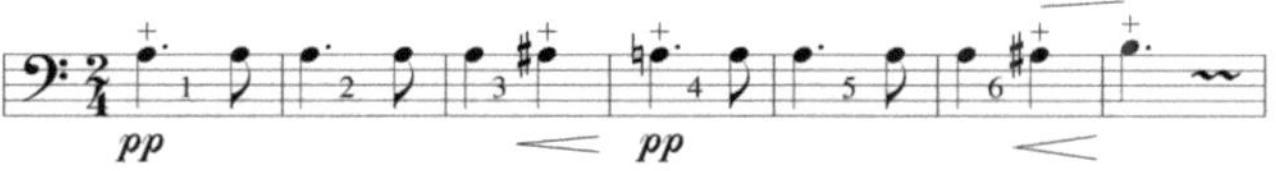

Am dynamischen Höhepunkt, der bereits in der psychologischen Mitte liegt, schießt es dann an die Oberfläche. Chaconnemotiv:

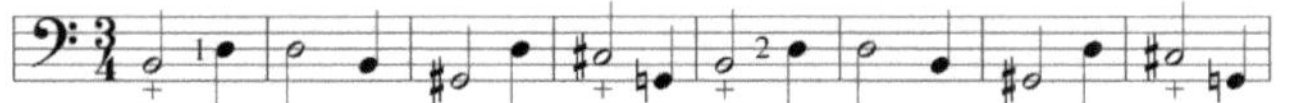

Dem weiterführenden Element ++ im sechsten Takt des oberen Beispiels entspricht die Rückmodulation zur Grundtonart fis-Moll beim sechsten und zunächst letzten Erscheinen des Chaconnemotivs (unteres Beispiel).

So schroff das Dämonische sich vordrängt, sosehr macht es sich jetzt greifbar, angreifbar, zugänglich. Die bedrohlichen Punktierungen werden in den gerundeten Dreiertakt überführt, und schnell gelingt dem Klavier über diesem Ostinato eine erste Beschwichtigung.

De facto bilden beide Motive Ostinati aus, das punktierte meist im Mittelbau oder als Element verschleiernder Figu-

rationen, das zweite offen als ausgeprägte Chaconne. Unterschwellig beherrscht die Chaconnestruktur aber auch die anderen Teile und bildet das wahre Gerüst des Gesamten.
An diesem Gerüst entlang gestaltet sich an der Oberfläche etwas anderes: eine fantasieartige Mischung aus Konzert und Einzelsatz mit doppeltem Einschiebsel.
Die erste, noch chaconne**artige** Orchesterperiode wird vom Klavier abgelöst mit einer als erstes Hauptthema zu bezeichnenden Bildung, die den Sonatenformteil Exposition suggeriert. In Wahrheit aber führt dieses Hauptthema, wie ein als zweites Thema zu unterstellendes Zwischenspiel (zweites Mal Soloklavier), das kleinschrittig kreisende Geschiebe des ersten dämonischen Motivs nur fort[104]. Die Außenseite ist ein Als-ob, Luftschloß, Gespinst, Ergebnis dämonischen Wirkens.
Dieses Luftschloß nimmt nun einen Verlauf wie ein klassischer Konzertsatz. Das Orchesterostinato kehrt wieder, jetzt mit einem nervös gepeitschten Klavierpart kombiniert: Das ist doch eine Durchführung! Gesteigerte Wiederkehr des ersten Hauptthemas: Reprise! Die lyrische zweite Soloepisode fehlt. Stattdessen erneut Orchesterostinato, ohne Klavier: Vorbereitung der Solokadenz! Aber nein: in voller Kraft Orchester weiter allein: das Dreiviertel-Chaconnemotiv!
Der folgende Abschnitt, der, auf der Folie der inganggesetzten Chaconne, ruhiger, dabei drängend und flehend, gestaltet werden soll und langsam schließt, wächst sich zu einem kleinen Konzertmittelsatz aus, in den Momente des vorangegangenen Satzes kontrastierend eingreifen. Aber auch dieser Mittelsatz schließt nicht regulär. Vielmehr wird er von einer kurzen Variante des Allegro molto übergangslos abgelöst. Also doch kein Satz, sondern ein Einschiebsel!

---

[104] s. v. a. Mittelstimmen

Das zweite Allegro molto wendet die ungemütliche Atmosphäre des ersten ins Luftige, Scherzose ab. Eine packende simultanmelodische Komplikation zwischen Klavier und Orchester setzt für ein weiteres Mal in Francks sinfonischen Dichtungen den Akzent auf klares erweitertes Sehen. Wie in den *Äoliden* bildet eine Erinnerung an das Einschiebsel den friedvollen Ausklang.
Eine übergangsreiche, insgesamt gut disponierte Einspielung gibt es mit der Pianistin Kerstin Åberg und dem Dirigenten Okko Kamu mit 15 Minuten Spieldauer.

2.16.4 Variations Symphoniques für Klavier und Orchester

Lassen sich die *Djinns* als eine Doppelchaconne auffassen, so die 1886 uraufgeführten *sinfonischen Variationen* als ein Variationswerk mit zwei Themen, deren gemeinsames Ausgangsmaterial von den Streichern ausdrücklich vorgestellt wird:

a) Streichermotiv

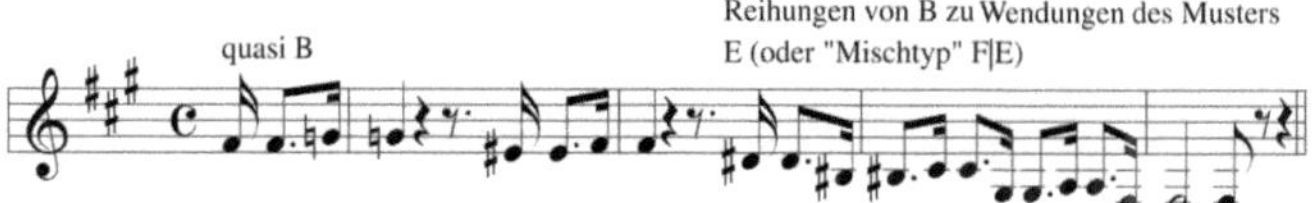

b) 1. Thema (Klavier)

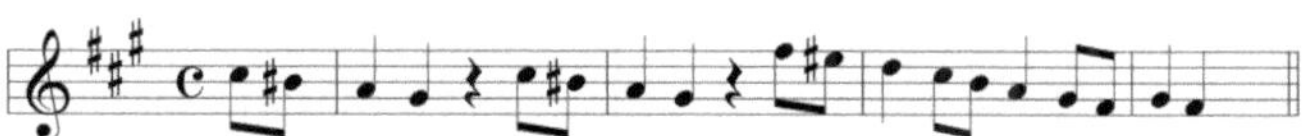

c) 2. Thema

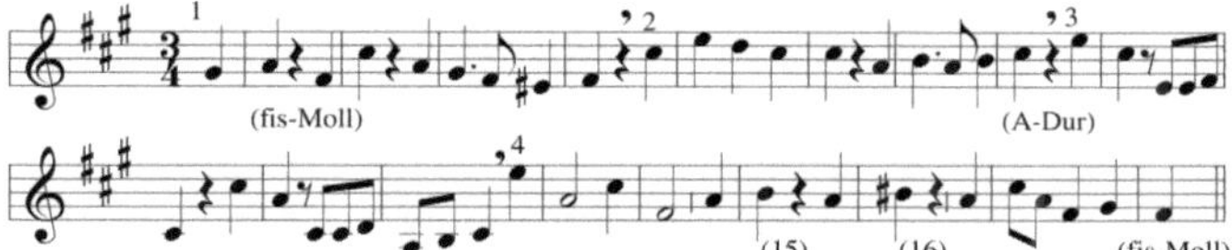

Streichermotiv und erstes Thema wechseln, ähnlich wie in Beethovens G-Dur-Konzert, zweimal ab und markieren eine Zusammengehörigkeit, die im weiteren Verlauf mehr und mehr gelockert wird. In Erinnerung bleibt die doppelte Zweiteiligkeit: Streichermotiv und erstes Thema als ein Paar einander ablösender Perioden und die klassische Untergliederung dieser Perioden selber in ein 2 mal 1 und ein 1 mal 2. Periodenbau und Bewegungskurve lassen das erste Thema als eine Reflexion über das Streichermotiv erkennen. Das zweite Thema besteht aus vier Variationen, jedoch mit einer charakteristischen Unregelmäßigkeit: Durch die Imitationstakte 15 und 16 erweitert sich die Gesamtzahl der Takte nach der Zäsur (A-Dur) auf zehn gegenüber acht Takten vor der Zäsur. Weitere, nicht abgebildete Stimmen tun ein übriges, die zweite Themenhälfte üppiger und nachdrücklicher erscheinen zu lassen als die erste. Die zweite Hälfte rundet die erste Hälfte ab in ähnlicher Weise, wie das 1 mal 2 in der Ursprungsperiode das 2 mal 1 abrundete und wie das lyrische erste Thema auf das Zickzack der Streicher abrundend antwortete.

Franck entwickelt also aus einer einfachen viertaktigen Grundgestalt ein weitschwingendes Ganzes. Dieses erscheint beim Hören sowohl eigenständig wie aus Bekanntem zusammengesetzt. Es bildet sowohl Ausgangspunkt neuer Entwicklungen, wie es selber Summe zusammengesetzter Metamorphosen von Früherem ist.

Franck geht nicht zum ersten und letzten Mal in seinem Schaffen vergleichbar vor. Die meist noch umfangreicheren Charaktervariationen des Christusthemas in den *Seligpreisungen* sind Ergebnis analoger Umgestaltungen, ebenso die Choralmelodie im ersten Orgelchoral, Aufbauten im zweiten Klavierzyklus, im *Verwunschenen Jäger* oder in *Hulda*.

Die überdurchschnittliche Akzeptanz der *Variations symphoniques* für den klassischen Musikhörer erklärt sich daraus, daß Franck die beiden Grundmelodien tatsächlich wie miteinander kontrastierende Hauptthemen verwendet, wobei er gleichzeitig aus ihrer gegenseitigen Austauschbarkeit (als Metamorphosen ein und derselben Wurzel) Nutzen zieht. Sie bieten Parallelansätze zu *Le Chasseur maudit* (Variation), *Les Djinns*, *Les Éolides* (Formfindung) und dem *Final* op. 21 für Orgel (verkappter Mehrteiler), prägen aber eine eindeutige Tendenz zur Dreisätzigkeit aus. Wir befinden uns im Bereich der Concertinos, Divertissements und Sinfonietten des 20. Jahrhunderts.

Folgende Umrißbeschreibung diene als ein erster Leitfaden:

1. Satz – Fantasie im Wechsel von Klavier und Orchester. Ein vor einigen Solovariationen des ersten Hauptthemas (b) zunächst beiläufig anklingendes zweites Thema wird im späteren Verlauf Ausgangspunkt einer Kette polylinearer Charaktervariationen (c). Diese stellen immer stärker hörbar die Verbindung zum Streichermotiv (a) her. Eine dramatisch gesteigerte Variation in dessen rhythmischer Gewandung bildet den Beginn einer Rumpfreprise innerhalb eines vage durchschimmernden Sonatenhauptsatzes.

2. Satz – Variationenfolge, diesmal zunächst über das zweite und dann erst über das erste Hauptthema; langsame, zuletzt sehr langsame Passage von berückender Stille. Aus ihr löst sich der

3. Satz heraus – Allegro non troppo. Festgefügter Sonatenhauptsatz ohne Durchführung.[105] Großgliederung und eingefügtes Klaviersolo korrespondieren lose mit dem ersten Satz. Die beiden Themen fungieren aber eindeutiger als dort als Expositions- bzw. Reprisenpfeiler. Das erste Thema erscheint in einer vereinfachten Gestalt ins Scherzose und vom ursprünglichen Moll nach Dur gewendet, das zweite in einer brillant ausstaffierten Variante in der Exposition ver-

[105] Die Solokadenz besetzt deren Position.

halten in D-, in der verkürzten Reprise kräftig in Fis-Dur. Weitere, rhapsodisch eingestreute Gestalten variieren die Ausgangsreihe zusätzlich.

Die Aufführungsdauer – bei der auch der Finalsatz die nötige Gewichtung behält, um sich als dritte, von Frische und Freude gesättigte Tafel in diesem farbensprühenden Triptychon gleichrangig zu behaupten[106] – liegt bei 18 Minuten gegenüber üblichen 14 bis, seltener, 17. In einem Fall gelang jedoch auch auf der Grundlage weitgehend beibehaltener Tempo- und a tempo-Konventionen dank atmender Agogik in der Einzelphrase, ausgleichenden Ruhepunkten, temperamentvoller Dynamik eine anhaltend lebendige, weitgehend stimmige Interpretation von nur einer Viertelstunde: mit der Pianistin Jutta Czapski und dem Berliner Sinfonie-Orchester unter Günther Herbig (1985). Näher am Wortlaut, wenn auch klanglich, vor allem orchestral blasser, musizieren zunächst Aldo Ciccolini und das Orchestre de Liège unter Paul Strauss (1975). Etwas von einem Programm dringt durch, das zweite Thema Takt 100 ff. erhält unter den Händen des Pianisten gebethaften Charakter. Leider macht sich im Mittelabschnitt ein Drängen störend bemerkbar, der Pianist kann mit den technisch anspruchslosen Arpeggien wenig anfangen. Dabei hätte er die Streicher schwelgen lassen und ihrem Teppich mithilfe des Pedals über Harfengirlanden hinaus auch noch den Glanz ferner Glocken schenken können. Das Finale schnurrt agogisch undifferenziert, ausstrahlungsarm einfach durch, gassenhauerisch, hemdsärmlig banal. Der innere Rhythmus zerfällt, es entsteht der Eindruck zweier Phasen: einer ausdrucksgeladenen ersten, einer abfallenden zweiten Phase.

---

[106] Sein Allegro non troppo überschriebenes Allabreve sollte Halbe bei 60 bzw. Viertel bei 120 nicht überschreiten.

Die im hundertsten Todesjahr des Komponisten aufgezeichnete Einspielung unter Jacek Kaspszyk (zusammen mit einer überflüssigen Sinfonie und einem ärgerlich routinierten *Chasseur*) läßt dank dem Pianisten Seta Tanyel beim ersten Abschnitt aufhorchen, versandet dann aber wie in der Aufführungsgeschichte des Werks leider üblich.
Am meisten sympathisiere ich mit der warmen, übergangsreichen Version von 16 Minuten erneut mit der Pianistin Kerstin Åberg und dem Dirigenten Okko Kamu, wegen der stärkeren Orchesterleistung im Finale, das bei den Finnen unplastisch bleibt, mit der bekannteren Einspielung Weissenberg / Karajan. Der von Kritikern vielgelobten Franckauffassung des Pianisten Alfred Cortot, von dem es auch die *sinfonischen Variationen* gibt, eignet historisches Interesse.

2.17 Ein anderes Musikdrama – Hulda und Ghiselle

Die beiden abendfüllenden Projekte, die Franck fast während der ganzen Jahre nach *Les Béatitudes* bis zum Tod begleiteten, handeln von der verletzten Integrität der Liebe und der Frau. Hulda wird in einer germanischen Stammesfehde geraubt, ihre Familie getötet, sie selbst als Trophäe dem ältesten Sohn des Siegers zugesprochen. Sie gerät ins Räderwerk der Ansprüche und ist fortan vom Gedanken der Rache beherrscht. Ein labiler Ritter, Eiolf, tötet, von ihr angestachelt und ihre Liebe erwidernd, bei einem zu Ehren des Hochzeitspaares anberaumten Schaukampf den verhaßten Bräutigam, ist aber nicht bereit, mit ihr nach Island, der Heimat ihrer Vorfahren, zurückzukehren. Huldas Rigorosität und Intrige stoßen ihn ab. Er geht zu seiner früheren Geliebten zurück. Hulda stachelt nun die Brüder des von Eiolf getöteten Bräutigams auf, dessen Tod zu rächen. Rache erzeugt neue Rache. Hulda bleibt nach dem gewaltsamen

Ende einer um sie rivalisierenden Jungmännerschar verlassen übrig und stürzt sich, jeden sozialen Rückhalts beraubt und nun selber von Rache bedroht, verzweifelt ins Meer.
Ghiselle wird seit ihrer Kindheit am Hof der Frankenkönigin Fredegunde gefangengehalten. Ihr Stamm hat soeben eine neuerliche Niederlage erlitten. Fredegunde liebt den siegreichen Schlachtenführer Guntram, bietet ihm sich und die Krone an. Doch Guntram lehnt ab, er will Ghiselle, die ihn zurückliebt. Kurzerhand wird Ghiselle einem Höfling als Sklavin geschenkt und, nachdem Guntram sie diesem in einem Zweikampf wieder abgenötigt hat, neuerlich gefangengesetzt und der Kirche vermacht. Große Einkleidungsszene. Fredegunde genießt es, wie die Rivalin sich unter dem Nonnenschleier windet und erst Jesus, dann die germanischen Götter ihrer Kindheit um Hilfe anfleht. Da bricht sich Guntram, den Ghiselle bei ihrer Festnahme getötet wähnt, Bahn zu ihr. Dramatische Szene. Man verbarrikadiert die Portale hinter den Kirchenschändern und setzt die Kapelle in Brand. Es gelingt den beiden, der aufgebrachten Menge durch das Flammenmeer zu entkommen. Aber leben werden sie nicht miteinander dürfen. Die Feinde bleiben Ghiselle und dem Schwerverletzten auf den Fersen. Gudrun, Ghiselles Mutter, eine germanische Priesterin, die ihr vermißtes Kind wiedererkennt, ermöglicht den beiden mit einem Zaubertrunk den sanften Tod. Im Sterben träumen sie von einer friedvollen Vereinigung im Reich des Germanengottes Odin[107].
Zumindest als Komponist rückt Franck in *Hulda*, die auf ein frühes Theaterstück Bjørnstjerne Bjørnsons zurückgeht, von der Utopie einer durch die Bergpredigt effektiv zu verbessernden Welt ab. In *Ghiselle* – Libretto: Gilbert-Augustin Thierry – legt er darüber hinaus den Finger auf eine Wunde

---

[107] Ausführliche Inhaltsangaben bei Mohr; s. Fußnote 2

des real existierenden Christentums: Machtmißbrauch und Menschenverschacherung, durch die es sich als einer Heidenreligion moralisch unterlegen erweist. Ist in beiden Opern der Freitod Ausdruck des Nicht-mehr-weiter-Wissens und Nicht-mehr-weiter-Könnens, so gewinnt er in *Ghiselle* zusätzlich Züge der Vereinigung mit einem geliebten Menschen, für die sich der Preis des eigenen Lebens lohnt.
Franck zeichnet aber auch die Fredegunde zunächst nicht ohne Mitgefühl. Ihre Verletzlichkeit muß größer sein als ihre Liebesfähigkeit, wo sie sich so prostituieren und, zurückgewiesen, revanchieren kann. Porträtierte hier Franck die Gattin, im Verhältnis Guntram–Ghiselle eine von einigen Biografen gemutmaßte Affäre und in der Wiederbegegnungsszene Gudrun–Ghiselle eigenes zurückgehaltenes Wunschdenken in bezug auf die seinerzeit nach Belgien verschollene Mutter?
Der wankelmütige Eiolf, die erotischen Wildereien auf fremdem oder unberührtem Revier, die Verlassene und die Unsympathische, die hinter ihrer Rigorosität ihre verletzte Selbstachtung versteckt, und alles das ohne Konfrontation mit einer moralischen Utopie wie in den *Seligpreisungen* – Franck arbeitete an den umfangreichen Partituren ohne konkrete Aussicht auf Aufführung 1879 bis 85 und 1888 bis 90. Ich denke, aus einem längerfristigen Ehrgeiz heraus, aber auch aus einem persönlichen emotionalen Antrieb.
Anfang Juli 1890 wurde Franck, in Gedanken durch die Straßen von Paris eilend, von einem Pferdebus gerammt. Er kurierte die Verletzungen nicht aus, nahm gleich die Arbeit wieder auf. Im November packte den immer Robusten eine Lungenentzündung. Komplikation. Ende. War er müde geworden? Gleichgültig gegen sich selbst? Oder bloß unachtsam, leichtsinnig, ungeduldig, zwei Jahre vor Eintritt des damaligen Pensionsalters blauäugig pflichtbewußt?

Formal entsprechen beide Opern weder dem durchkomponierten Musikdrama à la Wagner noch der älteren Nummernoper. Auf die gleiche bezeichnende Weise wie in der Instrumentalmusik werden auch hier unterschiedlichste Episoden aneinandergereiht, miteinander verquickt, durch offene und durch versteckte Bänder zusammengehalten.

In **Hulda** erscheinen orchestrale, vom Chor getragene und solistische Abschnitte wie selbständig gegeneinandergesetzte große Themenblöcke. Ihr Anteil differiert von Akt zu Akt. In II glänzt der Chor, in III fehlt er, in IV baut das Orchester seine in I quantitativ kleinste Position stark aus. Ein weiteres Gliederungsmerkmal erwächst daraus, daß die chorischen Abschnitte von regelmäßigen Themen und abgegrenzten Formen geprägt werden, die solistische Sphäre hingegen von formaler Offenheit und frei strömendem Arioso. Sinnfällig verkörpert sich bis in die Form hinein der Gegensatz zwischen Gesellschaft und Individuum, rigider Ordnung und entfesseltem Aufbegehren.

Die tonsymbolische Grundlage, an die Kollektiv wie Widerstand gleichermaßen gebunden bleiben, ist derjenigen in Quintett und Sinfonie verwandt:

1 = **D**: Umwobensein vom Schicksal; Ableitung: **C**;

2 = **F**, ersatzweise **E**: handeln / sich sehnen.

Franck entwickelt seine Bausteine wie in *Was man auf dem Berge hört* aus einer Ton-Akkord-Wiederholung, aus der sich in Takt 3 Pendeln und, reihenfolgenvertauscht, die Hälften eines Tonleiterausschnitts herauslösen:

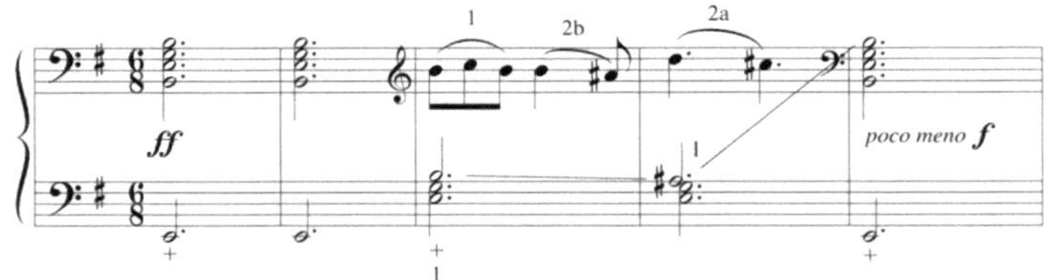

In den Takten 11 bis 14 präsentieren sich die Elemente erstmals rein:

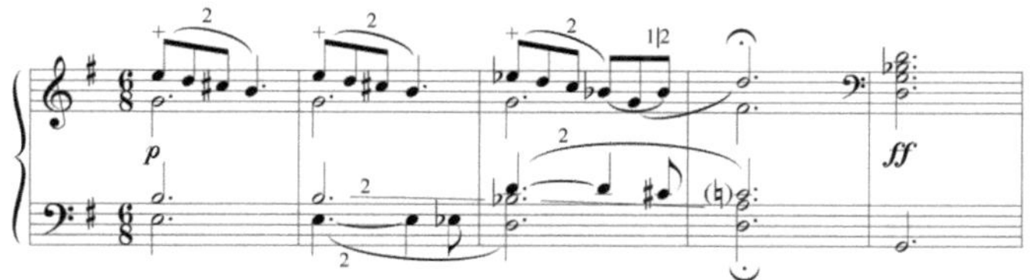

In der Oberstimme erkennt man Element **2** in dreifacher Anwendung: Es stellt ausgefüttertes Pendeln und melodische Belebungsfigur des wiederholten e-Moll-Akkords dar und bleibt in seiner Verbindung zu Prototyp **A** für das Schicksal auch im weiteren Verlauf gegenwärtig. In Baß und Mittelstimmen emanzipiert es sich dagegen zur weiterfließenden Chromatik, um am Ende fragend innezuhalten.

Öfters, jedoch nicht grundsätzlich, nähert sich die Partitur über das Gesagte hinaus dem Variationscharakter der *Seligpreisungen*, des *Jägers* und des zweiten Klavierzyklus.

Der erste Satz, einer der kompaktesten Eröffnungsakte der Operngeschichte, trägt seine Verbindung zur Sinfonie zugleich am deutlichsten auf die Stirn geschrieben. Er kulminiert in Huldas Fluch in schreiendem fis-Moll in der Quintlage, das bei Franck Bedrohung durch Tod beschreibt. (Sechste *Seligpreisung*, dritter Satz Violinsonate, Molto lento *Chasseur*, Anfang *Djinns*.)

Der zweite Satz bildet in seiner Vielschichtigkeit umrißhaft den vierten vor, der dritte, mit einem Liebesduett, das es mit den schönsten Augenblicken des *Tristan* aufnimmt, nicht ohne in einem Puccini zuzuspielen, vertritt in seiner lyrischen Aura etwa die Stelle, die die berühmten Adagi in den Sinfonien von Gustav Mahler einnehmen. Der vierte Satz ist eines der umfangreichsten zyklischen Sinfonienfinales, die es gibt. An die Stelle eines ersten Hauptthemas tritt ein ganzes, aus mehreren Sätzen bestehendes Ballett mit

Chor: Sinfonie, sinfonische Suite innerhalb einer Sinfonie. Dem Ballett entsprechen der Ausklang des vierten Akts, der Epilogbeginn mit dem Brückenschlag zum Opernanfang zurück und Chor[108]. Frappant der Reichtum der Steigerungen und polylinearen Quer- und Rückverbindungen. Bis zum dunklen Schluß werden an die Stimmkraft der Solisten freilich enorme Anforderungen gestellt.

Die Freiburger Inszenierung von Tilman Knabe verlegte die Handlung aus dem Norwegen des 11. in den Kongo des 20. oder 21. Jahrhunderts. Aus Eiolf, dem Königsgesandten bei Bjørnson/Franck, machte er einen Blauhelmsoldaten, aus den nach Norwegen verschleppten Stammesverbänden einander bekämpfende Sippen eines afrikanischen Township. Vergewaltigungen, MG-Feuer, Kinderarbeit und rohe Gewalt sollten auf die Folgen kolonialer Ausbeutung verweisen. Die Berliner Kongo-Konferenz von 1884 fällt in die Entstehungszeit der Oper, und es ist nicht undenkbar, daß der alles andere als politisch neutrale Komponist mit der Aktualisierung des Stoffs sympathisiert hätte. Allerdings fiel, wie immer bei solchen Eingriffen, einiges Atmosphärische unter den Tisch, landschaftliches Kolorit etwa, und wurden etliche Passagen von lautem Bühnengeschehen übertönt.

Dennoch entstand unter der umsichtigen Leitung von Fabrice Bollon wohl erstmalig in der Musiktheatergeschichte an einer Bühne ein gültiger Eindruck der Musik. Wobei allerdings immer noch ein paar Eingriffe hinzunehmen waren. Die Chöre zu Beginn des 2. und 4. Aktes und im *Ballet allégorique* fehlten. Damit fehlten zwei für Franck und das Werk typische formale und in IV sogar thematische Korrespondenzen. Um wenigstens die Ballett-Musik – Ballett gab es modernem Aufführungsgebrauch entsprechend

---

[108] Warum Franck den Epilog nicht als fünften Akt bezeichnete, ist unklar.

keines – nicht ganz zu unterschlagen, wurden Sätze daraus an die Stelle der entfallenen Eröffnungschöre gesetzt und zu stummen Handlungen und Schrifteinblendungen musiziert. Anschließend verlief die Musik jeweils nach Plan. Allerdings bediente man sich einer gegenüber dem veröffentlichten Klavierauszug verschobenen – und durchaus sinnvollen – Akteinteilung: Prolog (statt erster Akt) – erster bis bis dritter (statt zweiter bis vierter) Akt – Epilog. Auf Nachfrage verwies der zuständige Musikdramaturg auf nachträgliche Eintragungen des Komponisten.
Die mit einem erweiterten Ensemble in einem seltenen Kraftakt gestemmte hochwertige Aufführung wurde bei der ausverkauften Premiere mit über zehnminütigem frenetischem Beifall bedacht, Kenner sprachen von einer bedeutenden Neuentdeckung[109], ja Sensation.
Ähnlich wie die späten Klavierzyklen und Werke für Klavier und Orchester, wirken auch die beiden Opern, als hätte Franck sie als Pendants entworfen: ein Werk in voller Kraft und eines verhallend schließend, das eine kantiger konturiert, das andere fließender.
Für **Ghiselle** – nach der Oper in vier Akten und Epilog ein Musikdrama in vier Akten – hat Franck die theaterpraktische Meßlatte heruntergesetzt. Das Orchester hat fast nur in den Aktvorspielen das alleinige Sagen, der Chor ist bis auf die prunkvolle Begrüßungsszene zu Beginn auf Einwürfe beschränkt, die sich allerdings im dritten Akt zur großen

---

[109] u. a. *Wikinger im Herzen Afrikas*, Frankfurter Allgemeine Zeitung vom 22. Februar 2019, S. 11; www.die-deutsche-buehne.de/kritiken/rachewahn-im-township; www.deropernfreund.de/freiburg-12.html; https://ondemand-mp3.dradio.de/file/dradio/2019/02/16/deutschlandpremiere_cesar_francks_oper_hulda_in_freiburg_drk_20190216_2345_928b92c3.mp3; www.nmz.de/online/figuren-werden-zu-schattenrissen-cesar-francks-hulda-am-theater-freiburg; mp3.dradio.de/file/dradio/2019/02/17/rache_tilman_knabe_inszeniert_in_freiburg_cesar_francks_dlf_20190217_1745_a384fab6.mp3

Partie summieren: Priester, Mönche, Kirchenvolk. Die Solisten müssen wie in *Hulda* gegen einen oft enggewobenen Orchestersatz ansingen, aber einige wirklich zarte, reduzierte Pianissimostellen und eine ökonomische Ablösung gleichen aus.

Die teilweise umfangreicheren Leitmelodien der *Ghiselle* zielen stärker als diejenigen der *Hulda* auf leichte Wiedererkennung, aber ebenso auf die formale Gliederung. Eine von der Form losgelöste Handlungskommentierung im Sinne Wagners erscheint eher fraglich. Als thematisches Motiv werden sie dafür zu selten abgewandelt. Im dritten Akt stützen sie einen rondoartigen Verlauf, im vierten, durch gedrängte Zusammenschau, das zyklische Finale. Das Ende der Oper korrespondiert melodisch mit der Sphäre des zweiten Aktes, die in gesteigerter Intensität bis zum Schluß vorhält.

Die formale Gliederung verdient ein Extrakapitel in einem Lehrbuch dramaturgischer Artistik. Der erste Akt mündet nach kurzer martialischer Introduktion in einen dreiteiligen Chor (Männer, dann Gesamtchor) und Marsch (Begrüßungschor: Lob des Schlachtengewinners Guntram; Strophenform mit sparsamen harmonischen und polylinearen Veränderungen). Es folgen ein frei gestalteter Abschnitt (Solisten; Einwurf des Chores), ein Lied Theudeberts (Lob des Weines; strophisch beginnend, dann Chorstretta; Hinweis auf den am Schluß der Oper verabreichten Sterbetrunk), eine neuerliche, etwas ausgedehntere Passage musikalischer Prosa, eine Stegreifballade Ghiselles (Schmählied auf die Sieger; Introduktion, Strophen, immer schneller, zuletzt Chorstretta) und ein längerer Abschnitt mit rezitativisch-ariosem Grundverlauf mit einer auf die Sonatenform anspielenden kurzen Scheinreprise und eingelagerten Annäherungen an Strophenfolgen, obenan bei Fredegundes Werbung und Guntrams Absage.

Der zweite Akt setzt nach einer getragenen Introduktion den Wechsel der Formen fort, entwickelt jedoch eine noch intensivere Anbindung an die gesteigerte Strophe. Der ariosere Gesamtduktus findet im ersten Erklingen des Wiedererkennungsliedes seinen ausdrücklichen Kulminationspunkt:

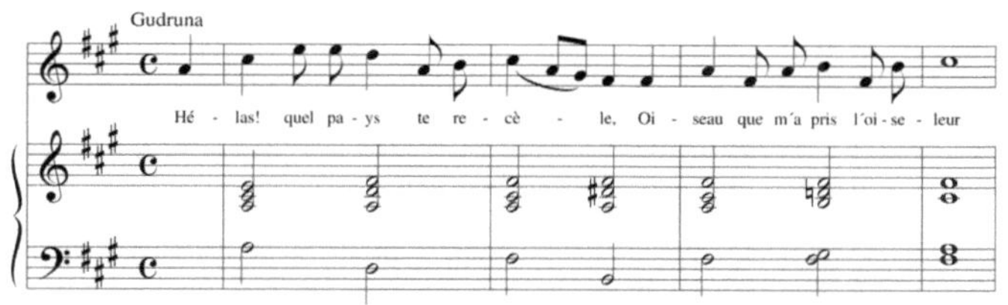

In der übergangslos anschließenden Zweikampfszene fließt dem Leitmotiv der Liebe Guntrams und Ghiselles rahmende Funktion zu (freie Introduktion und aufgebrochene dreiteilige Liedform).

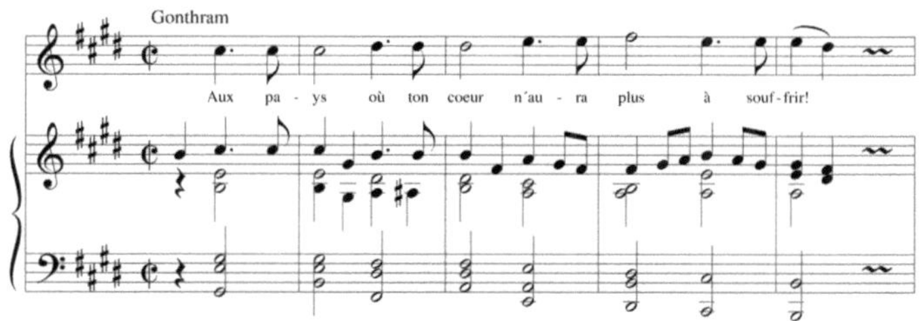

Die Liebesschwurszene (gesteigerte Strophe – Interludium – erweitertes dreiteiliges Lied – offen endender Epilog) entspricht formal mit vertauschten Abfolgen dem Opernauftakt, inhaltlich der Besiegelung von Guntrams Bruch mit der Gesellschaft, die ihn dort gefeiert hatte, und seinem sozialen Abstieg. Die Tonart H-Dur aus Fredegundes Werbung steht am Ende. Ohne weitere Kommentierung deutet Franck auf folgendes hin: Das Glücksverlangen der Liebenden steht unter dem Unstern der Verfolgung durch Fredegunde. Ihrer Liebe wird wie derjenigen Fredegundes keine Erfüllung beschieden sein. Im Rückschluß folgert umgekehrt eine Aufwertung der Fredegunde als liebender Frau, deren Auftreten sonst weitgehend der Würde entbehrt.

Die Liebesschwurszene wird brüsk unterbrochen von einem Abschnitt, der als Urbild mehr das trockene Rezitativ durchscheinen läßt als das üppig strömende Arioso und nach der ekstatischen Musik zuvor wie ein Schlag ins Gesicht wirkt: Desillusionierung pur. Die Wirklichkeit holt die Träumenden ein. Die Liebenden werden getrennt. Eine geraffte Reprise des Aktanfangs und des Wiedererkennungsliedes beschließt ihn.

Ein freischweifender Blick, der die zeitlichen Proportionen außer Acht läßt und die sinfonische Anlage auch der Ghiselle an einer griffigen Diagnose dingfest machen will, sieht die Akte I und II als Exposition eines Großsatzes, III als Durchführung und IV als Reprise oder I und II als selbständige sinfonische Fantasien, III als eine Verknüpfung von Adagio, Scherzoansatz und nachgelieferter Sonatenhauptsatzdurchführung und IV als zyklisches Finale.

Weder die eine noch die andere Sichtweise trifft den Sachverhalt auf der Stufe wissenschaftlicher Diagnose. Jede spiegelt jedoch Überlegungen wider, wie sie sowohl einem Komponisten als Arbeitshypothese dienen wie sie Interpreten helfen, sich der artifiziellen Seite einer Komposition zu nähern.

Nachweisen läßt sich in III in einem ersten Block eine rondoartige Gliederung, gestützt auf einen, später zwei wiederkehrende Einwürfe des Männerchors. Das getragene Grundtempo wird zunehmend aufgebrochen: Ghiselle, die sich gegen das ihr aufgenötigte Zeremoniell zur Wehr setzt; der Bischof, der sie zu beschwichtigen sucht; Fredegunde, die hämisch die Szene stört (in einem grotesken Intermezzo im Scherzorhythmus) und auf ihren Platz zurückverwiesen werden muß. Formal handelt es sich um eine Fortentwicklung von zuvor benutzten Rastern. Franck treibt sie einer immer hitzigeren Zuspitzung zu, die den polymelodischen Durchführungen von Quintett, Sonate, *Was man auf dem Berge hört* oder Sinfonie nicht nachsteht.

Da Franck die Arbeit, besonders die Instrumentierung nicht mehr eigenhändig abschließen konnte, bleibt die stellenweise etwas skizzenhafte Klavierfassung als Richtschnur für eine Einschätzung entscheidend. Ihr zufolge hat der Komponist in III das Klangspektrum – große Baßpartie, Akkordmassierungen in tiefer Lage, aufgefächerte Chöre – mehr und mehr ausdehnen wollen, um die frappanten dramatischen Entfesselungen koloristisch abzustützen.

Der vierte Akt führt neue, entlehnte und zitierte Gestalten, alle einer gemeinsamen Wurzel entspringend, auf gedrängtem Raum zusammen. Der Durchführungscharakter des Vorgängeraktes wirkt nach, das Rezitativische ist verschwunden, das Lyrische obsiegt. In Wohllaut sterben – an diese Unaufrichtigkeit der Erfolgsoper, nicht zuletzt des *Tristan*, macht *Ghiselle*, anders als *Hulda*, ein Zugeständnis. Aber sie macht es auf dieselbe souveräne und unverkennbare Art, wie deren dritter Akt oder die *Drei Choräle* den Ausdrucksreichtum ihrer Zeit benutzen und übersteigern.

Für den ersten Akt wies eine Klavierreduktion, die ich zum eigenen Gebrauch auf Band spielte, eine Dauer von 40 Minuten aus, der zweite kam auf 39, der dritte, bei einem formökonomisch unverzichtbaren Auskosten des Adagiocharakters im ersten Block, auf 33 und der vierte auf 19 Minuten. Es ergab sich eine Gesamtdauer von zwei Stunden elf Minuten. Mit Sängern dürften sich im Vergleich dazu einige Verschiebungen ergeben.

Das kurze Nachspiel des Orchesters enthüllt den intervallischen Schlüssel für das Werk:

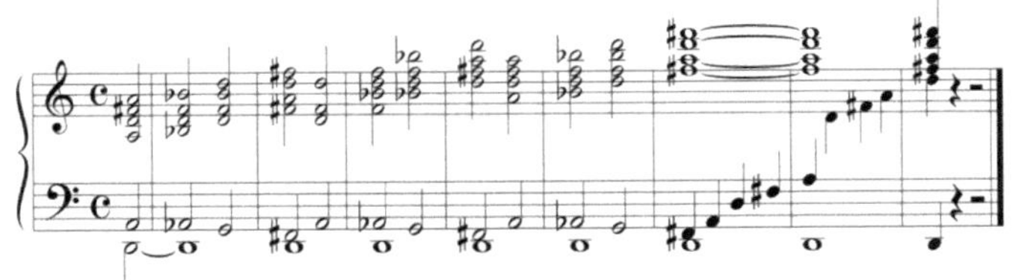

A / E, ersatzweise **F**

1 = Umschreibung eines repetierenden Tons mit wechselnden Harmonien: **A** / üppige ornamentale Umschreibungen von **A**[110];
2 = Linien, die in Dreiklangs- bzw. Skalenschritten Schleifen drehen: **E**;
3 = Aufgang, der das Schleifendrehen abfängt: **F**, an Stelle von **E**; am Schluß der Oper: die Lösung in der Auflösung: der Doppelselbstmord von Ghiselle und Guntram, ihre Vision, in Odins Reich einzugehen.

1 wird Abwandlungen unterzogen, die den Bezug zu Tonsymbol **A** und Francks generell tonintervallisches Vereinheitlichungsverfahren infragezustellen scheinen: Üppige Konfigurationen umspielen ein tonales Zentrum nur noch sinngemäß; an anderen Stellen ersetzt der Pulsschlag gleichmäßig gesetzter Akkorde (der zitierte Schluß hierfür rhythmisch bezeichnend) das unerbittliche Auf-der-Stelle-Treten von **A**. Faßt man die Prim als intervallische Nullstelle auf, so wird die Nähe zum rein Rhythmischen einsehbar. Psychologisch überzeugt Francks Vorgehen durchaus. Innerhalb des theoretischen Rahmens, den die vorliegende

---

[110] Der Notenunkundige suche nach Folgen von mehr als zwei Notenzeichen hintereinander, die am gleichen Draht aufgespannt erscheinen und nicht durch einen Bogen verbunden sind.

Arbeit absteckte, bewegen wir uns aber in einem Übergangsbereich.

Franck benutzt seine Formeln anteilig wechselnd. **1/A** und **3/F** begrenzen den bedarfsweise schwankenden Anteil von **2/E**. Ihnen kommt entscheidende Signalwirkung zu. **3/F** konzentriert sich auf die Abschlüsse von Hauptabschnitten, zumal der Akte, und trägt noch signifikanter als **1/A** zu einer wieder entfernt an Variationsabschnitte erinnernden Gliederung bei.

1/A zieht Aufbegehren und Schicksalswidrigkeit zusammen: die vom Boden sich lösende, wechselvolle Figuration (Individuum, Leidenschaft) und das Verharrende des konstanten Tons / Intervalls / Dreiklangs / Rhythmus (Schicksal). Es tritt an die Oberfläche beim Schwerterrasseln in I; beim Läuten der Kirchenglocken, die Fredegunde auf den Gedanken bringen, Ghiselle ins Kloster zu sperren, in II; beim Dröhnen der Feuerglocken in III; beim Zuhämmern der Kapellentüren. Auf den ersten Blick erkennbar im Fanfarenruf der anrückenden Verfolger in II und IV und im Verzweiflungsmotiv Ghiselles:

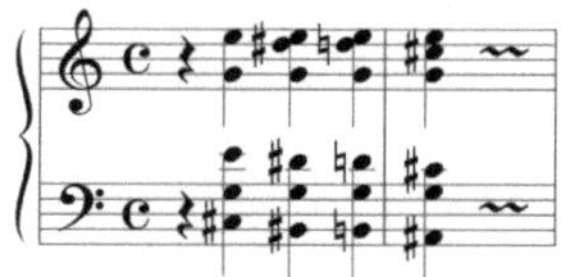

Aber nicht nur im kleinen drückt sich der Wiederholungszwang des Schicksals aus: Mit der differenzierten, in der Einzelsituation jedesmal unverhofften Verwendung der Strophenform schafft Franck eine Entsprechung im großen zur Tonrepetition im kleinen.

Dramatik bildet sich in beiden Opern vorrangig auf der Grundlage einer dichtgewobenen polylinearen Textur. *Hulda* gerät zur Sinfonieoper, darin das existentialistische

Thema des entwurzelten Menschen vorgebildet wirkt, *Ghiselle* versteht sich stärker als Personendrama, betont das Sinfonische weniger, spannt in anderer Hinsicht aber den Faden zwischen Detail und übergeordneter Form fast noch enger.
So hochkalibrig und im Schaffen Francks von unverzichtbarer Bedeutung beide Werke erscheinen müssen – ohne die Freiburger Initiative wäre der Musikliebhaber bei *Hulda* immer noch auf den inzwischen auf Youtube verfügbaren italienischen Rundfunkmitschnitt mit entstellenden Strichen aus den frühen 1960er Jahren angewiesen[111], der wegen seiner Aura trotzdem, und zur Gewinnung eines vorläufigen klanglichen Eindrucks, wertvoll ist[112], zu *Ghiselle* fand sich nichts Analoges. Erst eine veränderte Franck-Rezeption insgesamt könnte den Grundstein dafür legen, daß sich verstärkt Musiker und vor allem auch große Häuser mit noch größeren Orchestern an die anspruchsvollen Stücke heranwagen. Das Publikum wird leicht von ihrem Wert zu überzeugen sein, hier sollte man verstaubte Vorurteile schleunigst abwerfen.
Von *Ghiselle* erwarb ich 1983 den vorletzten im freien Handel in Paris erhältlichen Klavierauszug, *Hulda* besorgte mir ein Kapellmeister leihweise aus einer belgischen Bibliothek. Diesem Klavierauszug lag leider eine Bearbeitung zugrunde, die Parallelhandlungen eliminierte, das letzte Orchesterzwischenspiel reduzierte und beim Ballett Umstellungen vornahm.
Der Dirigent des besagten Rundfunkmitschnitts, Vittorio Gui, sattelte auf dieses Zerstörungswerk noch drauf, indem er den entstellten zweiten Akt noch einmal amputierte, im Epilog den unverzichtbaren Brückenschlag zurück zum

---

[111] https://www.youtube.com/watch?v=2C-XSGL3sJQ
[112] Er enthält interessanerweise zwei der in Freiburg weggelassenen Chorabschnitte.

Opernanfang unterschlug, Chor- und Orchesterabschnitte ausließ (so fast das ganze *Ballet allégorique*) und selbst die in den Mittelpunkt gerückten solistischen Teile um Spannung schaffende Kontrastpassagen und Leitmotivexpositionen kastrierte. Erst auf Betreiben der Freiburger Bühne erfolgte die Wiederherstellung der Urfassung anhand des in Paris aufbewahrten Autographs. Die ursprünglich für 2018 vorgesehene Premiere mußte dafür um ein Jahr verschoben werden. Notwendig erschiene nun noch eine Neufassung derjenigen Klavierauszugsabschnitte, die Franck einem Studenten überließ, der sein Handwerk nicht beherrschte. (Ausgerechnet der Schluß.)[113]

Die drei im Fluge vergehenden Stunden, die die Originalfassung der *Hulda* beansprucht, lassen nach Freiburg erstaunter denn je fragen, wie ein so souverän, so stolz gebautes, faszinierendes, keine Minute durchhängendes gewaltiges Stück Musiktheater so lange liegenbleiben konnte.

Über einem Vergleich der beiden Opern, die sich zentral mit Frauengestalten befassen, sollte man den Rückblick auf die beiden Oratorien, die dies ebenfalls tun, nicht versäumen: Ruth und Rebecca, zwei Frauen, die in der Fremde, göttlichem Ratschluß folgend, ein erfülltes Leben im Dienste anderer beginnen. Hulda und Ghiselle: ebenfalls zwei Frauen in der Fremde, aber gewaltsam entführte, um ihre Heimat, ihre Jugend betrogene, in den Untergang getriebene. Geschlechtsvertauschte Identifikationen eigener Erfahrung?

---

[113] Die beiden im Internet einsehbaren Klavierauszüge geben das Werk in unterschiedlich vollständigen weiteren Bearbeitungen wieder: http://hz.imslp.info/files/imglnks/usimg/d/dc/IMSLP281606-PMLP144081-huldaopraen4acte00fran.pdf

2.18 Der späte Beitrag zur Kleinform und eine übersehene Kantate

Musikalische Miniaturen standen für Franck auch in seinen späteren Jahren nie im Mittelpunkt. Die Einzellieder *Nocturne, La Procession* (auch als kleine Tenorkantate mit Orchester), *Les Cloches du Soir* (ein Nebenprodukt der Arbeit an *Ghiselle* und genauso schwermütig), der zauberhafte Sechserzyklus der Duette für zwei gleiche Stimmen und Klavier, die *Hymne* für vierstimmigen Männerchor und Klavier, die den Racine-Text in der Art jemandes ausdeutet, der einen stillen Kampf gegen sich selber austrägt (auch das erinnert an die Schwermut der *Ghiselle*), *Le vase brisé* aus der Sphäre des Quintetts sind dennoch prägnante Beispiele ihrer Gattung. Wenn die Lieder Francks insgesamt nicht so biedermeierlich-harmlos heruntergesungen würden wie auf den Aufnahmen, ihr Wert käme zum Vorschein. Öfter vorzufindende Kritik an Francks Ton-Textverteilung muß ich mangels Kompetenz offenlassen. Anhand vorliegender Rohübersetzungen der 16 Hauptstücke versuchte ich, genau zur Melodie passende deutsche Textfassungen zu erstellen[114]. Alle Lieder, auch einige zunächst als schwächer eingestufte frühe, nahmen eine stark berührende Intensität an: der Mensch in seiner privaten, manchmal alltäglichen, manchmal religiösen Konkretheit. Dazu *Paris*, diese Ankündigung Brechtscher Agitprop-Kunst und schreiende Anklage gegen den Aggressor von jenseits des Rheins.

Kleine Perlen sind das für zarte Kinderhände komponierte *Klagelied einer Puppe* (1865) und der zwanzig Jahre später datierte *langsame Tanz*, mit dem sich mancher noch nicht so fortgeschrittene Klavierschüler für Francks Musik begeistern läßt.

---

[114] Bis auf weiteres vom Verfasser persönlich zu erfragen.

Einige Findlinge der letzten Jahre wie das Instrumentalduo *Mélancolie* oder die vier ergänzenden Stücke zu *L'Organiste* sind unfertige Arbeiten, die mit den endredigierten großen und kleinen Kompositionen Francks nicht verglichen werden dürfen. Seinem Andenken zuliebe führe ich sie nicht auf. Für das Motettenschaffen fand der Komponist einen starken Abschluß mit dem fünf bis sechs Minuten dauernden *Psalm 150* für Chor, Orgel und Orchester, der 1884 zu einem repräsentativen Anlaß entstand (Orgelweihe im Pariser Blindeninternat, dem schon *Rebecca* gewidmet war). Ich weise auf die versteckte Verbindung zwischen mysteriösem Anfangsmotiv und einsetzender Psalmzeile hin:

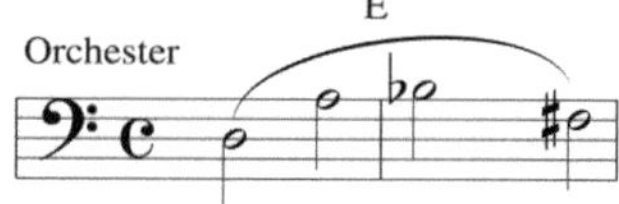

bildet ein Raster für:

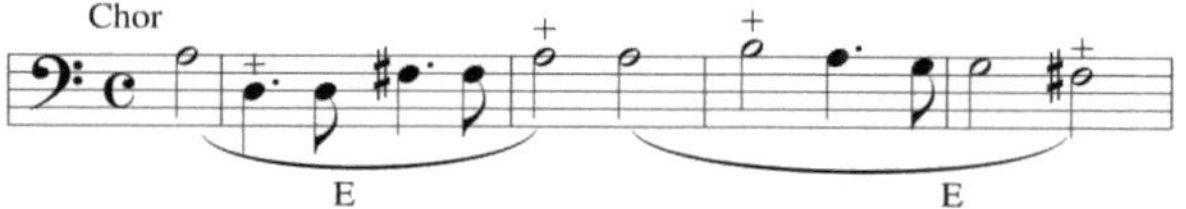

und wirkt vereinfacht fort in:

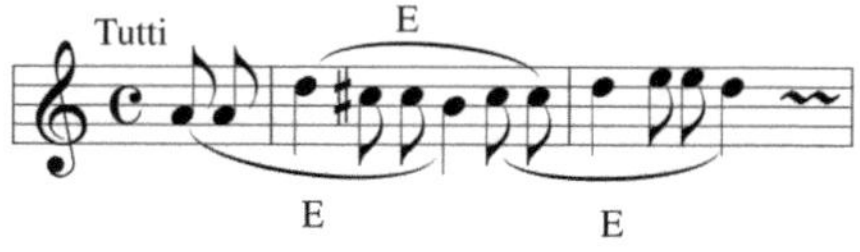

Stärker noch als die tonartgleiche *Prozession* und der Psalm tendiert die November 1870 datierte, auf den Prosatext eines französischen Wachhauptmanns verfaßte Ode patriotique *Paris* zu oratorischem Format. Die einsätzige Kantate nimmt auf die tagespolitische Situation bezug. Der Sieg der deutschen Invasionstruppen machte die ausgedrückten Perspektiven gegenstandslos. Die ebenfalls ausgedrückte

Empörung Francks über den 1870er Krieg im besonderen und den Krieg im allgemeinen wirkte aber fort. Der Komponist gab die Noten Henri Duparc zur Aufbewahrung und wandte sich seinen Oratorien zu. Situationsbedingt ein handfester Kriegstreibergesang, kann *Paris* weder als leidenschaftliche Kantate mit sorgfältig austariertem Orchestersatz noch in der ebenfalls attraktiven eigenen Bearbeitung als Klavierlied eine Zukunft im Konzertleben erwarten. Anders hoffentlich in der jetzt vorliegenden Transkription für ein lauttönendes Soloinstrument und Orchester[115]. Das zehnminütige Stück enthält von Anfang bis Ende suggestive Musik.

Eine Sonderstellung nimmt die Sammlung *L'Organiste* für Harmonium ein, deren Tonartenplan – siebensätzige Suiten plus Amen-Zeile in allen chromatischen Dur- und Molltonarten – Franck nur bis zur As-Dur-Folge vorantreiben konnte[116]. Das Ganze ist eine auf einem gemeinsamen Etwas (Tonfolge **E**) aufbauende Suite aus jeweils zyklisch zusammengefaßten Suiten. Der Suitengedanke in Potenz. Vielleicht eine qualitativ hoch anzusiedelnde Bagatellensammlung, vielleicht eine Art Oratorium ohne Worte für einen Spieler an einem selten gewordenen Instrument.

---

[115] César Franck: *Paris – Ode Patriotique* für Altsaxophon und großes Orchester. Transkription der Kantate *Paris* (November 1870). Mit der Gesangsstimme auf deutsch und dem französischen Original im Anhang. Verlags-Nr. CAV14043. Hamburg 2019. Das Vorwort enthält eine ausführliche Werkanalyse des Verfassers.

[116] Zu den vier die Suite vervollständigenden Sätzen, darunter die drei in gis-Moll, vgl. die Ausführung oben!

III. Folgerungen

3.1 Eine andere Franck-Interpretation

Der interessierte Musikliebhaber findet rasch heraus, daß das Franckkonzept, das ihm Konzert und Medien vermitteln, mit dem hier entworfenen Bild eines leidenschaftlichen Menschen und besessenen Architekten psychedelischer Musik ziemlich kollidiert.

Der Unterschied fängt beim Tempo an. Tempo definiert die Anzahl zu vermittelnder Impulse pro Zeiteinheit und gibt vor, wieviel Information den Empfänger erreichen soll. Es wird damit zu einem bestimmenden Bestandteil eines Vermittlungskonzepts, gern Interpretation genannt. Es verrät, wieviel der Vermittelnde von einem Werk versteht, was er für wichtig hält oder vernachlässigt. Es gibt Auskunft darüber, in welcher Weise Zensur geübt wird und unter welcher Zensur der Vermittelnde womöglich selber steht. Schule in der Kunst meint oft das gleiche wie Zensur.

Das vorliegende Buch möchte keine langsamere Interpretations-**Mode** einführen, auch wenn dies aufgrund mancher Zeitangabe vermutet werden könnte. Schon gar nicht soll einer von provisorischen Uraufführungsumständen geprägten mutmaßlichen Authentizität das Wort geredet werden. Das wäre Bürokratismus und der Sache César Francks abträglich. Vielmehr geht es darum, Blick und Ohr zu schärfen für die andere, weitere und persönlichere Dimension dieser Musik.

Das Problem sei an einem konstruierten Rechenbeispiel aufgezeigt: Ein 4/4-Takt mit Viertel = 120 dauert zwei Sekunden und vermittle zwei vom Hörer bewußt aufgefangene Impulse. Derselbe Takt dauere in einer anderen Spielversion drei Sekunden, das Satzbild sei ausgeleuchtet, die Viertelbewegung, beim Durchschnittswert V. = 80, unauffällig verunregelmäßigt, zum Beispiel das 1. V. = 77, das 2. V. =

82, das 3. V. = 81, das 4. V. = 78, die Impulszahl erhöhe sich auf sechs. Sechs Impulse in drei Sekunden gegen zwei Impulse in zwei Sekunden ergibt pro Sekunde doppelt so viele Impulse. Die rhythmischen Verschiebungen halten die Aufmerksamkeit wach, sensibilisieren den Hörer für die Vielschichtigkeit des Geschehens und stützen eine Aura von Freiheit, innerer Dynamik, Lebendigkeit, wie sie bei glatt durchgespielten gleichen Werten ausbleibt.

Umgekehrt lassen sich die sechs Impulse nicht ohne Verlust an Aura und natürlicher Spannung auf die Verhältnisse eines beschleunigten Durchschnittszeitmaßes übertragen. Hektik ist die Folge, der Hörer reagiert gereizt und schaltet ab.

Die vorliegende Arbeit bemüht sich, um im Bild zu bleiben, um Argumente dafür, daß man einen Takt in einem Werk César Francks so wiedergeben sollte, daß er sechs wichtige Impulse in drei Sekunden übermittelt statt zwei in nur zwei Sekunden.

Die Organik der Form mit Übergängen, die den Hörer mitnehmen und steuern, stellt sich bei Franck dennoch erst ein, wenn man zusätzlich Partituranweisungen in bestimmter Weise übersetzt.

Die Tempogestaltung ist durchgängig frei und immer **ausdrucksbezogen**. Ein Allegro beispielsweise kann, absolut betrachtet, von Werk zu Werk einen verschiedenen Puls meinen und wird in einem Orgelstück in kathedralem Monumentalstil langsamer zu nehmen sein als in den schneller tendierenden sinfonischen Dichtungen *Chasseur* und *Djinns*. Im Interesse einer besseren Werkvermittlung könnte man Satzbezeichnungen als reine Tendenzangaben lesen und die Relationen der einzelnen Tempoabschnitte untereinander zum Alleinstellungsmerkmal machen. In den Geschwindigkeiten, wie das Taktell sie definiert, sind die weitgriffigen Intervallserien z. B. in *Präludium, Aria und Finale* anatomisch nicht ausführbar, jedenfalls nicht für einen immerhin versierten, wenn auch nicht Ausnahmestatus erreichenden Instrumentalisten mit großen Händen. Ehe die Tasten unzusammenhängend gedrückt oder Töne ausgelassen werden müssen, liegt es doch näher, den Tempodruck herauszunehmen. Übrigens lassen sich Dezimketten, rein anatomisch, auch kaum im Pianissimo realisieren, wie Franck es an einigen Stellen wünscht, zumindest nicht auf heutigen Instrumenten. Das muß und sollte man relativieren.

Angaben am Satzanfang sind nicht bindend für den gesamten Satz. Ausdrucksveränderungen ist mit Tempoveränderungen Rechnung zu tragen. Die Bezeichnung a tempo meint nicht erstes Tempo, sondern den Beginn eines neuen Tempoabschnitts, einer neuen Tempoentwicklung. Nach einem Ritardando wird man also oft meno mosso anschließen müssen[117]. Es kann sich, wie im Allegro der Violinsonate, um eine Etappe im Tempoabbau handeln, der ein erneuter Aufbau folgt. Das Bezeichnete gibt nur Marksteine einer Richtung an, der Interpret muß aus dem Zusammenhang Sinngemäßes kreativ ergänzen.

Einer der Sonderfälle findet sich im Rezitativ der Sonate. Nach dem zunächst schwach, dann entschieden zu beschleunigenden ersten und zweiten Zwischenspiel des Klaviers bei der Trostmelodie wird man jeweils wieder langsam fortsetzen müssen: Die ersten kurzen Accelerandi dienen der Ankündigung der späteren großräumigen Beschleunigung. Diese ist erst wieder beim molto largamente e dramatico und nachfolgenden nochmaligen molto ritardando abzufangen. Im übrigen sind im Vorfeld vorgeschriebener Verlangsamungen oft auch dort, wo kein Accelerando oder Animato verzeichnet steht, Beschleunigungen zu ergänzen.

---

[117] wie in den Chorälen, der Sinfonie, *Präludium, Choral und Fuge*

Wie im Rhythmus, so sind auch in der Dynamik kleine Nuancen nicht vermerkt. Dynamische Pfeile, Crescendo, Decrescendo sind ebenso wie Ritardando, Rallentando, Largamente, Allargando etc. **stark** auszuführen, funktional, eine Entwicklung weitertreibend, **nicht dekorativ**. Nur schattierende Nuancen sind dagegen aus dem Verlauf selbsttätig zu entwickeln.
Die von Franck vorgenommenen Bezeichnungen erweisen sich auf dieser Grundlage als genau, schlüssig und unverzichtbar für die Darstellung logischer und affektiver Verläufe.
Molto- und poco-Zusätze vor tempo- und dynamikverändernden Bezeichnungen bedeuten bei Franck: Bei molto hat das Crescendo, Diminuendo, Accelerando oder Ritardando abrupt einzusetzen, bei poco schleichend und umgekehrt erst gegen Ende deutlich. Das subito gelegentlich vor diminuendo (Quintett; *Rebecca*; Violinsonate, Allegro) meint wohl eine Steigerung von molto diminuendo, also ein wenn möglich noch rapideres Wegschmelzen der Dynamik. Molto bzw. subito crescendo umschreibt Franck im Einzelfall der *Paris*-Kantate mit rinf. (rinforzando).
Dem übersteigerten Grundton der Franckschen Musik entsprechend müssen auch ihre dynamischen Extreme, die sich auf engem Partiturraum zusammenballen, ausgespielt, dürfen unter keinen Umständen abgeflacht und nivelliert werden. Aus Gründen der klanglichen Substanz und deutlichen Stimmführung wird man in den Pianobereichen allerdings eine gewisse Mindestfülle nur selten unterschreiten dürfen. Allein der dynamische Ausschlag verweist den Interpreten darauf, daß ein Übereilen die geforderten Entwicklungen nicht sinnvoll zuläßt, dem Zuschnitt der Musik widerspricht.
Ferner sind alle Stimmen, also nicht nur Baß und Sopran, schon gar nicht die Oberstimme allein, durchzukonturieren

und solistisch auszuphrasieren. Wie erläutert folgt Francks Musik einem Collagierungsprinzip, und das auch dort, wo nicht ausdrücklich thematische Gestalten in Art des Kanons oder der Mehrfachfugenengführung übereinandergeschichtet erscheinen. Stets ist darum auf eine besondere Erkennbarkeit des jeweils Neuen und Unerwarteten zu achten. Es muß vorrangig behandelt werden. Ist es doch keine dekorative Umspielung eines Gedankens, der bekannt ist und also nicht mehr betont zu werden braucht, sondern Träger einer neuen Entwicklung, Keim der Zukunft, Gegenwelt, Stimme von woanders. Der Hörer muß in den Stand versetzt werden, jederzeit jeder Note, jedem Stimmenverlauf zu folgen.

Der akustischen Außenseite von Francks Musik ließe sich optisch das Planetarium zuordnen: In wechselnden Entfernungen zueinander und vom Betrachter ziehen die Himmelskörper ihre Bahn. Oft erscheinen ihre Beziehungen nicht so definiert wie ein anderes Mal, wenn sie in ein klassisches Winkelverhältnis treten.

Dieses Räumlichkeitsideal bedingte einige technisch nicht eben bequeme Besonderheiten. Ich meine die Bevorzugung der sogenannten weiten Lage. So unabdingbar sie zur Durchhörbarkeit der Simultanmelodik und zur inneren Monumentalität dieser Musik beiträgt: Pianisten wie Organisten können die verlangten Griffe mangels ausreichender Daumen-Kleinfinger-Spanne nicht greifen. Die größeren Kompositionen für bzw. mit Klavier bleiben aber selbst bei einer Undezimhandspanne problematisch: Zu den weiten Griffen an sich (die arpeggiert ihre Wirkung verlieren) muß man ein mehr als athletisches Pensum an Anschlagskraft absolvieren. Was bei anderen Komponisten mit Recht als Verstoß gegen Elegantheitsgesetze moniert würde, paßt bei einem Franckschen Fortissimo oft gerade hin. Das Publikum wird den Mut lohnen, den es kostet, das zu erproben.

Streicher ringen in den Kammermusikwerken mit einem anderen Problem: Der Bogen will nicht reichen für die langen Noten, geschweige die Wucht, die Franck häufig einfordert. Die Situation für die Sänger in den Opern, vor allem in *Hulda*, stellt sich vergleichbar: Da braucht man Atem für zwei.

Bei der Kammermusik mit Klavier hat sich folgende Konzertaufstellung akustisch bewährt: Der aufgeklappte Flügel zeigt mit der Ausbuchtung nach hinten und strahlt vom Publikum weg, die Streicher befinden sich hinter der Spitze weiter vorn nicht zu dicht dran. Alle können nun ausmusizieren, ohne die Durchhörbarkeit des räumlichen – stereophonen – Klangbilds zu gefährden.

In der sinfonischen Musik läßt sich der Kräfteverschleiß für den einzelnen Spieler mildern, indem man beispielsweise alle Bläserstimmen mehrfach besetzt und bei den Streichern, über die Bayreuther Besetzung hinausgehend, Verstärkungen zumal im Mittel- und Baßbereich vornimmt. Zurückhaltendes Spiel ist aber auch dann fehl am Platz. Für Francks oft chorische, immer strukturbestimmte, an eigentümlichen, mitunter aparten Farbwirkungen aber keineswegs arme Instrumentierung gilt das gleiche wie für seine Musik überhaupt: Sie glimmt und glüht und leuchtet, sowie man den passenden Zugriff findet, und verpufft, wenn nicht. Ohne Zweifel stellt Franck ein wenig befremdliche Anforderungen an die Kondition der Interpreten. Der Aufwand rechtfertigt sich aber aus der strukturgeborenen, plastischen Dramatik der Musik, die mit dem Einsatz der Person erarbeitet werden will, dem Interpreten die Abstützung durch Effekte versagt. Auf keinen Fall sollte man sein Heil darin suchen, daß man sie solange zurechtstutzt, bis sie bequem in den Fingern, in der Stimme oder im Bogen liegt. Dann ist sie bereits zerstört.

Bei den Orgelwerken stellt sich das physische Problem weniger. Doch ergibt sich da ein vielfach hausgemachtes Problem durch das Augenmerk, das Organisten auf ein möglichst buchstabengetreues Umsetzen von Francks eigenhändigen Registrieranweisungen legen.
In der Tat rechnete Franck mit den Verhältnissen der von Aristide Cavaillé-Coll erbauten kathedralen Orgeln, die, mehr oder weniger neobarock überarbeitet, noch heute Glanzstücke französischer Kirchen bilden. In der Druckfassung beziehen sich Francks Vorgaben sogar ausdrücklich auf die Register- und Manualdisposition des dreimanualigen Instruments in St. Clotilde.
Nun kann man behaupten, daß die Werke auf Instrumenten mit anderer Disposition nicht ausführbar seien. Das wird tatsächlich getan. Verpönt ist der gegenteilige Standpunkt, der für völlige Freiheit plädiert, da die Vorgaben ja ohnehin nicht auf deutschen Orgeln und Orgeln mit barocker Disposition umsetzbar seien.
Vorschlag: Man nehme seinen Hausverstand zusammen, setze sich so, als täte man es zum ersten Mal, mit Form und Gehalt der Kompositionen auseinander und suche ein Instrument, das ungefähr folgende Voraussetzungen erfüllt: Es hat mindestens zwei Manuale. Es zeichnet gut. Es verfügt über ausreichend grundtönige (Achtfuß-), dunkle (Sechzehnfuß-) und Zungenstimmen und einige gewählte Soloregister von aparter Farbe. Es bietet einen großen dynamischen Ausschlag und ermöglicht, sowohl über Registerschaltungen wie über einen Jalousieschweller, eindrucksvolle Aufbauten im Sinne von Crescendo und Decrescendo.
Man mache sich an die Aufschlüsselung der koloristischen Vorgaben und ihres Zusammenwirkens mit den dynamischen. Man halte auseinander: Registrieranweisungen mit einer semantischen Seite und Registrieranweisungen, die die dynamische Entwicklung beschreiben. Man halte ausei-

nander: dynamische Anweisungen, die sich durch die Anzahl der gezogenen Register relativieren, und Anweisungen, die absolut ein Fortissimo oder Pianissimo, einen Crescendo- oder Decrescendobogen markieren.
Man stelle für die Soloregister (besonders Vox humana und Trompete auf Francks drittem Manual) erforderlichenfalls geeignete Surrogate zusammen. Man setze abschließend alles daran, die Stimmführung, den formalen Verlauf und die springlebendige Großdynamik herauszuarbeiten. Alle zur Verfügung stehenden Mittel sind erlaubt. Mit einem wendigen Registranten und Spielhilfen lassen sich da noch Schattierungen herbeizaubern, Einzelstimmen unterstützen, Verläufe differenzieren, die bei einer bloßen Blankoübertragung der Anweisungen verborgen bleiben. Francks durchdachte Vorgaben regen als verbindlicher Minimalrahmen zu weitergehenden Überlegungen an, blockieren aber nicht die Initiative desjenigen Interpreten, der ein Höchstmaß an Ausdruck und werkkonformer Abwechslung anstrebt.
Ein Beispiel mag das Gesagte beleuchten. Im Rezitativ der *Prière* sieht Franck Trompete für den Solovortrag vor. Das ist auf der Orgel in St. Clotilde nun ein schlankeres und feineres Register als die schneidende und dicke Klangfarbe deutscher Bauart. Man wird also eine Kombination zusammenmischen müssen, die dem Gemeinten **in etwa** nahekommt – semantisch: eine Stimme, ein Rufer. Bei den drängend ausladenden Steigerungen später wird man dagegen die erneut vorgeschriebene Trompete durchaus mit dem gleichnamigen Register bedienen dürfen – dynamisch: Klimaxwirkung.

3.2 Franck und die Musik danach

Ehe allzu freizügig Einflüsse Francks auf nachfolgende Komponistengenerationen unterstellt werden, seien vorweg drei Arten des Querverweises unterschieden:

1. Bezugnahmen auf Leistungen, die in ihrer Gesamtheit oder in Einzelaspekten – die von Zeit zu Zeit wechseln mögen – (öffentlich) diskutiert und Ansporn werden, in eine Richtung zu arbeiten;
2. unmittelbare Auswirkungen einer kompositorischen Lehrmeinung und Methode;
3. zeitverschobene Übereinstimmungen, die nicht auf einer bewußten Zurkenntnisnahme des älteren durch den jüngeren Komponisten beruhen.

In allen drei Hinsichten ist der historische Stellenwert des Schaffens und Wirkens von César Franck beachtlich. Ungeachtet bedeutender Leistungen von Saint-Saëns und Lalo auf dem Gebiet von Sinfonie, Konzert, Kammermusik waren es Meisterwerke Francks, durch die sich französische Komponisten bis weit ins folgende Jahrhundert hinein zu einem wahren Boom an Instrumentalmusik anregen ließen. In keinem anderen Land sind nach 1890 derart viele profilierte Sinfoniker hervorgetreten wie im engeren und weiteren Umkreis der jungfranzösischen Schule, oft bezeichnenderweise César-Franck-Schule genannt.
Die Behandlung biblischer, antiker und philosophischer Themen durch Franck in den *Seligpreisungen*, *Psyché* und weiteren wirkte auslösend für eine Reihe vokal oder teilweise vokal gebundener Kompositionen, die sich unter dem Stilbegriff eines musikalischen Symbolismus vereinnahmen ließen. Moralische Themen, humanitäre Utopien wurden Gegenstand ausladender sinfonischer und musikdramatischer Werke. Die dritte Sinfonie von Guy Ropartz (1904/05) vertritt in ästhetisch gelungener, integrer Weise die Hoff-

nung einer in Liebe teilenden vereinten Menschheit.[118] Albéric Magnards opus maximum, die Ideen-Oper *Guercoeur*, stellt Diktatur und Freiheit gegenüber.

Der formalen Ästhetik nach kann Franck als ein früher Exponent der Sinfonieoper gelten, wie sie, auch wenn sich eher auf Wagner bezogen wurde, über Magnard, d'Indy (*L'Étranger*), Dukas (*Ariane et Barbe-Bleue*), Roussel (*Padmâvatî*) bis hin zu Bergs *Wozzeck* angestrebt wurde. Daneben erweiterte Franck den Sinfoniebegriff in eine Gegenrichtung: Einige seiner kurzen Kompositionen mit Orchester prägen die Konzerte, Suiten, späten Sinfonien Roussels, *La Valse* von Ravel und insgesamt die Sinfoniettenformate der neueren insbesondere französischen Musik vor. Die *Nocturnes* von Debussy, *Daphnis et Chloé* von Ravel, *Évocations* von Roussel korrelieren dagegen mit *Psyché*.

Auratische wie kompositionstechnische Verbindungen zu Franckschen Sakralwerken weist der grandiose *Psalm 47* von Florent Schmitt auf. Sein monumentales Klavierquintett korreliert mit dem unerreichten Vorbild des Franckschen, das überhaupt eine ganze Serie von Stücken der Besetzung initiiert haben muß: Chausson, d'Indy, Pierné, Vierne, Henri Büsser (unvollendet). Orchestrale Klangfülle ist in der französischen Kammermusik seit Franck verbreitet (Magnard, vor allem wieder Schmitt). Aber auch für die Klavier-Sololiteratur findet sich diese Allusion des Orchestralen, etwa in den großen Sonaten von Dukas und d'Indy[119].

Das Ideal der Vielfalt aus einer Einheit, die im zyklischen Thema sinnfällig an die Oberfläche tritt, wird mit Franck mehr oder weniger Allgemeingut in der französischen Musik. Selbst Debussy, der Probleme hatte, einen Einfluß

---

[118] Übrigens stammt der Text von Francks fünftem Duett von Ropartz, der auch dichtete.

[119] Die Ecksätze der letzteren nutzen überdies Anregungen aus Francks Streichquartett (Poco lento; Finale) und Klavierzyklen.

Francks auf sein Schaffen zuzugeben, bediente sich in *La Mer* des Kunstgriffs motivischer Rückkoppelung, wohl weil er kein besseres Mittel wußte, sein Triptychon zu verklammern. Ebenso wird ein großer Teil der französischen Musik seit Franck durch ein kontrapunktisches Erscheinungsbild geprägt, allerdings nicht in den neobarocken Modi Bruckners, Franz Schmidts oder Mahlers.

Als Lehrerpersönlichkeit – offiziell und wenig effizient für Orgel, inoffiziell aber effizient für Komposition – gelang es Franck, eine Linie maximalen handwerklichen Anspruchs bei Wahrung und Förderung der persönlichen Eigenart durchzusetzen. Die Vorstellung vom Franck-Epigonentum eines d'Indy, Ropartz, Magnard oder Roussel (die beiden letzteren über d'Indy mit Francks Methoden vertraut) bestätigt sich nicht. Man teilte eine Reihe Vorstellungen Francks, ähnlich anderen zwischen 1850 und 1875 geborenen Komponisten, aber man wurde nicht zum Nachbeter.

Durchschnittlich lassen sich eine Zunahme des Thematischen, eine größere Orientierung an Formschemata der Wiener Klassik und eine stärkere motivische Ausprägung des Kontrapunkts gegenüber Franck erkennen. Dukas nimmt in seiner wie die von Franck und Chausson dreisätzigen Sinfonie von 1895 zusätzlich die zyklische Idee, wie sie sich etabliert hatte, zurück und akzentuiert stärker als seine Kollegen den Anschluß an die ältere Tradition.

Der seinerzeit publizistisch hochgepeitschte Hahnenkampf pro und kontra Wagner in der französischen Musikszene erscheint in der Musik der beteiligten Kontrahenten – Debussy kontra, der Kreis um d'Indy pro, der alternde Saint-Saëns zwischen den Fronten – weniger greifbar als unterstellt. Gerade die stärksten Jungfranzosen, d'Indy und Magnard – Dukas ordnet sich nicht ein – wuchsen zu Persönlichkeiten großen Zuschnitts. Albéric Magnards letzte Sinfonien, die Trauerode, das Trio, die Oper *Guercoeur* sind

Zeugnisse eines außergewöhnlichen Ausdrucksvermögens. Vincent d'Indy entwickelte sich aus einem französischen Tschaikowsky zu einem eigenwilligen Konstruktivisten. So in der zweiten Sinfonie, der Klaviersonate, dem Triptychon *Ein Tag im Gebirge*. Das Triptychon läßt sich als paralleler Gegenentwurf eines religiösen Impressionismus zu Debussy und *La Mer* interpretieren: nicht Anschauung der Natur an sich, sondern Anbetung Gottes in der Natur. Die Abenddunkelstimmungen seiner besten Finalsätze macht d'Indy kein Zeitgenosse nach. Die Aufnahme französischen Liedguts in die Instrumentalmusik geriert ihn und einige seiner Mitstreiter, Ropartz etwa, dann wieder zu so etwas wie Vertretern einer nationalen französischen Schule. Ob er nicht auch als Opernkomponist zur ersten Garnitur rechnet, wäre zu hinterfragen. Die kraftgeladene, straff strukturierte 100-Minuten-Partitur *L'Étranger* (1898 bis 1901), die inzwischen auf CD vorliegt, legt dies nahe.
Albert Roussel, später Schüler und zeitweise Professorenkollege d'Indys in der von diesem gegründeten Schola Cantorum, gehört dem ersten Eindruck nach nur begrenzt zum gleichen Kreis.
Exotische Intervallkombinationen und eigenwillige Rückgriffe in die Vorklassik heben seine späteren Werke deutlich ab. Gerade Roussel aber nähert sich im monomotivischen Duktus, der dynamisch frei gehandhabten zyklischen Form, der aphoristischen Kürze und simultanmelodischen Vielfalt seiner dritten und vierten Sinfonie, der Suite op. 33, des Konzerts für kleines Orchester einem Hauptmerkmal Franckscher Musik.
Das Ende der 1880er Jahre entstandene *Requiem* Gabriel Faurés – wie das fast 60 Jahre jüngere *Requiem* Maurice Duruflés – zehrt über einige idiomatische Anklänge hinaus ebenfalls von Franck. Das beeindruckende Werk wirkt großzügiger und organischer, auch polyphoner als die sonst

oft eher kurzphrasigen Arbeiten des Komponisten. Die Aura der Franckschen Oratorien wirft ihre Schatten, ungeachtet die *Seligpreisungen* erst in den Folgejahren Bekanntheit erlangen sollten. Daß Faurés Schüler Ravel, Schmitt, Koechlin ebenfalls von Franckschen Errungenschaften schöpferisch zehrten, sollte das Schlagwort von der César-Franck-Schule differenzieren helfen. Ravel teilt mit Franck über *Daphnis* und *Valse* hinaus atmosphärisch nicht viel, Florent Schmitt aber wohl. Mit einer Souveränität, die ihm in seiner langen Schaffenszeit nicht selbstverständlich blieb, wußte er aus der Monumentalität Franckscher Oratorien und Kammermusik bis in Details hinein Anregungen zu beziehen.

Der sechzehnteilige Klavierzyklus *Die persischen Stunden* (1916 bis 19) des Elsässers Charles Koechlin besteht aus einem Zyklus atmosphärisch und formal zusammengefaßter Variationszyklen über ein Thema aus nur wenigen Noten – ein Variationszyklus aus Variationszyklen. Nach eben diesem Prinzip waren unter anderem, wie wir sahen, die *Seligpreisungen* gebaut.

Unter den Köpfen, deren (sinfonisches Spät-)Schaffen von Franck profitiert haben dürfte, ist weiterhin Alexander Skrjabin hervorzuheben. Die Verbindungslinien zu den Sinfonien, speziell der fünften des frühmodernen dänischen Komponisten Carl Nielsen wären ebenfalls einer Untersuchung wert.

In einem abstrakteren Rahmen sehe ich Francks Rolle für die Musik nach ihm umfassender. Wie im gleichen Grade kein Komponist vor ihm faßte er das Komponieren als ein Spielen mit dem Material auf, ein flexibles, gleichwohl eng an Gesetze gebundenes Zuordnen von Tönen. Er eröffnete der Musik ungeahnte Potentiale an Freiheit, mit der Form zu spielen und mit Hilfe der Form den Ausdruck zu erweitern. Er realisierte bereits wesentliches von Strawinskys

Anspruch eines objektiven Komponierens und läßt auch idiomatisch gelegentlich Strawinsky ahnen (*Éolides, Djinns, sinfonische Variationen, Chasseur*). Andererseits realisiert Franck bereits den Alles-auf-alles-Bezogenheitsgedanken, der in Schönbergs Zwölftontheorie eine ausdrücklichere, keinesfalls aber effektvollere Ausprägung erfuhr.

Auf dem Gebiet der Orgelmusik nimmt Franck eine einsame Vorreiterrolle ein, nicht jedoch im Sinne eines unmittelbar aufgegriffenen Vorbilds. Die qualitätvolle Produktion eines Widor, Boëllmann, Guilmant, auch Vierne, bleibt in ihrer Ästhetik konventionell. Eher greift Franck, obenan in den *Trois Pièces*, Olivier Messiaens Konzeption einer theologisch ausdeutenden Symbolsprache vor.

Aufgrund ihrer dissonanten Schärfe, ihrer rhythmischen Lapidarität und ähnlicher Eigenschaften lassen sich über das Gesagte hinaus Einzelpassagen in Francks Schaffen mit Komponisten des 20. Jahrhunderts in Parallele setzen, etwa der Anfang der *Djinns* oder das frühe Sextett op. 10 mit Béla Bartók, das Quintett mit Prokofjew (dessen Musik im übrigen niemals diese Schroffheit gewinnt), das im *Chasseur* klanglich unterstrichene Collageverfahren mit Charles Ives und Carl Nielsen, manches speziell aus dem Frühschaffen mit minimal music und Modern Jazz.

3.3 Ein teutonischer Franzose?

Als Kind deutscher Eltern Jahre vor der belgischen Staatsgründung im niederländischen Lüttich geboren, früh nach Paris orientiert und französisch eingebürgert, an der eigenen Staatsangehörigkeit desinteressiert bis zu dem Augenblick, als die französische Hauptstadt in die Fänge Bismarcks geriet, von Autoren der Nazizeit postum ins Deutsche Reich zurückgezwungen[120], wird César Franck heute eher französisch konsumiert. Zumindest wird versucht, das Oeuvre so romanisch als möglich darzustellen: leichtflüssig, beschwingt, elegant, distanziert. Karajansche Massenaufgebote, nachdrückliche Übergänge, große Dynamik werden als teutonisch abgelehnt: zu schwerblütig, antiquiert, der Macht verdächtig. Dabei gibt es unübersehbar auch in der französischen Musik eine Richtung, die das Imperiale, Machtvolle liebt: Berlioz, der mittlere Florent Schmitt und eben – César Franck.

Ausgedünnt, oder in der Sprache der Agenturen: entschlackt, entstaubt, modern-zeitgemäß verwickelt seine Musik den Hörer selten in Narrative. Mögen bei den erstaunlich feinziselierten *Äoliden* noch anmutige Landschaften das innere Auge passieren – spätestens beim Anhören des D-Dur-Quartetts mit dem vorzüglichen Quatuor Malibran von 2012, Spieldauer 41 Minuten, dürfte schwerlich mehr assoziierbar sein als etwa: samtig klingendes Musikstück; Gedankenspiel, dessen Regelwerk sich kampflos unter den geübten Händen eines Rechenmeisters fügt; Charme des Professoralen; Akademiker unter sich; Kollege beweist anderen, daß er die Form beherrscht.

Aber genügt das, eine Kunst überlebensfähig zu halten außerhalb eines Eingeweihtenzirkels, der sich daran gewöhnt, etwas gut zu finden?

Aus denselben Noten läßt sich ein diametral entgegengesetzter Franck gewinnen – ein leidenschaftlicher, manchmal bestürzend unmittelbarer Franck. Er bringt die Gehirnzellen in Wallung und verschlägt selbst unerfahrenen Laien den Atem.

---

[120] Mohrs Biographie erschien, mit der obligatorischen Ahnentafel, unter dem Titel *Cäsar Franck - Ein deutscher Musiker* in erster Auflage 1942

In Dreiteufelsnamen: ja, teutonisch. Und bei einigen Werken des Zwanzigjährigen: russisch.

Klauspeter Bungert

Neben Fachbüchern über Conrad Ferdinand Meyer und César Franck schrieb Klauspeter Bungert vor allem Theaterstücke und Theaterstücken nahe Prosatexte. (Aufführungen bislang in Innsbruck und Trier.) Er spielte mehrere CDs ein, obenan seine eigene Transkription des Streichquartetts von César Franck für Klavier. Immer wieder stellte er diese, die Klaviertrios, das Quintett, die A-Dur-Sonate, Klavier- und Orgelwerke Francks in Konzerten vor und gewann ihnen ein begeistertes Publikum.

Für Canticus gab er die erste Druckausgabe der Franckschen Kantate Paris in der Orchesterfassung heraus. Seine Transkription des Franckschen Streichquartetts für großes Orchester wird ebenfalls dort geführt. Transkriptionen der Franckschen Klaviertrios op. 1/3 und op. 2 für Klavier und Streichorchester folgen.

In seinen literarischen Arbeiten bilden Natur und Ressourcen und die Entwicklung der Gesellschaft Schwerpunkte:
Die Felswand als Spiegel einer Entwicklung – der Dichter C.F.Meyer als Gegenstand einer psychologischen Literaturstudie (1994), Theaterstücke (Dramen, vier Bände; 2015), Interview (Erzählung; 2015), Unternehmen Faust – eine politische Utopie an fünf Abenden (2019), Wolkenfarben – Gedichte und kurze Prosa (2019), Fiktive Monologe krebskranker Frauen (2019)

Weblinks:
www.verlag28eichen.de/personen/bungert/bungert.htm
www.theaterverlag-cantus.de/autor/klauspeter-bungert
https://buch-findr.de/buecher/fiktive-monologe-krebskranker-frauen/
www.klauspeterbungert.de

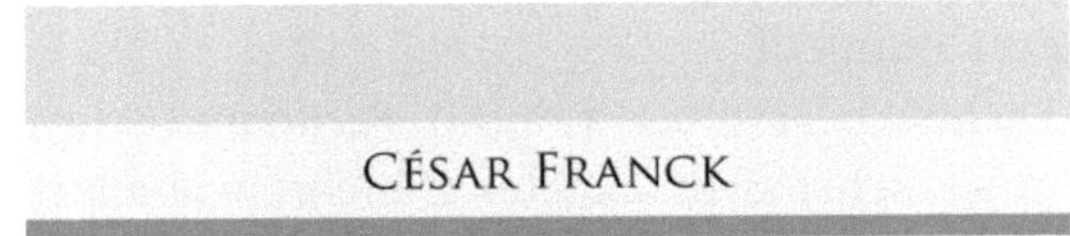

PARIS - ODE PATRIOTIQUE

FÜR

ALTSAXOPHON UND GROSSES ORCHESTER

TRANSKRIPTION DER KANTATE „PARIS“ (NOVEMBER 1870)

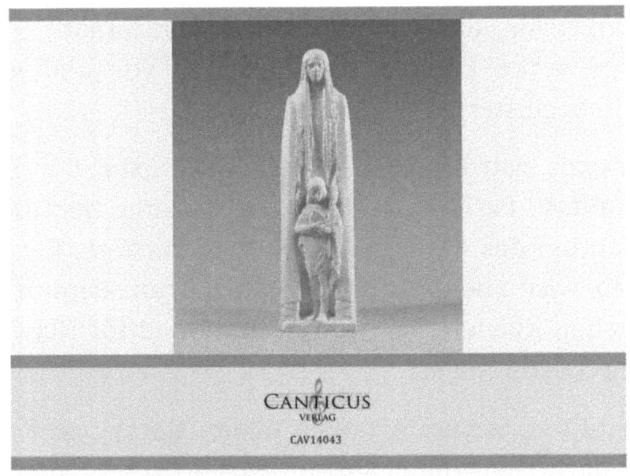

Transkription der Kantate „Paris“ (November 1870) für Saxophon, Kornett oder Trompete und großes Orchester

Die Gesangsstimme ist in französischer (original) und deutscher Sprache beigefügt.

Dauer: 10 Minuten
Preis: 20,00 Euro

Hier erhältlich: www.canticus-verlag.de